U0582639

本书为文化部文化艺术研究项目(立项编号 16DH73)
结项成果

中国艺术品
交易机制研究

EXPLORING ART TRADING MECHANISM IN CHINA

刘翔宇 ◎ 著

人民出版社

目　录

导　言 1

第一章　我国艺术品交易机制的历史演进轨迹 19

　　一、艺术赞助和交易的分类与历史分期 19

　　二、各类赞助机制的兴衰沉浮 20

　　三、现代艺术品市场的兴起与发展 41

第二章　传统艺术品市场的要素构成 44

　　一、传统艺术品市场的要素构成 44

　　二、交易要素间的相互关系 46

第三章　艺术市场新业态 48

　　一、一、二级市场边界的模糊 48

　　二、艺术品网络展示与交易 50

　　三、艺术金融产品 52

　　四、文交所的艺术品份额化交易 56

　　五、保税区 58

　　六、艺术品价格指数 58

第四章　我国艺术品市场的 PEST 分析 60

　　一、政策（P）对艺术品市场的影响分析 60

　　二、经济（E）与艺术品市场 66

　　三、社会审美风尚（S）和网络技术（T）对艺术品市场的影响...73

第五章　艺术品市场相关经济学理论 79

　　一、不完全信息与不对称信息理论 79

　　二、交易费用理论 85

第六章　艺术品交易机制的信息不对称 94

　　一、艺术品本身的信息不对称特点 95

　　二、艺术品市场参与者的有限理性与机会主义 110

　　三、艺术品交易机制的信息不对称 129

第七章　艺术品市场的交易费用 147

　　一、艺术品市场交易费用的产生原因 148

　　二、艺术品市场交易费用的表现 152

第八章　艺术品交易制度的作用与目标 167

　　一、制度的作用与目标 167

　　二、艺术品市场交易制度的作用与目标 168

第九章　构建艺术品市场交易制度体系 170

　　一、观念与意识的更新 170

　　二、艺术品市场相关法律 176

　　三、艺术品市场相关政策配套 184

四、流通与运营体系 187

五、市场服务与支撑体系 192

六、行业自律与全民艺术素养 200

附录　聚焦案例：艺术品金融化 205

　　一、艺术品的金融特点 206

　　二、艺术品与金融产品的差异 208

　　三、中国艺术品金融化的额外不足 210

　　四、如何破解这一难题 212

参考文献 214

导　言

一、艺术还是市场

艺术和市场的关系一直备受关注。习近平总书记在文艺工作座谈会重要讲话中指出，文艺不能在市场经济大潮中迷失方向，不能在为什么人的问题上发生偏差，否则文艺就没有生命力。他强调文艺创作要坚持正确的价值导向，文艺不能做市场的奴隶。在艺术领域，这就意味着我们要正确处理好艺术与市场的关系。

艺术离不开市场。在市场经济环境下，市场为艺术带来大众消费和需求，艺术消费不断诱导创作克服"盲目性"，进一步激发艺术作品的创作，使艺术生产趋向产业发展的自觉。可以说，没有市场需求和竞争，就没有当前我国艺术品市场的繁荣。

艺术市场为艺术家带来了独立的地位和丰厚的收入来源，从一定程度上保证了艺术家能够独立创作。但是，艺术在拥抱市场经济的同时，也要与市场保持一定的距离和独立性，不能因为市场行为而冲淡了作品的学术气息和艺术品质；艺术家应当保持自己独特的美学追求并潜心创作，有自己的文化和精神担当，在市场经济的浪潮中做到独善其身，不能只为投市场之所好，成为后者的附庸，从而泯灭了自身的创造性，降低其审美趣味。

这些年，我国艺术品市场呈现迅速发展的态势，各类艺术品投资理财、

1

艺术公募或者私募基金、艺术信托等新型金融产品集中涌现，中国艺术品拍卖不断刷新纪录，艺术产权交易所挂牌上市，艺术品价格总体趋势一直在走高，中国大陆正日益成为全球最大的艺术品交易市场，中国的艺术品市场可谓一派繁荣。但在艺术市场发展的同时，也出现了对艺术品过度炒作和商业化的倾向，屡屡为社会所诟病。

不同于一般的产业市场，艺术品市场上交换的是具有思想、情感、精神、信仰和审美体验的非物质产品，艺术品市场既是一种地理意义上的空间存在方式，也是一种发挥机制作用的力量。艺术市场的配置资源不仅体现着一定的经济关系和文化关系，还隐含着不同的价值理念诉求。因此，有必要花大力气去研究和分析艺术与市场的关系，引导艺术市场，把握其发展规律，将市场建构为艺术发展的有生力量，建立健全艺术市场体系，建构规范、竞争有序的市场。

二、充满魅惑的市场

在我国文化产业中诸多行业中，艺术行业是个看似很光鲜、很显性、也很神秘的行业。21 世纪以来，中国的艺术品市场呈几何系数增长态势。20世纪90年代中国艺术品市场几乎发端于零起点，到艺术基金风靡的 2011 年，中国曾一度超过美国，以高出美国 1% 的市场份额成为全球最大的艺术品市场。2017 年 12 月 17 日，齐白石于 1925 年作的《山水十二条屏》拍出 9.3 亿，仅次于达·芬奇油画《救世主》，成为当年全球艺术品市场上拍卖价第二高价。艺术品市场的捷报频传，不断刺激着人们的眼球和神经，无形中增加了这一行业的吸引力。

随着我国经济总量的高速增长，各大排行榜上一个个财富新贵如雨后春笋般出现；普通民众的人均收入和接受教育水平有了相当程度的提高；根据马克洛夫的精神需求层次理论，当人们温饱方面的需要得到满足后，就开始有了更高层次的精神方面的需求。作为具有精神愉悦功能的艺术品，自然成为人们的一种理性追求。面对艺术拍卖市场天价消息的诱惑，中国的艺术消费者、投资者开始强烈希望参与其中，希冀能在艺术品市场上一展身手，获得精神和经济上的双重收获。

　　然而，艺术市场是个让人既爱又恨、既充满魅力又让人叹为观止的市场。一方面，艺术本身有着非凡的魅力，尤其在国人的认知中，艺术品超凡脱俗、高不可攀、令人仰慕，具有某种神圣的价值；另一方面，在许多人眼中，这一市场又显得神秘、看不懂，甚至"水很深"。让人最为直观感受的一点，艺术品市场上频现无良交易和欺诈骗局，"噪音"不断，杂音频传。但艺术品作为一种特殊的商品，融入了创作者个人的审美趣味和工艺技艺，要对其真赝优劣、价值高低作出准确的判定，需要判定者有着相当的艺术学识修养和市场经验。在当前艺术教育没有充分普及的情形下，要求买卖双方都具备一定的专业知识和经验，是很不现实的，这使得艺术品市场信息难于以对称和充分的形式存在，市场本身的信息就很不对称，市场上的价格炒作严重。艺术价值遭遇异化，艺术品的价格被混同为艺术价值，市场价格被认为是艺术品品质的唯一标识。艺术品的价格被炒得离谱，在金钱至上价值观的影响下，人们把艺术品完全当成一种赚钱的工具，忽略了对作品的审美欣赏，其价格远远背离了应有的艺术价值；艺术品的赚钱效应经过媒体放大，使投机的风气迅速传播，进一步扭曲了大众价值观。由于收藏和投资者本身的价值模糊，投资艺术品的经济收益也就成了他们的重要关注点，加上人类本身的贪婪天性，投机炒作、击鼓传花、博傻获利常常是许多人进入艺术品市场的唯一目的，因此很多人跟风如云，盲目热情地入市，但危险后果可想而知。在这方面，国际上曾有过深刻的教训。在 20 世纪 80 年代的日本，经济泡沫催生了大量投机资本随行入市进入艺术品市场，使艺术市场达到了空前的繁荣，艺术品成交价格在数年之内屡创新高，很多艺术品至今仍然保持着国际艺术市场的天价纪录，但最终日本国民丧失了购买艺术品的兴趣和信心，日本艺术市场的过度发展戛然而止，进入长达十年的冰河期。

三、艺术品市场与国家文化安全

"涉足文化领域的投资行为往往会通过一定的选择体现其自觉或不自觉的人文倾向，从而产生超出经济学意义的连锁人文效应，以致影响社会价值取向以及相应的文化利益。而且，更应该意识到的是，经济资本的运作中不免也会包藏可以操纵社会价值取向、企求某种隐秘目标的别样心机。"[①] 目前中国艺术品市场的定价权掌握在西方人手中。"中国当代艺术品价格在国际市场上节节攀升，喜忧参半——喜的是中国艺术终于能够堂堂正正地活跃在国际艺术舞台上，尽管市场只是这个舞台的一小部分；忧的是艺术市场上流行的中国当代艺术的评价体系基本上是按照西方的观念和西方的价值标准建构起来的，因为西方人喜好而进入市场，并借用市场进一步推广和强化这种观念和标准，中国当代艺术仍然只是西方的附庸，而缺乏文化上的主动性。"[②] 许多年轻的艺术家以参加并在西方主导的"国际"展览中获奖为荣，受经济利益的驱使，艺术家盲目依附于西方人认可的政治和文化价值，听从西方人在艺术市场上发号施令，变成了贩卖符号的资本家，引发中国的当代艺术中本来所具有的文化精神和理想逐渐被经济和商业利益所剥蚀。评论家也丧失了独立思考和批判的精神，中国本来就没有批评的传统，许多批评家在机械地重复着西方的概念，更加上评论家耐不住市场利益的诱惑，干起了策展人和充当"坐台"评论家，使得批评变成了"吹捧"和宣传噱头，批评

---

① 吴明娣主编：《艺术市场研究》，北京：首都师范大学出版社 2010 年版，第 10—11 页。
② 余丁：《再论中国当代艺术的标准》，《中国文化报》2007 年 11 月 4 日。

的独立性尽失，中国当代艺术市场面临着巨大的文化风险。

这些现象背后也潜藏着经济方面的危机。由于艺术品市场的价值系统是由西方人引领，因此也就导致市场的定价权和主导权掌握在西方人手中。以中国当代艺术为例，最初西方收藏或投资者以压得很低的价格，大量购买中国当代先锋绘画，其后在西方拍卖市场和媒体大力炒作下，这些作品的价位被几十倍甚至几百倍地抬高，西方藏家掌握了中国当代艺术品的定价权和售卖上的主动权，在高价位时将它们大力抛出，在国人不明就里的竞购和接盘中，大赚中国人的钱，使得中国艺术品市场丧失了宝贵的艺术资源和财力资源。海外画廊选择艺术家有着自己的标准和倾向，其中的艺术趣味可能与中国传统艺术大相径庭。造成的结果可能是，一些更能够迎合这些国际画廊标准的中国艺术家的作品往往能够得到较好的发展。反之，另外一些坚持中国传统艺术的艺术家则可能无处投身，很难与国际知名画廊签约。长此以往，必定会让世界产生一种错觉，即国际画廊所推崇的中国艺术家便是中国当代艺术的代表。实际上，这可能导致中国当代艺术在世界上进一步失去话语权，而真正弘扬中国传统和价值观的当代艺术也可能在这种作用下被有"选择"性地屏蔽。

上述现象与问题，不同程度地表现在艺术市场的两个层级中。由于市场缺乏独立的价值判断能力，盲目跟从西方市场价值认可的风向标，就像风雨飘摇中的无根之木，最终必然会付出代价。我们可以从一直将西方市场当做救命稻草的中国当代艺术作品在2008年全球爆发金融危机的命运中看出其中的道理。中国当代艺术作品在2008年秋拍时流拍率高达50%，而在2009年春拍中，其拍卖价格只有2007年行情火爆时的"零头"。"2009胡润艺术榜"中，排名前50名的中国当代艺术家作品成交额与上一年度同比下降了25%。而就在同一拍季，在2009年香港苏富比春拍中国书画专场中，总成交率高达95.5%，其中参拍的250件19世纪、20世纪名家佳作引发在场买家的激烈角逐，最终拍卖总成交额达129775500港元，价格超出预先估价的近一倍。当然，这些数据也从另一侧面说明，建基于中国传统文化价值基础上的艺术精品，即中国古书画，面对金融危机的冲击，具有很强的抗跌和稳定性。

四、相关概念界定

（一）何为艺术品

关于艺术品这一概念，不同的出处有着不同的定义。根据《中国百科大词典》的定义，艺术品的概念可以从广义和狭义两个范畴来界定。从狭义上说，艺术品是指"凝聚有人类各种形式的艺术劳动的，有某一具体表征和特定的经济价值、文化价值、审美价值、科学价值的物品"。而广义上看，艺术品指"历史上一切具有艺术价值并传承人类对美的认知、理解、探求、创造的客观物质载体"。

2015年12月17日文化部部务会议通过、2016年1月18日颁布的《艺术品经营管理办法》对2004年的《美术品管理办法》进行了修订，将"美术品"改为"艺术品"，指出艺术品是指绘画作品、书法篆刻作品、雕塑雕刻作品、艺术摄影作品、装置艺术作品、工艺美术作品等及上述作品的有限复制品，该办法所称艺术品不包括文物。

刘晓琼认为，艺术品的概念非常宽泛，字画、邮票、珠宝、古董等都属于艺术品的范畴。的确，文物与艺术品这两个概念常常有着千丝万缕的联系。按照国际惯例，凡距今100年以上，由人类创造和生产的，具有历史、科学与艺术价值的遗物和遗迹均可叫做文物。艺术品中有相当数量的文物，所以收藏品一般具有双重性，大多数既是文物又是艺术品。《中华人民共和国文物保护法》（2017年修正本）中关于文物概念的界定中也包括：（1）具有历史、艺术、科学价值的古文化遗址、古墓葬、古建筑、石窟寺和石刻、壁画；（2）与重大历史事件、革命运动或者著名人物有关的以及具有重要纪念意义、教育意义或者史料价值的近代现代重要史迹、实物、代表性建筑；（3）历史上各时代珍贵的艺术品、工艺美术品；（4）历史上各时代重要的文献资料以及具有历史、艺术、科学价值的手稿和图书资料等；（5）反映历史上各时代、各民族社会制度、社会生产、社会生活的代表性实物。

以上论述从不同层级和维度界定了艺术品的范畴。本书中的艺术品包括视觉艺术中的造型艺术产品，如绘画篆刻、雕塑雕刻、艺术摄影、装置艺术以及具有投资价值的工艺美术品等，但也应该包括国家法令规定范围内的部分文物，因为艺术品与文物在市场中是不可能完全隔离的。因此，为方便论述起见，本书的部分内容中有艺术品、文物艺术品交叉使用的情况。

（二）艺术赞助与交易

"赞助"是一个复杂的术语，目前尚没有对"赞助"内涵与外延的明确界定。西方的赞助来源于（patronage）一词，《牛津英语词典》将其解释为"为某人、某项事业、某个活动提供金钱或其他支持"。这里的赞助有主顾、顾客等含义，意义相对狭窄。现代普通意义上的赞助多指公共赞助和商业赞助，也跟本书中的艺术赞助有不同的所指。而在文化史和艺术史研究中，赞助是反映艺术家及其雇主或顾客之间的交换关系的一个专门用语。当代英国艺术社会理论家奥斯汀·哈灵顿（Austin Harrington）将西方艺术史中的"支持艺术的经济体制"归纳为三种类型：（1）中世纪持续到18世纪末的教堂、君主、贵族组成的私人赞助体制；（2）自17到19世纪在不同欧洲国家相继开始的艺术品买卖的开放性市场体制；（3）政府津贴与慈善捐助和商业赞助的艺术体制。①

按照哈灵顿对艺术赞助的分类，本书中提及的皇家艺术赞助和私人艺术赞助同属第一类型，即私人赞助体制。考虑到皇家在中国历史上的巨大影响以及皇家和贵族地主在艺术赞助方面发挥的不同作用，本书将私人赞助机制细分为皇家艺术赞助和私人艺术赞助。皇家艺术赞助主要指皇室设立专门的艺术机构、雇佣艺术家以及经济手段的艺术品购买。私人艺术赞助指贵族官僚、地主和富商等对艺术家的延聘以及艺术品购买。上述两种赞助机制，是一种或被动或主动的劳务交换关系，不涉及艺术品的直接交易，但却间接地资助了艺术事业。在艺术品的市场交易中，公众作为"消费者"实际上扮演了赞助人的角色，因此，本书将公众购买艺术品的机制称为公共艺术赞助，也就是哈灵顿所指的开放性市场体制。

五、国内外艺术市场研究综述

（一）国外艺术品市场研究综述

国外艺术品市场的研究多集中在艺术品的经济回报以及与金融市场回报率的比较和相关性等方面。经济学家瓦根福斯（Wagenftthr）第一个比较系统地研究艺术品价格和回报率，但他的研究是用德语写成的，因而在学术界没有受到重视。②

有一部分学者认为，艺术品的经济回报率并不高。斯汀（Stein）利用简

---

① [英] 奥斯汀·哈灵顿：《艺术与社会理论——美学中的社会学争论》，周计武、周雪娉译，北京：中国人民大学出版社 2007 年版，第 59 页。

② Frey, Bruno S. & Eichenberger, Reiner. "On The Return Of Art Investment Return Analyses." *Journal Of Cultural Economics*, 1995, 19:207–220.

化的 CAPM（资本资产定价模型）模型通过对美国 1946—1968 年期间的美国绘画作品拍卖价格进行比较，发现绘画作品每年只有 1.6% 的回报率，绘画作品并不比其他资产更有吸引力，艺术品投资的预期升值率只有产权投资市场回报率的 73%。鲍莫尔的研究表明，在 1652—1961 年间，绘画作品的真实回报率为 0.55%，英国政府债券的回报率为 2.5%，他的论文激起了人们对艺术品经济研究的热潮，当然这股热潮正好与 20 世纪 80 年代末的艺术品市场繁荣不谋而合。[1] 伊博森和布林森（Ibbotson and Brinson）（1987）声称收藏可以抵御通胀，他们将 1970—1985 年间的钱币、邮票、中国瓷器、大师绘画的 Salomon 指数与不同的金融资产（股票、债券、国库券）进行了对比，发现收藏品和金融资产之间呈现负相关性。弗雷（Frey）和柏米林（Pommerehne，1988,1989）的研究扩展了鲍莫尔分析数据和时间段（1935—1987），发现 1635—1987 年间绘画作品的真实回报率为 1.5%，相比之下，最好的政府债券的回报率稍高于 3.0%。而对 1950—1987 年他们估算绘画作品的回报率为 1.6%，而债券为 2.5%。卡德尔等（Cardellet al，1995）研究了 1947—1988 年期间的有关数据，发现邮票在通货、到期结构因素等方面与股票呈现反向的敏感性，因此可以潜在对冲股票市场的风险（虽然邮票与小额股票呈正相关关系）。

　　而另外一些学者对于艺术品的经济回报率持积极的态度。杰特曼（Goetzmann）[2] 利用"再交易回归模型"（repeat-sales-regression，RSR）对美国 1720 年到 1990 年收藏品市场的收益率、风险以及与股票、债券的相关性进行回归分析，结果显示，20 世纪以来（1900—1986 年）收藏品投资的平均收益

---

[1]　Baumol, William J.. "Unnatural Value: Or Art Investment as Floating Crap Game." *American Economic Review*, Vol.76, No.2, Papers and Proceedings of the Ninety-Eighth Annual Meeting of the American Economic Association（May, 1986):10–14.

[2]　Goetzmann, W. "Accounting for Taste: Art and the Financial Markets over Three Centuries." *American Economic Review*, 1993, 83（5):1370–1376.

率为 17.5%，远远高于债券 4.8%和股票 4.9%；收藏品与债券和股票的相关性分别为 0.54 和 0.78；艺术品投资与金融工具在投资回报率方面存在很高的正相关关系，艺术品投资的收益与证券投资的收益基本相等。莫文光(Moketal)[1]等人针对 1911 年以来的近现代中国书画市场行情进行了研究并与新加坡海峡时报市场指数、中国香港恒生指数和中国台湾权重指数作了比对；研究表明，20 世纪 60 年代的收藏者比较看重书画的鉴赏价值而非投资价值；而从 80 年代以来，投资者开始对艺术品的投资开始发生兴趣，书画的价格不断攀升；在 1980—1990 年间约 4000 项拍卖纪录中，只有 30 件有过重新拍卖交易记录；调查样本书画的年回报率为 52.9%，而同时期中国香港、新加坡和中国台湾股票市场的年回报率分别为 13.3%、15.3%和 54.4%。书画的年回报率似乎只比中国台湾证券市场的表现略逊一筹，但却远远高于中国香港和新加坡证券市场的年回报率。梅建平与摩西(Mei & Moses)在鲍莫尔(1986)和杰特曼(1993)早期研究的基础上大大增加了重复销售的次数，他们的研究中包括了 1875 年到 2000 年期间 4896 对艺术品拍卖价格，并构建了一个年度艺术指数以及关于美国绘画、欧洲大师、印象派和现代派的不同时间段的年度分指数；研究发现，艺术品比起固定收益债券是个更有魅力的投资，虽然比股票表现差；他们认为，艺术指数的易变性小，与其他资产的相关性也低。[2]

坎贝尔(Campbell)研究结果也表明，艺术与其他资产类别的相关度较低，由此带来在投资组合中持有艺术品的多元投资的好处；利用过去 25 年来实证性回报数据的最佳投资组合分布也印证了投资者考虑在投资策略中添加艺术品作为一个虽然很小但有吸引力的投资。[3]

---

[1] Mok, K.Woo&Katherina, K. "Modern Chinese Paintings: An Investment Alternative." *Southern Economic Journal*, 1993, 59,（April):808–816.

[2] Mei, J.& Moses, M.."Art as an Investment and the Underperformance of Masterpieces." *American Economic Review*, 2002, 92（5):1656–1668.

[3] Campbell, R.Aj. "Art As A Financial Investment." *The Journal Of Alternative Investmen*ts, Spring, 2008.

沃辛顿（Worthington）等认为，艺术品市场与金融市场虽然存在巨大的差异，但最近几年艺术品市场开始向金融市场设定的理想状态靠近，具备了很好的生态条件。同时，艺术品市场上也存在一些鲜为人知的行为异常，如许多私人收藏者并不为了获取经济收益而进入市场（非理性行为人），而是倾向于来自"禀赋效应"（人们对于自己拥有的艺术品有着"依恋"情节因而会比不拥有时估价更高）、机会成本效应（许多收藏者将自己隔离起来，并不考虑资金其他用途的回报）和沉淀成本效应（过去构建一种风格或流派的努力是很重要的）。① 丹尼特和卡特利尔（Danet and Katriel,1989）从心理学的角度，认为人们收藏是为了追求封闭、完整和完美，并采用不同的策略来达到这一目标：（1）完成一个系列或一整套的收集；（2）填补一块儿物理空间（如房子的一面墙）；（3）为了和谐悦目的展示；（4）控制物体的大小（如收集微型品）；（5）渴望完美；其他人从社会学的角度，表明收藏部分地是为了进入与自己志同道合的一个圈子和维持在其中的地位。②

弗雷认为，对艺术品市场的众多经济研究存在重大局限性，多数研究只是将艺术品市场当做一般性商品市场一样来对待，艺术市场买卖双方之间的信息不对称，市场不够活跃，艺术市场行为人的行为异常和非理性，艺术市场的交易费用要比其他投资市场尤其是金融投资市场要大得多。③

林格斯（Rengers）分析了拍卖行艺术品的价格决定因素，认为艺术品拍卖价格存在路径依赖（即拍卖价常依赖于过去的价格记录）。这一点有助

---

① Worthington, Andrew C. & Higgs, Helen. "Art as an investment: short and long-termcomovements in major painting markets." *Empirical Economics*（2003）28:649–668.

② Burton, Benjamin J. & Jacobsen, Joyce P. . "Measuring Returns on Investments in Collectibles." *The Journal of Economic Perspectives,* Vol.13, No.4（Autumn, 1999):193–212.

③ Frey, Bruno S.& Eichenberger, Reiner.On The Return Of Art Investment Return Analyses. *Journal of Cultural Economics*, 1995, 19:207–220.

于我们理解，即使卖不出去，委托人和拍卖商也要为拍卖艺术品设定保留价或者尽可能推高拍卖价格的原因。[1]

普拉特（Plattner）指出，艺术市场和供鱼市场有着一定的相似性，那就是，这两种市场上关于商品的价值和质量的信息都很不对称，买方和卖方的信息存在差异，普通买家并不太了解商品的信息，这使得买方处于不利的地位，并将价格看做是作品质量的一个信号；其中的交易伙伴都希望建立持久的市场关系而不仅仅关注短期利益，这也证明了常设性市场中介的重要性。[2] 考夫曼（Coffman）的研究表明，在国际性艺术品交易或大师们的作品买卖中，信息一般是非常充分的，因而投资不会有太多的套利行为；而在便宜店或跳蚤市场或者小型拍卖会上，会出现异常的套利行为，问题就在于这些市场的信息不对称，要么因为买者或卖者对于艺术品的价值认识上的差异，或者是买者或卖者故意隐藏了某些信息，而艺术品的特殊性又决定了临时鉴定或判定价值又不像在股票市场中一个电话就能搞清楚股票价格那么简单。[3]

桑特格塔（Santagata）认为，在现代艺术品市场，正式规则是很少的，原因是非法交易盛行，口头陈述或协议较为普遍，这增加了困难和违规风险。这一环境导致了惯例的产生。这些惯例（自发遵守的）减少了艺术交易关系的不确定性，使得交易各方受益。[4]

---

[1] Rengers, Merijn & Velthuis, Olav:"Determinants Of Price For Contemporary Art In Dutch Galleries, 1992–1998." *Journal Of Cultural Economics*.Volume1/1977-Volume35/2011.

[2] Plattner, Stuart."A Most Ingenious Paradox: The Market for Contemporary Fine Art." *American Anthropologist*, New Series,Vol.100, No.2（Jun.,1998）:482–493.

[3] Coffman, Richard."Art Investment And Asymmetrical Information." *Journal of Cultural Economics,* Volume15, Number2/1991:83–94.

[4] Santagata, Walter. "Institutional anomalies in the contemporary art market." *Journal of Cultural Economics*, 1995 19:187–197.

（二）国内艺术品市场研究综述

国内有一些著作对艺术品市场的不同侧面进行了深入探讨。李向民先生的《中国艺术经济史》从历史的视角，梳理了中国古代艺术赞助机制的历史，将中国古代艺术赞助区分为三种形式：皇家艺术赞助、私人艺术赞助和公共艺术赞助，同时以宋徽宗宣和画院的瓦解和富民的崛起以及青州盐商的衰落和上海的兴起为分界点，将中国古代艺术品的赞助分为三个历史时期。本书第一章部分吸纳了李先生的思想和思路，在此一并致谢。中国艺术品市场研究院副院长西沐在艺术品市场研究方面成果颇丰，《中国艺术品市场年度研究报告》以实地市场调研与经济学模型分析相结合为主要研究方法论，对艺术品市场内部结构的各个环节，即画廊市场、拍卖市场、艺术品展会市场进行详细深入地研究；并对中国艺术品市场呈现出的复杂性与多变性进行了有针对性和客观的研究。西沐先生的《中国艺术品份额化交易的理论与实践研究》就中国艺术品金融化、证券化的背景、艺术资本的理论以及艺术品份额化交易的意义、障碍和解决路径进行了详尽的探索性论述，同时针对中国在近两年来风行的文化艺术品交易所进行了案例研究。马健先生的《艺术品市场的经济学》从经济学的视角，中国艺术品市场中的各种现象进行了生动有趣的分析和梳理。祝君波先生以其丰富的实践经验和理论素养撰写了《艺术品拍卖与投资实战教程》，内容涉及艺术品市场中介、供给与需求、市场价格的内部与外部因素、拍卖行的运作、艺术品的鉴定以及艺术品投资实战等方面，观点富有见地。罗兵的《国际艺术品贸易》其中从信息经济学和行为经济学对艺术品市场进行了初步探讨。林日葵先生所著的《艺术经济学》运用了哲学的思维和方法，融合艺术学和经济学的理论和思想，试图构建艺术经济学的逻辑结构和理论体系，提出了许多新的观点和理论并结合艺术产业发展的实际进行了分析和论证。中央美术学院人文学院副院长、中央美术学院艺术市场分析中心主任赵力先生长期跟踪并研究中国艺术市场的走向，他主持撰写的《中国艺术品市场研究报告》是一本专门研究中国艺术品市场每个年度发展状况的行业分析报告，其中全面反映了中国艺术市场品市场的发展状况，并对中国艺术品市场未来的趋势加以分析和判断。李万康博士撰写的《艺术市场概论》和中央美术学院章利国教授的《艺术市场学》贴近艺术市场，用适合艺术的语言，探幽发微，创造性地对艺术品供给者、消费者、艺术品价格、艺术品投资与收藏、画廊、艺术博览会、艺术经纪人、艺术品营销策略等做了全面独到的归纳与分析。刘晓舟的《艺术市场行为学》独辟蹊径，从心理学、行为学视角观察和分析艺术品市场，对市场焦点、热点问题进行了深入剖析，不失为研究者和实践者的重要参考。商勇的《中国美术制度与美术市场》从权力社会学视野以及历史分期梳理了中国各个时期的美术制度。

另外，国内有几篇关于艺术品市场的博士论文。南京艺术学院的郭峰博士的《当代中国艺术市场及其互联网经营模式研究》在分析了当代中国艺术市场业态的基础上，归纳了艺术品经营模式，并以雅昌艺术网为例，分析了艺术品市场的网络生存的可行性并建立了互联网经营模式的一般模型。中国艺术研究院王艺博士的《绘画艺术品市场定价机制研究》分析了中国现阶段艺术品市场定价理论研究滞后的原因以及艺术品市场价格混乱的原因，对艺术品定价进行了定性、定量和博弈分析，并基于定价机制，提出艺术品市场培育的具体措施并完善相关制度的策略建议。中国艺术研究院张国珍博士的《从美术鉴藏类电视节目解析我国当代鉴藏》，从当代鉴藏活动对电视节目的影响以及鉴藏类节目如何影响当代鉴藏入手，探讨二者的相互关系，并透过电视节目来揭示中国鉴藏状况。刘翔宇博士的《中国当代艺术品交易机制问题研究》从经济学中信息不对称和交易费用的视角，对中国艺术品市场的特征作了系统分析，提出关于中国艺术品市场体系构建的初步建议。

国内也有大量针对艺术品市场的期刊论文。内容涉及艺术品市场诚信建设、艺术与金融的关系、市场规范与管理、艺术市场与定价权等多个方面。

　　从诚信建设方面，李亚青、西沐《关于中国艺术品市场征信体系建设的探讨》分析了目前中国艺术品市场征信体系建设所面临的问题，提出了艺术品市场征信体系建设的基本思路和对策建议；张新建的《关于文化艺术品拍卖行业诚信经营之浅论》提出了拍卖企业在诚信方面应当承担的法律责任，并提出了修改《拍卖法》的具体建议。金向阳、朱淑清的《艺术品市场诚信法律机制构建若干问题探讨》探讨了关于在艺术品领域建立诚信机制的立法重点，并提出一些行政性保障措施。

　　在艺术与金融的关系方面，西沐的《金融化：中国艺术品投资的突破口》分析了中国艺术品金融体系的功能、金融化中艺术品形态的转变过程以及艺术品金融化中我们要应对的一系列挑战；西沐的《中国艺术品市场金融化进程分析》介绍了艺术品由商品化发展到资产化、信托化、资本化和证券化的发展轨迹；马健的《艺术投资基金：艺术与金融的真正对接》一文分析了艺术品市场的发展趋势以及艺术品市场与宏观经济的关系，指出艺术品作为金融投资的趋势并分析了艺术投资基金的特点。雷原《艺术品证券化刍论：中国文化产业发展的新思路》分析了艺术品证券化的现实背景，指出现有艺术品投资的制度性缺陷，并给出艺术品证券化的初步解决方案的建议。张新建的《城头变幻大王旗——剖析艺术品证券化与文化产权交易所现象》分析了文化产权交易与证券化的5大问题，并提出文化产权交易所的出路与对策。牟建平的《艺术品的8大财经特征》针对艺术品的金融化和财经化，分析了艺术品与股票的相似点及财经特征。交通银行总行杨承伟的《世界商业银行艺术投资趋势及对策》分析世界商业银行艺术投资趋势，并结合实际提出了我国商业银行进行艺术投资的对策。陶宇的《国际艺术品投资基金的理论和实践》分析了艺术品投资基金出现的现实背景，介绍了艺术品投资基金的运作方式、策略和风险以及国外的基金运作实践；同时指出，艺术品投资基金也是把双刃剑，"盲目投机的市场体系中实际上缺乏合理的价值评估体系和真正的藏家，画廊、拍卖行和投机商各拥其利，形成产业链条的利益支撑和内驱增长。艺术品投资基金使大资金注入市场，其批量化的运作模式，固定化的监控和评估体系，以及扎堆出货入货的运作习性很可能对原有产业链条造成重大冲击，抑止艺术市场的理性回归与自我调节，加速超级泡沫的膨胀。"[1]

在艺术市场管理与规范方面，成乔明的《论艺术中介的管理》从管理学的角度分析了艺术中介管理的原则、管理者、场地选择、社会关系、资金来源和品牌意识等。施虹的《从艺术管理看艺术品市场规范》从定价机制的规范、参考体系的科学性以及相关学术支撑三个方面探讨了中国艺术品市场的规范与管理。刘亚谏《古玩艺术品行业问题分析与管理对策》分析了目前我国鉴定行业存在的问题以及问题的根源，并从立法、机构设置、人员资质、鉴定方法与程序等方面提出了针对性的管理对策。梅建平、姜国麟的《借鉴股市经验规范艺术品市场》中提出要借助股票市场经验，提出了艺术品交易市场规范的基本宗旨，从立法、机构设置和建立艺术品金融市场等方面提出规范艺术品市场的建议。

在艺术品市场行为的文化意义以及艺术品的价值表达方面，刘永涛的《当代中国画艺术市场定价机制探究》认为，"由于中国艺术品市场的不规范和市场经验的先天不足，当代国画的国际竞争力还比较弱，国画的市场免疫力、耐受力和抵抗力仍然低下，在经济上和文化上都存在安全隐患"，"国画家自律意识和危机意识的淡漠干扰了国画市场定价机制的形成，使国画的国际艺术形象大打折扣，甚至国外'开始拒绝中国画'。"[2] 武洪滨的《当代艺术市场与文化主体价值的彰显与传达》认为，艺术品所承载的文化价值也成为一国文化在市场语境中存在与认知的重要表现形式与渠道，艺术品市场中的商业趋利性总是与文化价值系统结伴而行，其个中行为也因此具有经济学

---

[1] 陶宇：《国际艺术品投资基金的理论和实践》，《美术观察》2009 年第 2 期。
[2] 刘永涛：《当代中国画艺术市场定价机制探究》，《艺术争鸣》2010 年第 18 期。

与文化学的双重意义，值得学术界充分重视；"一个文化市场形态若想健康的发展，不仅仅要基于符合经济规律的行为也应立足于自身文化立场的恪守与回应"。[①] 罗青的《艺术投资获利比毒贩还高》，从现代艺术市场的源流、建立文化艺术的诠释权和评估权、艺术市场的陷阱等角度对当代艺术市场的结构予以分析。

总体来说，国外艺术品经济研究多注重探讨艺术品的经济回报和金融市场回报率的相关性研究，并探讨艺术品作为投资组合的可行性问题；部分学者指出了艺术品市场与二手车市场的相似性和信息不对称问题；也有人指出艺术品市场参与人的非理性动机和异常行为。国内的学者侧重从信用、立法、市场的金融化等方面提出初步的建设性对策；部分学者从艺术品市场建设的文化意义的角度对艺术品市场进行了剖析。

前述国内外有关艺术品市场各种实践和理论研究，启发了本人的写作思路和线索，为本书的写作提供了重要的基础。在此基础上，本人尝试从新的视角，运用经济学理论，尤其是利用信息经济学、制度经济学以及行为经济学的相关理论对艺术品市场各种逆向选择和道德风险问题进行系统梳理，在详细分析的基础上提出一套系统的制度体系构建。希望本研究能够起到抛砖引玉之效，吸引学者们沿着这一路径产出更多的研究成果。

六、结构安排

本书共有导言、第一至九章和最后的案例分析。导言部分探讨了艺术和市场之间的关系、艺术市场的总体特点、研究的意义和国内外相关研究成果的梳理和归纳；第一章阐述了我国艺术品交易机制的历史演进与现代艺术

[①]　武洪滨：《当代艺术市场与文化主体价值的彰显与传达》，《艺术争鸣》2010 年第 9 期。

品市场的兴起；第二、三章介绍了艺术品市场的传统要素构成和新发展的产业形态；除了艺术品市场自身的要素外，这一市场又不可避免地受到经济形势、国家财政金融政策、法律、欣赏趣味以及网络技术等方面的影响，因而第四章简要阐述了经济、政治、技术、网络等四个方面对艺术品市场交易可能产生的影响；第五章介绍了可资分析艺术品市场的经济学原理；第六、七章从经济学原理和视角对艺术品市场各个环节的信息不对称、交易费用等特性加以剖析。第八、九章在前几章分析的基础上，论述了制度构建的作用与目标，并提出构建艺术品市场交易机制完整体系的建议。最后一部分选取广受关注的艺术品金融化这一案例，集中分析了艺术市场的金融化趋势、艺术品的金融特点、艺术品金融化在中国的不足，并尝试性提出解决这一难题的建议。

第一章　我国艺术品交易机制的历史演进轨迹

一、艺术赞助和交易的分类与历史分期

几乎与人类历史同步，艺术与市场交易的关系也经历了相当漫长的时期。在西方，现代意义上的艺术市场机制之前主要是艺术赞助制度；从古希腊到 19 世纪现代艺术出现之前，赞助人和赞助机构基本上由教皇、教堂和教会，国王、贵族和宫廷，家族和社会团体所组成。在中国，古代艺术机制的发展在不同历史时期各有特色。按照艺术家与雇主、保护人或赞助人的关系划分，中国古代艺术市场可大体分为皇家艺术赞助（消费者主体是皇室）、私家艺术赞助（消费者主体是权贵富贾）、短时间的宗教艺术赞助与公共艺术赞助（艺术品市场的雏形）。从买卖交易的对象可分为艺术劳务市场和艺术商品市场。从生产者和消费者的依附关系看可以分为寄生性艺术市场、雇佣性艺术市场、自由性艺术市场。根据艺术商品种类的不同还可以分为美术市场、表演市场、文学市场等。

关于艺术资助的历史分期，学术界有着不同的看法。朱立国认为，从中国古代艺术市场发展来看，从最开始的依附于皇权到后来从属于宗教，一直到中国出现资本主义萌芽的元明清时期以牟取商业利润为目的的各种艺术市场逐渐兴起，成为中国古代艺术市场发展的三个框架阶

段。① 李向民先生则以宋徽宗宣和画院的瓦解和富民的崛起与清扬州盐商的衰落和上海的兴起为分界点，将中国艺术品赞助划分为三个时期。从上古到北宋时期为第一时期，从北宋到清中期嘉庆年间为第二时期，从清后期到民国为第三时期。在这三个时期，皇家或王室赞助、私人艺术赞助和公共赞助各自发挥着程度不同的主导性作用。笔者对于朱立国先生的认为艺术先是依附于皇族然后又从属于宗教的看法不甚苟同，毕竟宗教不是中国社会意识形态和经济发展的主流，宗教对艺术的主要影响可能萌芽在东汉并在南北朝期间发挥重要作用；即使在这一阶段，皇族资助依然发挥着主导性作用；因此宗教赞助称不上艺术赞助的主流，只是中国艺术赞助史上随风飘起的几片浪花。关于大的历史分期，笔者比较认同李向民先生的意见，同时认为，李向民先生将原始社会和夏商周三代纳入第一阶段值得商榷，毕竟这一时期的艺术赞助形式与其他阶段有着很大的不同。因此笔者将原始社会到奴隶社会的艺术赞助单独列为艺术赞助的早期懵懂状态，而以秦汉至唐宋为第二阶段，元明到清前期为第三阶段，第四阶段为清后期到民国。

二、各类赞助机制的兴衰沉浮

本部分将以艺术赞助机制为纵向主线，穿插探讨艺术家与赞助人之间的人身依附关系以及不同类别的艺术商品市场，对我国古代、近代艺术品交易机制的历史演变进行简单的梳理。

---

① 朱立国：《从膜拜价值到价格膜拜——谈市场经济调控下的艺术市场》，《美术界》2010年第12期。

（一）早期懵懂的艺术赞助

之所以将封建社会之前的艺术赞助机制单独列出，是因为这一阶段的艺术机制与其他历史时期相比有着很大的不同，也可以说，这一阶段还称不上什么艺术赞助。因为在这一时期，艺术还主要依附于生产祭祀等活动，没有以独立的形态存在，艺术家甚至还没有基本的人身自由，寄生于生产和祭祀活动中的艺术赞助还基本处于无意识状态，因此笔者将这一阶段称为艺术赞助的早期懵懂阶段。

中国文献中记载的最早的艺术活动可追溯到原始社会的实用艺术、装饰艺术和图腾艺术，我们从许多艺术起源的著作中找到大量的论述。原始人也开始大量囤积和随葬玉器等工艺品，既为了宗教祭祀方面的需要，也有价值保存的目的。从汉字中的"珍"、"宝"等字，我们可以看出人们对玉饰等工艺品价值的认识和重视。由于外观精致、存世稀少、价值大、便于携带等特点，它们常常被当做一种价值符号，充当一般等价物的功用。

人类进入夏商周三代，祭祀之事也由氏族、部落的大事发展为国家大事，所谓"国之大事，在祀与戎"。祭祀活动是国家组织的大型仪式，也是三代最重要的艺术活动，这一时期代表性的艺术品有青铜器和玉器。由于被赋予通神、娱神和尊礼的功能，青铜器被广泛应用于商代的祭祀和周代的封侯礼制中。作为王权的象征，青铜器在国家灭亡时也要旁落他人之手，故"迁其重器"遂成为改朝换代的另一种说法。玉器在当时有着与青铜器相似的地位，一国战胜另一国后，不仅要"迁其重器"，还要没收其玉器。青铜器的生产代表着国家的威严和权力，因而变成了一种国家行为。围绕着青铜器和玉器的生产，国家在财政上全面投入，设置各级专门管理机构和官吏，参与组织生产，采取积极措施来保护矿源、保证运输和生产。

三代时期的艺术市场交易很不发达。"体现贵族身份品级的器，如：'圭璧金璋'、'命服命车'、'宗庙之器'、祭祀用的'牺牲'、贵族才能享用的'锦

21

文珠玉成器’等不准上市出售，这是为了维护贵族的身份等级和礼制，不让混淆等级差别和僭越的事发生。"① 由于他们的特殊地位，这些原始社会后期发展起来的装饰艺术品交易受到严重制约，甚至在西周被禁绝。

但到了西周中期以后，周代经济制度已发生动摇，市场管理相对松散。一些原属于"伪饰"的艺术品也开始在人们之间交换起来。其意义在于，这种交换不仅打破了"伪饰之禁"，而且也打破了"田里不鬻"的根本法则，从而为春秋战国时代艺术品市场的兴起创造了较早的经验。

（二）皇家艺术赞助的兴衰

历史进入到封建社会，中国社会除了短时期的战乱和分裂（如魏晋南北朝以及五代十国）之外，整体上保持了政治上的统一和经济的稳定。各代皇室利用自己的政治和经济特权，大肆挥霍，同时也间接地支持和赞助了艺术事业。

皇家艺术赞助自秦汉开始，到唐宋时期，赞助的力度和艺术家的地位达到鼎盛，到明清逐渐衰落，至清嘉庆扬州盐商的败落和上海的兴起，皇家赞助机制彻底消亡。

历代皇室都设立专门机构，延聘艺术家为皇室服务。汉代宫廷"少府"也设有专业画工，其属下有"黄门署长、画室署长、玉堂署长各一人"。② 画室内有"黄门画者"或"尚方画工"。《汉书霍光传》中载："上乃使黄门画者画周公负成王朝诸侯以赐光。"③ 汉代宫廷画工种类却相当多，仅邓后诏令中，所提到罢免的画工就有三十九种。

---

① 叶世昌：《中国古代经济管理思想》，上海：复旦大学出版社 1990 年版，第 133 页。
② （宋）范晔著，（唐）李贤等注：《后汉书·百官志三》，北京：中华书局 1997 年版，第 3594 页。
③ （汉）班固撰，（唐）颜师古注：《汉书·霍光传》，北京：中华书局 1962 年版，第 2932 页。

秦汉时期的书法主要服务于宫廷和官府的实际需要，还没有脱离实用功能而成为独立的观赏艺术。宫廷书法家中有三大类，一类是具有官职的善相，如秦代的李斯和东汉的蔡邕等，他们书法水平高，但并不是专业书法家。另外一类是宫廷中蓄养的来自民间的书法家或善书者，其身份是"书工"或"书佐"，地位和俸禄较低，主要负责抄写诏谕简牍等往来文书。还有一类是宫廷中的"佣书者"，雇佣时间或长或短，报酬按每日或月计算。我们所熟知的班超投笔从戎的故事中，班超从戎之前的职业就是佣书者：

> （班超）家贫，恒为官佣写书以供养，久劳苦，尝辍业投笔叹曰："大丈夫无他志略，犹当效傅介子、张骞立功异域以取封侯，安能久事笔研（砚）间乎！"①

东汉灵帝还开办鸿都门学。鸿都门学的教学内容与太学迥异，主要讲习辞赋、小说、尺牍、书法等。鸿都门学极大地推动了艺术的发展，并培养了大批优秀的文学艺术家。如汉末著名书法家梁鹄、师宜官、邯郸淳均出自鸿都门下。

魏晋南北朝时期，皇家在财力上不像前秦汉那样兴盛，但依然是很大的艺术消费者，皇室留用了一批画家、书法家和雕塑家，与前代不同的是，宫廷的艺术管理也采用了内行专业人员管理绘画的制度，体现了一定的历史进步性。

绘画书法方面，这一时期涌现出垂范后世的大画家。他们大都与宫廷保持了或多或少的联系，如"吴时事孙权"的三国画家曹不兴，宋明帝时的陆探微，梁武帝极为器重的佛画高手张僧繇等。宫廷画家和书法家接受俸禄，也时常受到皇帝的赏赐。

---

① （东汉）刘珍等撰：《东观汉记校注（下）》，北京：中华书局 2008 年版，第 676 页。

　　南北朝时期仍延续汉制，设少府，将作大匠等部门，并开始有意识地让专业人员担任管理宫廷艺术的长官。齐武帝时，毛惠远曾任少府卿。少府卿总管官营手工业，其职责之一就是负责有关原材料的采办。但毛惠远并不善经营，在采购绘画材料时被人蒙骗而多花二十八万，招致了杀身之祸：

　　　　惠远吏才强济，而临事清刻，敕市铜官碧青一千二百斤供御画，用钱六十五万。有谮惠素纳利，武帝怒，敕尚书评价，贵二十八万余，有司奏，伏诛。死后家徒四壁，武帝后知无罪，甚悔恨之。①

　　隋唐尤其是唐代经济实力的高度增强，宫廷艺术的发展达到了前所未有的规模和水平。皇室积极倡导艺术、扶持艺术创作、蓄养艺术人才，并投入大量物质资料，使宫廷艺术有了长足发展。当时有许多著名画家都曾供奉于宫廷，有的甚至达到较高官位，有的还掌握实权，享受优厚待遇。如隋朝展子虔、董伯仁，唐朝的阎立本、吴道子、张萱、周昉、王维（右拾遗）等。

　　唐玄宗时"始置翰林院，密迩禁廷，延文章之士，下至僧、道、书、画、琴、棋、数术之工皆处之，谓之待诏"。② 这些待诏画家生活在宫廷中，其创作不可避免地受到皇帝旨意的制约，如吴道子被玄宗"召入禁中，改名道玄，因授内教博士，非有诏不得画"。③ 除翰林院的待诏画家外，唐代宫中的文学三馆中也有不少画家，宫廷中还常年征召一大批民间画工服务于皇门将作，唐代大量的宫室彩壁和陵寝壁画都出自这些画工之手。

　　唐代经济繁荣，宫廷财力雄厚，加之统治者酷爱文艺，所以千方百计购求书画。唐玄宗开元年间，设有集贤院，负责书画征集与摹制事宜，对流散

① （唐）李延寿撰：《南史·毛修之传》，北京：中华书局 1975 年版，第 461 页。
② （宋）司马光编著：《资治通鉴》卷 217《唐纪 33》，北京：中华书局 2007 年版，第 2670 页。
③ （唐）张彦远撰，承载译注：《历代名画记全译》，贵阳：贵州人民出版社 2009 年版，第 470 页。

于民间的书画珍品更是刻意搜求，甚至不惜以进献书画以赏赐或升官加爵的手段：

> 或有进献以获官爵，或有搜访以获锡赉。开元中有商胡穆聿别识图书，随即集贤，告讦搜求。至德中，白身受金吾长吏，改名详。是有潘淑善，以献书画拜官。[①]

宋代由于皇亲国戚的推崇和沉迷诗文书画，因而特别重视艺术赞助和机构的建制，由此中国的皇家艺术赞助在宋代达到顶峰。宋代设立宫廷画院即翰林书画院，按等级高低设有"待诏"、"艺学"、"祗候"、"学生"等职，有着完善的建制。一时画院中名手云集，成就辉煌，影响也最为深远。宋徽宗将画院的地位提至第一位：

> 本朝旧制，凡以艺进者，虽服绯紫，不得佩鱼。政、宣间独许书画院出职人佩鱼，此异数也。又诸待诏每立班，则画院为首，书院次之，如琴院、棋、玉、百工，皆在下。[②]

此外，宋神宗期间还在画院引入竞争机制，设画科考试，画院内的升迁名额和考核方式就以制度的形式规范下来。另外画家还可以在获得一定资历后，通过"出职"制度提升为画院外的地方官。

元代没有设立"画院"制度，但为了缓和社会矛盾，笼络汉族地主，统治者授予许多画家以高官并给予优厚的俸禄，加上元代不设科考试，绘画成为读书人入仕进阶的一个好的途径，因此元代在宫廷入仕的画家不少。专业

---

① （唐）张彦远撰，承载译注：《历代名画记全译》，贵阳：贵州人民出版社2009年版，第107页。

② 邓椿：《画继·五代名画补遗》（二）卷十《杂说论近》，北京：中华书局影印版1985年版。

名画家获得不同品第的官职并获得较高俸禄，这可以说是元代皇家赞助绘画艺术的一种独特形式。另外，元代贵族和统治阶级上层对艺术家的赏赐方面也表现出北方游牧民族特有的慷慨、豪爽。

元代很少有记录表明朝廷花费巨资购藏绘画对书画的保护和襄助，主要表现为成立机构秘书监和奎章阁，罗致画家、承旨作画，并对宋金内府藏品的收藏、鉴定、装裱。秘书监在一定程度上部分地起着画院的作用，不少名画家被先后罗致于此。

明代皇宫中也留养了一大批专职画家，其人数和费用都远超过元代，直追唐宋。但这些书画家在宫中只是作为侍臣或专业画家，并不像元朝那样品秩高、职权大，也没有宋代"图画院待诏"之类的职称，皇室设一些如翰林院及各殿"待诏"之称或锦衣卫"都指挥使"、"指挥"之类的虚职，授予虚职的目的仅仅是为了便于参照给他们发俸，当然他们的待遇还是相对丰厚的。但他们作为皇帝近身的侍臣，却是伴君如伴虎，书画家的命运常常被皇上的情绪心境所左右，有的书画家甚至搭上性命。在内府购藏方面似乎没有大的发展，主要是接收元文宗奎章阁所藏，但其总量仍是相当大的。

明朝至武宗以后经济衰退，政治斗争与经济混乱使明王朝已无暇顾及宫廷绘画赞助，"宫廷中留养的画家也逐渐减少，甚至连现有的内府收藏品也保不住，竟拿出来折当俸禄发给官僚"，[①] 显示了皇家艺术赞助正走向衰弱。

清代前期，皇家收藏比明代还要丰富。原有的公私书画收藏，都陆续被收入内府，如著名鉴藏家梁清标、高士奇和安岐的藏品，大都被清代皇室收藏。到乾隆年间，唐宋元等前代存世的画作几乎被收罗无遗，蔚为大观。清朝宫廷如意馆还蓄养了一批画家，但他们在宫中的地位并不高，最初多视同匠人，与其他工匠同列，直到乾隆九年（1736 年）才统一改"南匠"之称而谓"画画人"。康乾盛世期间，宫中曾有不少名家侍奉，如焦秉贞、冷枚、

---

① 李向民：《中国艺术经济史》，南京：江苏教育出版社 1995 年版，第 493 页。

唐岱、丁观鹏、金廷标、姚文翰等人，还有一批外国传教士画家如郎世宁等人。这些职业画家一般都是通过荐举、考核后入宫的，并根据艺术水平的高低，给予一定的经济待遇。

皇家艺术雇佣与延聘制度本质上属于劳务交换为基础的雇佣经济活动。皇室设立专门机构和供养画家，为画家或画师提供俸禄或佣金，画家或画师要出卖自身的劳动，为朝廷提供艺术服务。这种交换关系实际上是以俸禄为媒介的艺术劳务交易关系，并不构成艺术品的直接购买关系。一方面，皇室为艺术家提供了稳定的收入和生活来源，使得艺术家能够安心创作。另一方面，艺术家的创作也需要以皇帝和皇室的需要为中心，因而不免要受到皇帝喜好的影响。更有甚者，艺术家因为其创作不能满足统治者的意图而受到身心的迫害。明代朱元璋赐死赵原的例子就说明了这一点。

当然历代朝廷也通过经济手段从民间购藏艺术品。但作为一国之主，皇帝与普通百姓绝不会是平等交易的双方。皇帝有书画艺术品的需求，老百姓主动呈献，自然朝廷也不会亏待百姓，一般对进献书画者给予重金或官爵奖赏。因此这种书画交易关系被一种合乎礼制的形式给掩盖了。

（三）私人艺术赞助的沉浮

中国传统社会艺术赞助的另一条主线是以贵族、官僚、地主和商人为主体的私人艺术蓄养与赞助。他们利用各种特权和渠道，搜刮和掠夺大量的财富，从而具备了奢侈性艺术消费和赞助的物质基础。

秦汉之时，帝王的奢华生活和行为直接影响着王侯贵戚和土豪巨贾的消费取向，也间接影响了一般民众的生活方式，淫侈之风在两汉之际极为盛行。体现在艺术方面，为了装饰墓穴和祠堂，贵族富豪之家不惜巨资雇人雕刻制作了大量画像石和画像砖。两汉贵族富豪墓表雕刻中最著名的应首推霍去病墓前的纪念性雕刻组群。

东汉后期以来，门阀豪强势力日益强大，魏晋南北朝时期，各代统治者几乎无不依托门阀士族来建立和巩固政权。政治上他们垄断仕途、把持要职，"举贤不出世族、用法不及权贵"。魏晋南北朝时期重视门第，士大夫不必经过纷争就可获得稳定的社会地位和经济来源。他们是典型的有钱有闲阶层，家传浓厚的艺术趣味，加上当时崇尚清谈之风，不少士大夫并不热衷政治，而是沉迷于艺术活动。流风所及，士大夫多忘情山水声色，醉心于纯艺术的自娱。如谢灵运，在他出任永嘉太守期间，"郡有名山水，素所爱好，遂肆意游遨，遍历诸县，动逾旬朔，民间所讼，不复关怀，所至辄为诗咏以致其意焉"[①]。与这种生活情趣和品位相适应，东晋兴起了园林建筑、山水画和山水诗等艺术形式。

隋唐五代期间贵族地主经济实力的增强，催生了他们的艺术需求。贵族地主们通过各种手段蓄养和接济艺术家。唐朝的一个新的发展，那就是通过花钱自小进行艺术教育，以培养出合乎自己口味的艺人。名画家韩干"少时常为贳酒家送酒。王右丞兄弟未遇，每一贳酒漫游，干常征债于王家，戏画地为人马。右丞精思丹青，奇其意趣，乃岁与钱二万，令学画十余年。"[②]能培养出像韩干这样的一代大家不能不说是贵族地主阶层艺术投资的功绩。

唐代上承魏晋士族遗风，民风尚侈尚闲。加上经济发达，物质生活的丰裕，使得人们有精力和势力追求较高层次的精神需要。另外皇室的示范效应，使得民间贵族地主收藏艺术品及古玩蔚然成风，好古者不惜巨赀，四处购求，日常生活中以有古玩名画为乐。

宋代时期中国北部一直深受辽金等劲敌的侵扰，宋军或屡战屡败，或卖国投敌，边患严重，文人士大夫阶层常常心怀忧愤而又报国无门，不少人移情于声色玩好之间，附庸风雅。官僚士大夫除讲究居家宅第的文玩摆设外，

---

① （梁）沈约撰：《宋书》，北京：中华书局1974年版，第1753—1754页。

② 《酉阳杂俎》续集卷五《寺塔记上》，转引自李向民：《中国艺术经济史》，南京：江苏教育出版社1995年版，第286页。

还多延致名士，蓄养艺人，这种生活志趣在贵族地主和文人士大夫中颇为流行，有些人甚至因耽于收藏古玩字画而倾家荡产。这种生活方式，自宋代成为中国传统社会的典型的文人生活模式。

从宋之前的文化遗存被慢慢发现，许多文人士大夫开始崇尚金石考古，研古崇古也成为文人士大夫的时尚，当时社会的中上层家庭多以收藏书画古董为荣，不少人不惜重金，罄其所有对书画文玩进行近乎痴迷的搜购。如东坡诗云："贵人金多身复闲，买书画不计钱"，[①] 比较客观地反映了当时的情况。

与魏晋南北朝的世族相类似，蒙古贵族在元代的社会政治中扮演着举足轻重的角色，皇帝即位都须由贵族拥立。凭借这种显赫的权势，贵族们也享有朝臣无可比拟的经济特权。贪婪奢侈的元贵族分占了国民收入的很大一部分。这种经济实力，为他们广泛而深入地投进艺术享受创造了前提。另外元代地主、商人和官僚的势力也有了进一步的发展。他们之间互相勾结、渗透，盘剥民众，获得了极为可观的经济收入。大贵族和大地主们极度奢侈的生活消费也在客观上赞助了艺术活动，对艺术进步起了一定的积极作用。

元代私人艺术赞助主要体现在购藏书画和蓄养书画家等方面。元代贵族承袭宋人遗风，喜好文物，收藏者往往一掷千金，孜孜以求。如《桐江续集》中描述的当时为了买到赵孟頫书法的情景：

> 小者士庶携卷轴，大者王侯掷缣帛。
> 门前踏断铁门限，苦向王孙觅真迹。[②]

明代工商业异军突起，不少地主官僚都开始转而倾心于手工业经营和商业经营，由此也造就了一大批拥资数以十万、百万的工商业主，他们成为明

---

① 路费达总刊，高时显、吴汝霖辑校：《东坡七集》卷九，上海：中华书局 1936 年版。

② 方回撰，王云五主持：《桐江续集》（三）卷二四《送赵子昂提调写金经》，上海：商务印书馆影印本 1934—1935 年版。

代私人艺术赞助的中坚。

虽然明朝统治者一直对三吴地主采取高赋税政策而逐渐削弱了江南大地主的实力，但江南地区长期以来雄厚的经济基础，加之地主阶级通过各种途径转嫁税负和收敛财富，到明代中期新兴徽商尚未成熟之前，江南地主一直是明代艺术的主要私人赞助者。徽州一带由于山多田少，民间历来有经商的传统。至明中叶以后，徽商已同山西商、陕西商等一样，成为横行中国的地方商人势力。另外徽商能够"贾而好儒"，注重士商合流，纷纷仿效文人士大夫，以此标榜自己的门第高贵、雅好文物，以获得社会的认可，因而他们在生活中多注意购藏、陈设字画古玩、延聘文艺名流吟诗联句等。以此为出发点，徽商逐渐"雅化"，并成为明代后期的主要艺术赞助人。至此中国古代历史上私人艺术赞助达到鼎盛。

三吴地主和徽州商人对艺术的赞助，对明清的艺术发展产生了巨大的影响，明中期兴起了以沈周、文征明为代表的吴门画派，在明末清初兴起了以弘仁为代表的黄山画派。当然，明代其他地区的官僚、地主、商人和作坊业主等也都在一定程度上通过艺术消费而对艺术发展发挥了一定的影响。

清代是中国传统艺术的集大成时期，加之康熙乾隆时期社会经济的高度发展，清代出现了一批拥资百万又雅好艺术的权贵大贾。他们有经济实力和素养对艺术活动进行赞助，并在中国的私人艺术赞助史上写下浓墨重彩的一笔。

清代前期一大批八旗贵族功臣的后代们，也就是所谓的"八旗子弟"们，和像和珅这样的达官贵人们，利用他们的政治经济特权，聚敛了巨额财富。他们肆意挥霍，其中一部分流向艺术消费，从而间接地赞助和支持了艺术活动。

另有一批人，像扬州的盐商，因他们多为安徽徽州的新安商人，因为徽州一带自古乃文物之地，盛产笔墨纸砚和刊刻图书，他们大都从小在儒雅风气的熏陶下长大，有着较高的文化艺术修养，而更有一些人，如郑鉴元、马曰璐、汪廷璋等，他们本身都是有一定水平的诗人、书画家，所以他们在艺术赞助方面更是不遗余力。他们不仅在购买文玩字画方面一掷千金，而且还常常聘养艺术家。大盐商江春曾延请诗人书法家方贞观教授诗歌书法，使之"寓秋声馆二十年"，熊之勋"工待善书"，亦"常居康山草堂"。在延聘文人艺术家上，扬州盐商真可谓挥金如土。另有半千《溪山无尽图》卷：

> 忆余十三便能画，垂五十年而力砚田，朝耕暮获，仅足糊口，可谓拙矣。然荐绅先生不以余之拙，而高车驷马，亲造荜门，岂果以枯毫残沈，有贵于人间耶？顷挟此册游广陵，先挂船迎銮镇，于友人座上值许葵庵司马，邀余旧馆下榻授餐；因探余笥中之秘，余出此奉教。葵庵曰："讵有见米颠袖中石而不攫之去者乎请月给米五石、酒五斛以终其身何如？"[①]

与皇家赞助相类似，私人艺术赞助实质上也是一种劳务性的艺术交易与艺术赞助。相对于皇家赞助，私人赞助下的艺术家有着更多的人身自由和较小的精神迫害的压力。虽然有着寄人篱下的阴影而有时不得不讨好主家，但赞助人一般不会对艺术创作横加干涉，艺术家的创作还是相对自由的。

（四）公共艺术赞助的源远流长

西周时期严格禁止的艺术品交易，至春秋战国乱世之际开始萌动发育。人们既已认识到艺术品的经济价值及其保值功效，便大胆地搜求这些人间奇珍。春秋战国时期，人们开始在市场大量买卖艺术品，或以艺术劳务谋生。这一时期的艺术品市场主要是珠宝市场和工艺市场，两者又有一定的联系，

[①] 卷藏故宫博物院。引自徐邦达：《历代书画家传记考辨》，上海：上海人民美术出版社1983年版，第55页。

珠玉经过人工雕琢后便成为工艺品。经营艺术品，特别是珍宝，是个颇为有利可图的行业。这一时期先后出现了不少著名的大商人。特别是郑国，商人社会地位很高，诸侯公卿都自觉维护商人利益，商人与公室关系也很融洽。

秦汉时代的艺术市场有了进一步发展。如民间市场又增添了一些新的门类，如专门的书法、文学和绘画等市场初现端倪；交易方式也更加丰富多样。既有正常等价交换，也有以贿赂方式，购得部分艺术创作干预权，如著名的毛延寿与王昭君事件等；两汉之际，市场参与者的范围扩大了，不仅有民间人士出没，不少命官贤士也参与艺术市场活动。

秦汉书法市场开始萌芽，市场形式还属于比较低级的阶段，即为"佣书"取赏的形式。市场上既有官府佣书的，如投笔从戎前的班超，更有为民间一般百姓佣书取酬者。世人崇尚辞赋书法，对好的书法往往争相观摩，如张超"善于草书，妙绝时人，世共传之"。[①] 与当时的皇家赞助机制相似，当时书法市场还没有发展到纯粹看重书法艺术自身的美，人们更加关注书法所表达的实际内容，显示出当时书法市场的初级水平的特征。

史籍中还没有发现关于秦汉民间绘画市场的记载。但我们从秦汉建筑雕梁画栋的情况看，富贵人家的房屋墙壁、栋梁门楣和墓室上留下这些画迹，除夕元旦之时家家户户门上用来辟邪消灾的虎等，都离不开民间画工，表明当时的绘画市场处于萌发状态。

魏晋南北朝时期尽管社会混乱，但艺术市场仍在一定程度上得到相当发展，尤其表现在书法、绘画市场等方面的演进。

魏晋南北朝时期的书法市场仍以佣书为主。由于当时印刷术尚未发明，读书人和寺僧的需要，催生了一批以为人抄书抄经为生计的佣书者。虽有报酬，但佣书毕竟是地位较低很辛苦的谋生方式。起初蒋少游大概是在平城的

---

① （宋）范晔著，（唐）李贤等注：《后汉书·文苑列传》，北京：中华书局1997年版，第2652页。

一些官宦人家抄抄写写，打临工自养，后来可能因书法甚佳而被朝廷长期聘用，他就逐渐脱离书法劳务市场而成为官府、宫廷书法家的一员了。这一时期书法市场的一个重大进步就是法书市场的出现，体现了划时代性的意义。佣书者中的一些颇有造诣者，如王僧孺、蒋少游等，他们抄写的书籍或作品颇受人们的喜爱，这样，书法的层次由原先注重实际内容发展到文字形式的美学欣赏，法书市场就应运而生了。相比佣书，法书的经济价值要高得多。史载：

> （萧子云）出于东阳太守，百济国使人至建邺求书，逢子云为郡，维舟将发。使人于诸次候之，望船三十许步行拜，行前，子云遣问之，答曰："侍中尺牍之美，远流海外。今日所求，惟在名迹。"子云乃为停船三日，书三十纸与之，获金货数百万。①

随着唐代经济社会的发展和文化的兴盛，皇室对民间书画搜求的力度和奖励措施进一步激发了民间搜求古玩字画以进献朝廷的风气。这一时期的艺术市场也有了极大的发展，表现在书法、绘画和雕塑等方面，市场水平也较前代有很大提高，市场参与者中增加了来自邻国的专门收购中国名家书法和绘画作品的客商，反映了中国艺术及其市场在邻国的影响。

唐代书法市场中虽然仍局部存在初级的佣书市场，但已完全退居极其次要的地位。随着六朝以来人们对字迹和书法艺术的重视，到唐代，碑铭市场的兴起，催生了一种兼具佣书市场和法书市场的新市场形态，即润书市场。人们请书法家书写自己需要的内容并支付润笔费。大书法家柳公权深受皇帝宠爱，曾靠书写碑志而积累下巨额财富："当时大臣家碑志，非其笔，人以

---

① 《南史萧子云传》，转引自李向民：《中国艺术经济史》，南京：江苏教育出版社 1995 年版，第 247 页。

子孙为不孝。……凡公卿以书贶遗，盖巨万。"①

唐代的法书市场有了新的发展。市场上既有前人的书迹，也有当代珍品。人们对法书价值的认识水平不断提高，甚至有人将法书作品与其他贵重物品一样拿到当铺抵押典钱。在这里，"书迹作为一种价值符号或价值砝码被使用着，标志着唐人已能够对书法作品的经济价值进行抽象的理解和测量。对质的深入认识，有利于人们对量的计算。市场交易是一种锱铢必较的行为，它对量（价值量）有着特殊的敏感。而由于书法作品的艺术水平和美学价值很难靠自身尺度来衡量，勉强为之，则量化的准确性也相当差。随着人们对书法作品经济价值的新认识，艺术价值终于有了可靠的尺度，即市场价格。"②

唐代绘画市场上，佣画依然发达，主要是迎合了当时社会文化背景下寺观、宅第建筑等对壁画的需求。同时由于唐朝中外交往频繁，中外佣画匠交互作用，亚洲各国许多画师纷纷来到唐都长安，其中尤以中亚各国侨民居多。同样，中国画匠也辗转到国外佣画。在公元 751 年中亚怛逻斯战役中被俘的杜环，在周游阿拉伯各国后写成《经行记》，其中就有汉人画匠的记载。"绫绢机杼，金银匠，画匠；汉匠起作；画者京兆人樊淑、刘泚；织络者河东人乐、吕礼。"足见当时佣画之盛。

唐朝绘画材料的发展对绘画市场产生了深刻影响。唐朝之前，绘画以壁画、屏风画为主，多以大型建筑和材料为底，不便移动，所以很难形成独立的画品市场。而唐朝纸绢作为绘画材料的生产规模的扩大，使得绘画日益普遍起来，有利于画品市场的形成。唐代还出现了专门的卖画场所和专业画商。当时能向皇上进献名画，不仅可以加官晋爵，还可以获得巨额赏金。因此一批善于鉴别书画，又有经营头脑的人便开始专门从事书画的收购和贩卖

---

① （宋）欧阳修、宋祁撰：《新唐书》，北京：中华书局 1975 年版，第 5030 页。

② 李向民：《中国艺术经济史》，南京：江苏教育出版社 1995 年版，第 303 页。

业务。这些人或称为"卖书画人"：贞元初，有卖书画人孙方颙，与余家买得真迹不少……①

随着画品市场的发展，唐朝的绘画作品价值及其价格评估已经开始具体化，这也是中国艺术品市场开始形成的标志之一。唐代绘画市场的有关材料中，已经有关于大量画品明确价格的记载。或以金钱计，或以绢帛计，如："保寿寺本高力士宅，天宝九载舍为寺。……文宗朝有河阳从事李涿者，性好奇古，与寺僧善，尝与之同观寺库中旧物，忽于破瓮内得物如被幅裂汗，垒触而尘起，涿徐视之，乃画也。因以州县图三及绢三十匹换之。令家人装治，幅长丈余，因持访于常侍柳公权，乃知张萱所画《石桥图》。"②

张彦远在自己著作中列出了名家画屏价目表："董伯仁、展子虔、郑法士、杨子华、孙尚子、阎立本、吴道玄，屏风一片，值金二万，次者售一万五千。"而"杨契丹、田僧亮、郑法轮、乙僧、阎立德，一扇值金一万"。③

宋代整个社会风尚爱好古玩字画，附庸风雅，因而绘画市场获得广泛发展，上自皇宫、官府、寺院，下至寻常人家，乃至食店茶肆也都以张挂字画为雅事。加上印刷术的发明，出现了民间雕版印刷版画的新的绘画形态，进一步满足了民间对绘画的大量需求。

宋代书画市场门类全，而且市场的发育程度也比过去有了很大提高，多种交易形态并存，包括佣画（书）市场、润笔（书）市场和作品市场。在过去很长一段时期内，润笔（书）市场的卖画（字）者是被动的，而且还会因为亲朋好友等面子问题不好意思收取润笔费。润笔（书）市场在宋代比唐代

① （唐）张彦远撰，承载译注：《历代名画记全译》，贵阳：贵州人民出版社2009年版，第109页。

② 《四部丛刊续编子部·图画见闻志》第五卷《故事拾遗·石桥图》，上海：上海书店1984年版。

③ （唐）张彦远撰，承载译注，《历代名画记全译》，贵阳：贵州人民出版社2009年版，第100页。

更有发展，不仅更为通行，而且在市场深度上亦有所提高。替人写字作画，收入润笔似乎已成为很普遍也很为人接受的事情，皇室与书法家之间、亲朋好友之间收取润笔费也是很常见的事情。

宋代皇室支持书画艺术是宋代书画繁荣的一个基本原因。皇帝不仅设画院延致大批画家在其中作画，而且也相机购得民间佳作。当然这种购买也采用了合乎君臣之礼的形式，即臣民和百姓进献绘画作品，皇帝再重金赏赐。

宋代官府、寺院也都推崇书画。宋代民间对书画的喜好也成为时尚，书画不仅大量进入寻常百姓家，而且还出现在茶肆药铺之中。

北宋汴梁市集、南宋临安勾栏瓦子，都有卖字画、年画的摊子，并逐步诞生了以经营书画为主的店、铺、行、斋、堂、馆等命名的书画店。据史籍记载，北宋汴京东角楼街巷有潘楼酒店，"其下每日五更市会，买买衣物书画珍玩犀玉"，[1] 南宋临安城内店铺林立，有"陈家画圆扇铺"[2] 这样的绘画工艺品店铺。一种接近经纪人身份的"牙侩"或"牙人"，活跃在书画市场上，联系买主、卖主，协调书画价格，可能因此而收取一部分佣金。

元代由于科举不行，文人士大夫无以进身，因此常以绘画谋生或是自娱或娱人。绘画市场亦因此而比宋有一定进步。元代绘画也有佣画和作品市场。佣画市场大量而广泛地存在。大量的建筑装饰和壁画的需要为一批民间画工的存在提供了可能。

元人卖字画已成为惯例，上至官居一品的赵孟頫下至一般赖此为生的职业书画家。富甲一方的大地主、大画家倪瓒，"雅趣吟兴，每发挥于缣素间，苍劲妍润，尤得清致，奉币贽求之者无虚日。"[3] 另一类是以卖画为生的职业

---

[1]　孟元老：《东京梦华录》卷二《东角楼街巷》，上海：上海古典文学出版社1956年版。

[2]　吴自牧：《梦粱录》，北京：中华书局1985年版，第114页。

[3]　倪瓒：《清閟阁集》卷一一《元处士云林先生墓志铭》，转引自李向民：《中国艺术经济史》，南京：江苏教育出版社1995年版，第454页。

画家。这些职业画家中不乏才高艺绝的亡宋遗老，因不愿与元合作而坐隐人间。元代书法市场相当活跃，不在宋之下。法书名迹常常辗转售卖，交易额也较大。书法作品也仍然是货郎担上的尤物。在这里有时还能购得品位较高的碑帖。

明代随着城市工商业的进一步发展，市民的物质生活已获得基本保障，以艺术消费为主的文化娱乐重新受到重视，绘画市场已进入全面繁荣的前夜，市场参与者众，上有在朝为官的宫廷画家，下有靠卖画谋生的民间画师，市场流量相当大。卖画取酬从上到下都已成为惯例，卖画者队伍因而大有扩展。在朝为官的丹青妙手大量卖画，因为其名气和社会地位等因素，他们的卖画收入常常大大高于俸禄收入，经济状况十分优裕。民间大量的文人画家和画工作画求售则更为常见。

以绘画交易为内容的市场商业形式大致有三类，其一是买画者到画家府第诣门购求，交易对象主要是名家作品，这也是一种较为体面，较易为文人画家接受的交易形式，这种画家往往收入可观。另有一种完全靠卖画谋生，名气亦不大，急于成交的画家，则往往带着画到处兜售，甚至去收藏家中求售。一些画商也往往采取这种方式，但这种方式并不占重要地位。相比之下，第三类将画品交给画商经手、市肆交易则要更为普遍。

明代书法市场形式是多层次的，交易量相当大，货币关系的作用也比过去大得多，市场交易形式主要是以字换银，明代有不少书法家完全以卖字谋生，这些当代书法家的作品构成明代书法市场的主体。同时一些前世书家的碑拓作品也纷纷入市并颇受人欢迎。

据俞剑华《中国绘画史》称，清代见诸记载的画家竟达五六千人之多，几乎超过此前各代画家的总和。人们似乎放弃了过去的雅俗之争，各类画家可谓百舸争流，画得好的与不好的、名气大的和没名气的都在绘画市场中一显身手，争取绘画市场的一杯羹："赵甸，字禹公，会稽人，家极贫，学啬以养亲，艺绝工，时称赵孝子。长游宗周之门，传其学。丙戌后，隐于淄，卖画自给，世所称璧赵甸，字禹功，林高士画者也。"①

        金寿门（农），钱唐布衣。……以诗文相淬厉，尤癖于古，卖书画维扬以自给。②

    清代的艺术市场机制趋于完善，清四僧、清六家中都不乏鬻画谋生者。"扬州八怪"、"海上画派"等也自觉地卖画谋生，加入当时的艺术市场运作之中。这时期，清代还出现了一些颇具眼力的专职书画古玩商人，他们本身积累了不少名作佳品，同时又善于鉴别，交游广泛，与公卿、士大夫、巨贾交往很深，常常往来于北京、扬州、苏州和上海等地，从事书画买卖交易。

    当时最大的书画艺术市场当数扬州和上海。这两个城市特殊的地理交通位置和经济的繁荣，使得许多富商、书画商和艺术家云集在一起，书画市场渐趋活跃。书画市场的开放，市场上民间欣赏趣味和偏好都直接在市场上反映并渗透到画家的创作风格中，并在两个城市分别形成了扬州画派和上海画派。这两个画派的形成典型地反映了市场和经济形势对艺术发展的影响。

    清代北京琉璃厂一带在康熙末年还只是个书市，后来不少文人高士在此开设古董商铺和书画店。1860 年英法联军火烧圆明园和八国联军于 1900 年劫掠故宫等，导致大批宫藏文物进入琉璃厂。加上文人雅士经常光顾，古董和字画商人们也从北京和各地购求书画到这里售卖，使得这里集中了不少经营字画古玩的店铺，从而成为全国书画经营的集散地和北方艺术市场的中心。

    清代书法市场值得一提的是郑板桥的笔榜：

---

① 谢正光、范金民编：《明遗民录会辑》，南京：南京大学出版社 1995 年版，第 985 页。
② 李秉新等校勘：《清朝野史大观》卷九《冬心先生》，石家庄：河北人民出版社 1997 年版，第 1030 页。

大幅六两，中幅四两，小幅二两。书条、对联一两。扇子、斗方五钱。凡送礼物、食物，总不如白银为妙。公之所送，未必弟之所好也。送现银则中心喜乐，书画皆佳。礼物既属纠缠，赊欠尤为赖帐。年老神倦，亦不能陪诸君子作无益语言也。画竹多于买竹钱，纸高六尺价三千。任渠话旧论交接，只当秋风过耳边。乾隆己卯，拙公和尚属书谢客。①

可以说，郑板桥的这一笔榜具有划时代的意义。长期以来，书法和绘画被认为是文雅之事，文人士大夫羞于言钱。笔榜的推出说明，随着商品经济的发展和人们商品意识的增强，艺术价格本身的独立性开始逐渐为人们所认识和接受，明码标价的方式开始受到了人们的普遍欢迎。这一笔榜宣告了艺术市场的发育成熟。清后期私人艺术资助的衰落，也使得市场力量一支独大，成为艺术资助的主力。

民国时期，中国艺术市场已基本以近代型市场为主，在交易方式等方面开始受到西方艺术市场组织形式的影响。同时，由于国内持久动荡，艺术市场中参与者已不仅仅是收藏家，一些投机家开始涌入，另一些为了保值动机，而索购艺术品者也日见增多。这些因素的出现，使民国艺术市场显得纷繁复杂，变化多端。

总体上说，民国时期的绘画市场比较活跃。当时的画家大致可分为两类：一类是长期受中国传统文人画影响的新兴"文人画家"，如齐白石、黄宾虹、潘天寿、张大千等；另一类是留学归来，兼蓄中西的留洋画家，如徐悲鸿、刘海粟、汪亚尘等。这两类画家在经济来源上也有所区别：前一类画家中悬格卖画者居多，后一类画家中办学课徒者居多，他们多是一些名画家，当时若不具备一定的资格、名望，美术院校当不至于延聘，即使鬻画也

---

① 《三借庐笔谈》卷八《书画格》，转引自李向民：《中国艺术经济史》，南京：江苏教育出版社1995年版，第637页。

少有人问津。至于尚未成名者，则又是另一种情形。商业美术往往成为一部分年轻画家的生活之源。

润笔是中国传统的卖字画的方式，画家为主顾画画，收取一定的费用。这种方式最初尚带有较多的人情色彩，或是收取一定的银两，或者只是收取一定的纸张笔墨等，甚至因为人情而无偿奉送的例子也不少。但清乾隆间郑板桥润格的出现，市场化的历程算是终于完成，这时的润笔才真正成为书画艺术的市场价格。民国时期收取润笔，送人字画的艺术市场相当发达，当时几乎所有的画家都曾挂榜卖画。但由于种种原因，直到民国时期有些书画家在收取润笔时还是只收物不收钱。

著名画家齐白石在艺术品交易机制方面也有着革命性的代表意义。首先，齐白石不分购藏对象地位高低，对索画者统一开价。这在中国古代的润笔方面是无法做到的，代表了一种进步的社会认识。其次，齐白石只收现金，拒受礼物。齐白石曾在大门口张贴了一张告白："我画画卖钱，送礼者决不受，门房谨知。"[1]这样把书画买卖完全纳入货币经济的轨道，是一种十分彻底的市场行为。另外，年逾古稀的齐白石 20 世纪 30 年代在其润例中写道："山水人物、工细草虫、写意虫鸟皆不画。指名图绘，久已拒绝。"[2]这样自主作画、拒绝命题的做法，使艺术创作不再过多地受市场影响，交换仅仅是作为后果，而不是作为前提对艺术创作发生影响，较好地处理了艺术与市场的关系。

由于书画市场繁荣，艺术市场的经营机制也有了一些重大变化，其中最为重要的是艺术经纪人的积极参与。当时的名书画家通常都有一些固定的代理人，但这种代理人对书画家并没有像西方经纪人那样的约束，至多只是代售代销，或低进高出，从中牟利。

---

① 齐良怜：《我的父亲齐白石》，《白石老人自述》，长沙：岳麓书社 1986 年版，第 172 页。
② 陈封雄：《一幅珍贵的肖像画》，《白石老人自述》，长沙：岳麓书社 1986 年版，第 202 页。

三、现代艺术品市场的兴起与发展

　　解放后，在经历了 20 世纪 50 年代的公私合营以及"文革"之后，中国
艺术品市场进入了极度萎缩的冷寂时期。古玩店铺一度几乎全部消失。许多
年里，只剩下像荣宝斋、朵云轩等为数不多的国营书画店铺，这些店铺通常
将书画与文房用品一起经营。另外国家还有负责征集文物和文物外销的国营
文物商店系统，但文物和艺术品定点专卖。

　　我国真正意义上的现代艺术市场的启动，即艺术品商品化、艺术品交易
市场化及职业画家的出现，是在 20 世纪 80 年代末 90 年代初期。由于改革
开放政策的深入、人民生活水平的提高以及艺术知识的普及，人们对于艺术
收藏和投资的热度逐渐上升。北京潘家园旧货市场的出现，代表了民众参与
艺术品市场时代的开启。一些城市相继出现了画廊。1991 年澳大利亚人华
莱士·布朗在北京开办红门画廊，这是中国出现的首家现代意义上的签约代
理制画廊。1992 年中国第一家艺术品拍卖公司朵云轩拍卖公司在上海成立。
1993 年 5 月，首家股份制拍卖企业中国嘉德国际文化珍品拍卖有限公司在
北京成立，标志着中国艺术品拍卖业向现代企业制度的转化迈出了成功的一
步；1993 年 11 月 16 日，由文化部主办的首届中国艺术博览会在广州举行，
拉开了艺术博览会发展的序幕。这次博览会"对于中国当代艺术市场具有里
程碑意义，它标志着政府首次对艺术市场行为的认可和参与，同时也意味着
政府管理部门试图按照市场规律将艺术品交易纳入规范化的管理"。[①]

　　电视等媒体艺术鉴宝类节目的播出对艺术品市场的发展起到推波助澜的
作用。来自央视索福瑞公司的收视率调查显示,2004 年央视经济频道《鉴宝》
的收视率经常跟当时最火爆的娱乐节目《非常 6+1》相仿佛，收视率在经济

---

① 　武洪滨:《当代艺术市场与文化主体价值的彰显与传达》,《文艺争鸣》2010 年第 9 期。

频道名列前茅。《鉴宝》节目的空前成功，带动和引发了全国各地方电视台开播艺术品节目的风潮，许多电视台都先后推出了诸多艺术品栏目。

21 世纪以来，中国艺术品市场飞速发展。以艺术品拍卖为例，2000年，我国整体艺术品拍卖市场的成交额是 12.5 亿元，2010 年艺术品拍卖市场的数字达到 573 亿元。据英国艺术联合会数据，中国在 2010 年艺术拍卖品总额高达 83 亿美元，占全球市场份额的 23%，已经成为仅次于美国的全球第二大艺术品交易市场，并逐步向规模化、专业化发展。2011 年，中国曾一度超过美国成为全球最大的艺术品市场。2015 年欧洲艺术基金会公布《TEFAF 全球艺术品市场报告》称，中国市场是主导全球市场的主要因素之一，其市场占比仅次于处于首位的美国（33%），与英国（22%）持平。

艺术品的市场价格也一路上扬，天价拍品频现。2017 年 12 月 17 日，在北京保利十二周年秋季拍卖会的"震古烁今——从北宋到当代的中国书画"专场拍卖中，齐白石 1925 年作的《山水十二条屏》拍出 9.3 亿人民币，仅次于达芬奇油画《救世主》4.5 亿美元，成为当年全球艺术品市场上拍卖价第二高价。中国的画廊、拍卖会、网络销售（包括网上拍卖和网上画廊）、艺术品投资基金、文化艺术品交易所等如雨后春笋般发展起来，画廊代理制初步建立，并逐步向规模化、专业化发展。

各类不同的艺术资助一方面维持并促进了艺术的发展，另一方面也规定了艺术的发展方向和风格特征。经济资助渠道的不同对艺术的美学特征的影响是超越艺术的具体样式的，各种样式的艺术活动会因相同的资助来源而形成某种统一的基调。

由王室朝廷资助的艺术，艺术家通过领取俸禄，过着衣食无忧的安逸生活，创造了宫廷艺术，表现为院体画、馆阁体书法、青铜礼器、宫殿建筑和宫廷乐舞等，追求形式美，艺术风格雍容华丽，但也往往因避免政治迫害而粉饰太平并表现出脱离实际生活等局限。

在寺院、地主、商人资助体系下，艺术家作为宾客（食客）获得生活和创作的物质资料，一般没有受迫害的顾虑，因而艺术创作的自主性较强，他们大多出身文士，有较强的个性，而且对于社会、历史、人生有其独特的关照和理解，他们创作出不同于宫廷艺术的文人艺术，主要表现为文人画、园林建筑、辞赋等。

通过公共赞助生存的是一批民间艺术家，他们通过市场渠道获得的经济来源，往往最为菲薄而不稳定，他们常为了媚俗易售而迎合世俗审美趣味，作品缺少艺术创新，表现手法单调。但由于这些民间艺术家能全面地面向市场，接触社会生活，因而能从丰富的民间生活中不断获得艺术表现的素材，有其特别的艺术价值。

当然，宫廷艺术、文人艺术和民间艺术之间又不是相互隔离的关系，他们之间往往有着密切的联系，并互相吸取营养，同一艺术家在不同时期有可能从不同来源或同时从多种来源获取物质资料，这些都使得艺术风格与经济资助的关系显得扑朔迷离。

中国艺术赞助的历史由皇家赞助、私家赞助的兴盛走向逐步衰亡并最终走向公众赞助和市场化，这是历史的必然。市场化不仅意味着艺术家经济上的自立、人格上的独立和创作上的自由；也意味着文化和艺术的广泛普及，对于提高全社会的文化艺术水平，有着不可估量的社会意义。

第二章　传统艺术品市场的要素构成

一、传统艺术品市场的要素构成

从微观的角度看，艺术品市场由艺术家、收藏或投资者、经营性中介机构以及评论和鉴定等服务机构等要素构成。

作为艺术品市场资源的基本供应者，艺术家处于艺术市场源头的重要地位。艺术家以其独立的艺术灵感和艺术原则创作出富有个性和特色的作品。在活跃的艺术市场环境下，艺术家通过媒体运作、画册出版、举办个人或集体展览来宣传自己的艺术风格，提高知名度。通过市场中介环节，如展销会、博览会、拍卖会和网络等卖画满足了对经济上的需求，艺术家在艺术市场的舞台上大展宏图。在独立宽松的艺术环境下，艺术家的生活环境、心理状态都得大有改善，创作积极性也进一步提高。

艺术品中介机构比较复杂，有着多种多样的组织形式，并在艺术市场中占据举足轻重的地位，它们和生产者、消费者一起共同构成完整的市场结构。中介环节实现了艺术市场的整个行销过程和程序的大部分，是艺术品的艺术文化价值转化为经济价值、价值潜能和增值可能性变成现实的关键环节。中介机制的规范运作对于稳定市场秩序和高效的市场运行起着关键性的作用。匈牙利裔英国的艺术社会学家阿诺德·豪泽尔（Arnold Hauser）说过："艺术买卖仍然是一种中介力量，而不是导致离异的力量，这不仅因为它帮助建立了艺术生产者与消费者之间经常的联系，而且因为它创造了对艺术保持固定兴趣的顾客，使艺术家不必想着如何去讨好他的公众。"①

具体来说，艺术市场的中介机构既包括古玩跳蚤市场、画廊、拍卖行、艺术博览会等传统的市场形态，也包括像艺术品投资基金、网络交易与拍卖、文化艺术品交易所等新兴市场形式。每种市场形式都表现出不同的交易特征，在信息的不对称和交易费用方面也各有特点。

画廊可看做是艺术品的销售者，它与画家签订协议代理画家的作品，由于艺术品价格差距悬殊，画廊只有发现有价值的艺术家才能获得其经济利益，因此，画廊会努力去寻找能实现艺术价值的画家。一个画廊主要通过自己的艺术眼光、商业嗅觉和判断力，发现并代理新兴艺术家，与艺术家共同成长、逐步拓展市场。拍卖则是高端的艺术市场，只有那些已经确定了相当的艺术价值与一定的社会、历史影响力的艺术品才能进入艺术拍卖市场。

同画廊相似，拍卖行的成功也是建立在发现并保障艺术品艺术价值的基础之上，拍卖是将艺术品的价格最大化，进入拍卖并拍出高价是对艺术品价值的再次确认，也是对艺术品拥有者发现艺术价值并进行投资这一艺术消费过程的回报。拍卖市场类似于金融领域的证券交易市场，负责为艺术品的流转、二次交易提供场所。对艺术市场的整体运行而言，艺术拍卖是艺术市场的风向标，艺术品拍卖获得成功，反映着市场对其艺术价值的认可，进而，创造其艺术价值的艺术家与发现、推广其艺术价值的画廊也都相应获得经济利益。在这一过程中，艺术市场的中介在推动、提高艺术价值的同时，也相应地获得了跟随艺术价值一并得到提高的经济价值带来的回报。

艺术收藏或投资者是指为了满足精神愉悦和审美需要或者功利性需求（收藏、投资保值增值等）而消费、购买或欣赏各种形式艺术品的行为人或

---

① ［匈］阿诺德·豪泽尔：《艺术社会学》，居延安译编，上海：学林出版社1997年版，第178页。

机构。艺术品收藏或投资者既包括将艺术品作为最终消费的收藏家，也包括将艺术品作为升值工具的投资者，另外博物馆、教育机构或慈善机构等也是艺术品的重要消费者。

艺术批评与鉴定专家也是艺术品市场上的重要参与者之一。由于艺术品是一种非常特殊的商品，对于公众来说，充分掌握一件艺术品的信息是非常困难的。艺术品的定价、质量、真伪等诸多信息都不是一般的消费者所能够全面掌握的。艺术批评的重要功能包括引导观众审美，帮助观众从自己可能从未意识到的视角更深刻地欣赏和理解美术作品，也可以运用某些美术概念和美术理论对美术作品的风格和技法进行深入浅出的解读。因此，艺术批评家所起的作用就是把艺术品市场上比较真实的信息告诉消费者，起到一个沟通信息，降低投资风险和信息交易费用的作用。艺术品能否在市场上走俏往往依赖于评论家和鉴定专家的评价和结论，因此，评论家和鉴定专家在整个艺术品市场机制中实际上起到为收藏者和投资者把关的作用。

二、交易要素间的相互关系

艺术家们通过画廊、拍卖和艺术博览会等中介机构来销售和展览自己的作品，使得艺术消费面向大众，实现了艺术生产和消费的社会化。艺术评论家和鉴定专家作为市场的服务和辅助机构，是艺术品的解释者，并常常是艺术价值标准的建立者；艺术家的美学精神以及他们作品的文化价值的产生，需要复杂的评论与诠释；艺术品价值的现实性转换，也需要在鉴定专家的帮助下才能得以实现，因而艺术家的市场地位与艺术品的市场价值，需要健全公正的鉴定与评估体系。评论家和鉴定家的价值取向对于艺术品的市场价值和价格方面起着决定性作用和影响。

艺术家、艺术中介机构、收藏和投资者、鉴定和评论家等构成一个完整的艺术市场结构。这个结构是艺术品由个人精神产物成为具有社会价值和经济价值的商品的商业化过程。艺术品在生产者、中介和消费者三个节点中的交递流转形成了从生产到营销、再到收藏鉴赏或投资的一个完整的产业链条。完备的现代艺术市场机制使艺术产业的各个环节相互联系和沟通，保证了市场的正常运转。

　　但艺术品市场又不能独立运行于这一微观市场环境中。从宏观的角度看，艺术品市场不可避免地受到经济形势、财政金融等政策、社会审美风尚等因素的影响，相关的法律法规对于规范和约束市场行为、减少市场的不确定性和提高市场效率也起到不可忽视的影响。艺术品交易机制也表现为艺术品各构成要素之间与以及与各种宏观因素间的相互关系和影响。

第三章　艺术市场新业态

一、一、二级市场边界的模糊

近年来，无论在国内还是国外，艺术品市场中的画廊、艺术博览会、拍卖行等，正不断扩充自己的经营范围，使得一、二级市场的界限愈发不清晰，出现两级市场相互渗透的现象。

作为一级市场重要构成的画廊，本该从市场基础做起，培养和发掘年轻的未成名艺术家。但目前许多画廊将主要精力用于发现挖掘已有稳定事业根基的成名成熟艺术家，甚至是从其他画廊挖来大牌艺术家的作品，与他们合作、宣传并炒作他们的作品。而这种经营方式，实际已经超越了一级市场的范围，部分扮演了二级市场的角色。

本属于一级市场的艺术博览会也有着类似的表现。目前，相当一部分出现在艺术博览会中的艺术作品，不再是画廊培养的新兴艺术家的作品，而是在市场中已经具有影响力的艺术家作品，甚至是一些参加博览会的画廊从收藏家或其他画廊的库存中借来成熟艺术家和经典大师的作品，以出售成熟大家的作品为主要目的。这些博览会实际上已经将触角延伸至二级市场，承担了拍卖行的部分功能。

一、二级市场界限模糊的另一个突出表现是艺术博览会几乎完全脱离了一级市场的角色，在世界各地开设分支展会。近几年，MCH 集团在巴塞尔、迈阿密、中国香港等地开办分展会的同时，隆重推出全新拓展计划"巴塞尔艺术展会"，使巴塞尔艺术展突破现有的展览业务；欧洲艺术博览会（TEFAF）也与纽约的 Artvest 公司组建合资公司，在纽约公园大道军械库每年举办两个博览会。TEFAF 纽约将在 TEFAF 马斯特里赫特三十年成功办展经验的基础上，为纽约城带来跨越 7000 年艺术史的艺术精品。①

因此，作为一级市场的画廊和艺术博览会发生了一些本质的变化：它们正越来越脱离传统一级市场的经营模式，开展跨界经营，将自身定位于一级市场与二级市场的中间地带。

与此同时，二级市场也在悄然发生着一些改变，他们也在拓展新的经营领域，逐步向一级市场延伸。2011 年苏富比拍卖行在纽约曼哈顿总部 2 楼开办 S/2 画廊；2014 年 2 月 28 日，佳士得中国香港艺廊开幕并举办"美艺菁华"展览；2015 年 9 月，北京保利国际拍卖有限公司利用自己的品牌保障，在自己的会展中心举办"艺起来"博览会，邀请二级市场的藏家到博览会现场，与参展机构直接交流互动。

在传统的市场规则下，一级市场除了发掘新艺术家还需培育藏家，使他们从不懂艺术到爱好艺术，再到收藏艺术；二级市场则在成熟艺术品和藏家之间形成公开市场。在金融领域，一级市场针对高端投资人，二级市场针对大众消费者，而在艺术品市场则应该倒置过来。大藏家和天价作品往往出现在二级市场中，画廊则针对更小、更新的藏家。但是这种一、二级艺术市场的格局似乎已被打破，拍卖市场的客户群几乎包揽了大、中、小所有藏家，拍卖行从学术梳理、藏家培养，到公众展示，再到市场交易，几乎完成了整个产业链。

对于一、二级市场的跨界经营，业界有着不同的声音。传统的声音认为

---

① ［雅昌快讯］：《TEFAF 进军纽约每年在公园大道军械库办两场博览会》，https://news.artron.net/20160203/n815556.html。

这样的行为会使得一、二级市场错位，扰乱市场秩序。但也有人认为这是拍卖行业深耕市场的一种方式，无可厚非。佳士得CEO斯蒂芬·墨菲（Stephen Murphy）认为"画廊"这个词在市场中不过是个术语，"我总觉得应该更多地谈艺术，而不是市场营销。"但这样的言论让老式学院派的画商们很着急，他们认为拍卖行过多地参与到私人交易中会导致市场的倾斜，或造成市场泡沫。[1]

二、艺术品网络展示与交易

随着互联网的迅速兴起以及人们消费习惯的变化，艺术品的互联网销售和展示模式也雨后春笋般地发展起来。尤其是2011年以来，面对其他领域"互联网+"产业的急速进化，艺术品市场逐渐发展起一些艺术电商。由于艺术品自身的非标准化和产业的碎片化等特性，艺术品行业没有能够成就如微信、爱奇艺、滴滴出行等全新而体量巨大的艺术商业生态。艺术品电商类型多样，按时间发展来看，主要有艺术信息门户、自营式网络销售、网络艺术中介、交互式艺术销售平台。

艺术信息门户。主要指在2000年左右开始建立起来的艺术网站，严格来说，它们算不上艺术电商，主要是新闻和信息类门户网站，如TOM艺术、雅昌艺术网、中国艺术家网、99艺术网、艺术中国等众多门户。他们的主要功能是向大众传播艺术展览和评论，一般不直接进行艺术品交易，有一定的公益色彩，没有明确的盈利模式，很多艺术评论网站至今沿用此种模式。

自营式网络销售。主要是各类画廊、拍卖行和艺术衍生品公司的转型，将线下销售业务搬至线上，线上线下相互配合。这种电商实质是艺术品销售

---

① 邱月烨：《拍卖行做"画廊"》，《21世纪商业评论》2014年第5期。

机构的官网，具有一定的搜索功能，便于查询，但还没有达到艺术品电商的模式。专业艺术品机构进行艺术品网上交易，以2000年6月18日"嘉德在线"正式上线为标志。"嘉德在线"是我国最早的艺术品交易网站之一，主要从事网络艺术品拍卖。徐悲鸿名作《愚公移山》于同年11月15日在"嘉德在线"以250万元的拍卖价格成交，这幅作品成交标志着我国艺术品网上交易的开端。

网络艺术中介。网络艺术中介与目前一般的电子商务平台相类似，是目前较为主流的艺术品电商模式。其主要模式是艺术家注册并经营自己的空间，平台提供宣传、用户导流、客服等基础服务，平台方作为中介，按每笔交易收费或是向艺术家收费。例如，"赵涌在线"是一家综合收藏品交易平台，于2000年正式推出，主打艺术收藏品网上交易，实行一站式竞买、委托、价格查询、藏识交流，总部设在上海，在中国的北京、香港、台北、广州等地以及德国开设有办事处。有些品牌电商也开设艺术品交易业务。品牌电商平台进军艺术品网上交易市场，以2013年"淘宝网"与"保利"合作推出在线拍卖为标志。同年，"苏宁易购"推出其与"易典中国"搭建的苏宁易购艺术品频道。"国美"推出国之美艺术品频道，进行艺术品网上交易。亚马逊网站也在2013年上线了艺术品交易平台，平台上拥有来自世界各地的45000名艺术家的作品，价格也从几千元到几千万元不等。

交互式艺术销售平台。随着微博、微信的广泛应用，很多创业者摒弃了单独建网站、租服务器的思路，开始借助互联网工具进行创新，这是对艺术品电商的一次小升级，大大降低了开发成本、维护成本、运营成本，对已经投入大量成本的旧有平台是一次巨大的冲击。交互型电商大多小而精，与平台型电商相比，其相对即时专业的服务更符合艺术品非标准特性，对消费者来说体验更好。还有众多的微信公众平台、甚至个人微信朋友圈等，利用互联网手段进行推广，从互联网"根据地"起步，形成个人品牌，逐渐积累有效客户群，从而建立起长效的用户经营。

三、艺术金融产品

市场经济以来，艺术品的藏品概念逐渐被艺术投资所取代，人们购买艺术品不仅仅从艺术的审美需求角度出发，更看到了艺术品资本运作背后的高利润。艺术商人通过对人们这种心理的操控，将艺术市场继续做大。艺术品从过去比较单纯的喜欢、欣赏型已经转变为财富管理，兼顾了增值保值、资产质押、金融工具、企业宣传等功能，艺术品金融成为资产管理的重要方式。在中国，艺术品金融产品涉足银行、信托、证券、基金、保险、租赁等几乎所有的金融门类，中国艺术品金融市场显现出欧美市场无法比拟的市场活力和创新精神。

艺术品金融是艺术品市场发展到一定阶段，由艺术收藏、艺术投资发展到一定阶段，艺术品市场与金融市场全方位对接和深度融合的产物，本质上体现为全社会对艺术品的关注重心正从艺术品的收藏价值转向艺术品的投资价值。

目前，国内推出的与艺术品挂钩的金融产品主要有：艺术银行、艺术品基金、艺术品信托、艺术品保险和艺术品远期现货交易产品等。

艺术银行于1972年起源于加拿大。澳大利亚于1980年成立澳大利亚艺术银行，艺术作品成为"银行"资产，作品产生的各类收益构成"艺术银行"收入的关键来源。它是一种以艺术品为存取租赁物的委托机构，目的是让更多的消费者在不同的商业环境中欣赏到优秀的艺术品。它广义上包括两种形式：一种是以艺术品为存取租赁物的委托机构，主要指非政府文化艺术机构购买艺术家作品，再将其转租或销售给政府机关。公关空间、企业、私人，用于陈列、装饰或收藏；另一种则是银行向高净值人群提供的艺术投资服务，例如资产配置、慈善捐赠、代际传承等。

近几年，"艺术银行"的概念在中国艺术领域与金融领域受到了广泛的关注。北京、上海、广州、厦门等地都相继成立了各种类型的广义上的"艺术银行"。如潍坊银行探索艺术品为质押品金融途径，长沙银行推出艺术品抵押贷款产品"逸品贷"，台州银行将古玩类抵押品种引入银行体系，台湾艺术银行只租不售解决运营成本。广州"艺术银行"开展艺术品租赁业务，在此，需要强调的是广州"艺术银行"属于以艺术品为存取租赁物的委托机构，主要指非政府文化机构购买艺术家作品，再将其转租或销售给政府机关、公共空间、企业、私人用于陈列、装饰或收藏。2006 年底，上海出现国内首家艺术银行。

艺术品投资基金是艺术品投资机构投资者的一种统称，是一种间接的证券投资方式。艺术品投资基金通常由一些艺术或金融领域的专业人士发起，向投资者募集资金，然后通过对艺术品项目的投资运作来获得回报，并提高自身的知名度。艺术品投资基金除了传统基金的"开放式"和"封闭式"外，还可分为以投资艺术品为重点和以投资艺术家为重点的投资基金类型。艺术品投资基金起源于 20 世纪早期的法国，是由法国的金融家 Andre Level 和其他 12 位投资人组成的 La Peaudel'Ours（熊皮俱乐部）。1904 年，熊皮俱乐部集资购买了超过百幅现代油画和素描，其中包括毕加索、马蒂斯、梵高等一些著名艺术家的作品。十年后，作品在拍卖行进行拍卖，收益率高达 400%。① 于是，熊皮基金不仅成了艺术品投资基金的开山之作，更是艺术品专业基金的典范。最知名的艺术品投资基金是 20 世纪 70 年代出现的英国铁路养老基金。1974 年，由于经济不景气，为分散风险抵御通货膨胀，英国铁路养老基金决定每年从可支配的总流动资金中取出 2.9%用于艺术品投资。投资的艺术品范围广泛，包括古典名作、印象派作品、现代艺术品、中国陶瓷和手稿等。从 1987 年开始，基金就通过拍卖行陆续出售收藏品。

---

① Olivia Ralevski:"Hedging the Art Market: Creating Art Derivatives"，*Social Science Research Network*，March 26，2008.

从 1974 年到 1999 年，基金艺术品投资的复合年平均回报率（CAR）达到 11.3%。

21 世纪以来，随着中国艺术品市场的高速发展，艺术品投资基金的热点频出。在 2005 年中国国际画廊博览会上，来自西安的"蓝玛克"艺术基金，以 50 万美元的价格收购了当代油画家刘小东的《十八罗汉》组画，引起轰动，成了第一个进入人们视野的中国艺术品投资基金；2006 年，设立艺术品投资基金成为一种潮流，甚至有人称 2006 年为中国艺术品投资基金元年，但设立的基金多为私募基金。2007 年，作为首例，民生银行的"艺术品投资计划"获得银监会牌照，具有里程碑式的意义；2008 年，北京和君咨询联手西岸圣堡国际艺术品投资有限公司共同发起募集国内首个油画投资基金"和君西岸"，开启中外合作艺术品投资基金的模式。2010 年以后，房地产商、拍卖公司、金融投资公司、私募基金、策展人与画廊等，蜂拥进入这一领域，艺术基金如雨后春笋般冒出市场。[①]

在股票市场震荡、房地产调控政策频频出台以及通货膨胀压力之下，艺术品信托成为股票市场等重要的对冲机制。在 2009 年 6 月 18 日，国投信托盛世宝藏 1 号保利艺术品投资集合信托计划的推出标志着我国艺术品信托投资基金的诞生，它是中国国内第一支艺术品信托产品，弥补了中国信托业在艺术品领域的空白。2011 年可以说是艺术品信托的发展年，仅这一年的前三个季度，艺术品信托产品就发行了 30 款。[②]与艺术品基金相比，由专业信托公司发行的艺术品信托产品投资门槛较高，其发行对象为资金充裕、有较高收益要求且风险承受能力相应较高的私人客户，购买起点为 100 万元。有些艺术品信托设有超额收益分成条款，优先受益人不仅可以获得预期收益，还能参与超额收益分成。

---

① 吴华、向勇：《中国艺术品金融化模式研究》，《福建论坛·人文社会科学版》2014 年第 4 期。
② 芦文静：《艺术品信托，收益与艺术何以共享》，《中国信用卡》2011 年第 11 期。

　　艺术品保险可以说是目前针对艺术品风险管理最为有效的风险转移系统，这个转移系统就是一方当事人投保人将金融风险和不确定的损失转移给另一个当事人保险公司。风险转移给保险公司的前提是，被保险人通过一个正式合同购买保单并支付保费给保险公司。此外，保险公司还将给予投保人在仓储、运输过程中存在的风险给予改进建议和服务，防范风险于未然。从另一方面而言，投保艺术品保险也是为作品保值的一种手段。

　　西方的艺术品保险市场发展得较为成熟，有许多保险公司拥有艺术品保险业务如安盛艺术品保险公司（AXA Art Insurance Corporation）是目前世界上唯一一家仅提供艺术品保险和艺术品服务的公司，其前身"北极星保险公司"是艺术品保险的鼻祖，安盛是世界上唯一一家仅提供艺术品保险和艺术品服务的公司，为艺术家或收藏家的艺术品提供保险，以及为画廊、展览会、艺术品交易商和博物馆的艺术品贸易提供专业服务。其他如美国国际集团私人客户部（AIG Private Client Group）、丘博保险集团（Chubb Group of Insurance）、消防员基金保险公司（Firemen's Fund）以及圣保罗旅行者保险公司（St Paul Travelers）等多家国际知名保险公司都有艺术品保险服务。除了几个全球性的保险公司以外，国外还有数以百计的小型艺术品保险公司和机构提供艺术品保险业务，可谓业务丰富。

　　目前我国的艺术品保险尚处于探索阶段，专攻艺术品保险的公司很少。2010年12月，中国保险业监督委员会联合我国文化部发布《关于保险业支持文化产业发展有关工作的通知》，指定中国人保财险、中国太平洋财险和中国出口信用保险公司为国内第一批文化产业保险试点单位，确定了与文化产业相关的11个险种业务，自此，保险公司可以提供从馆藏、展览到运输等环节的艺术品综合保险产品。虽然政府已经指定了三家试点保险机构，但由于诸多条件的限制，艺术品保险的发展程度仍不完善。2012年初，安盛保险借上海丰泰高调进入国内市场，也让国内诸多机构和个人藏家无处投保的状况稍微缓和。同年7月安盛与人保财险签订了艺术品保险战略合作协议，双方将在艺术品保险的产品研发、市场拓展、理赔服务等方面进行合作。此次合作也逐渐让投保人有了更多的选择余地。相应的艺术品保险业务也开始起步。但考虑到艺术品保真估值以及出险后评估瓶颈，保险公司目前只向资质好、规模大的机构提供此项保险业务，艺术品个人持有者的保险服务尚未出现。

艺术品远期现货交易产品在我国尚处于起步阶段，最具代表意义的就是九歌艺术品交易所推出的标准化艺术品交易合约。交易所提供"类期货"标准化合约，交易过程中，买家需支付合约价值20%的保证金，到约定月份再交割标的艺术品。艺术品远期现货交易的出现，综合反映了艺术品市场中供需双方对未来市场供求关系变化和价格走势的预期，为艺术品真实价格发现提供了渠道。与其他艺术品金融产品相比较，艺术品远期现货交易投资者需承担市场规模小、交易活动不活跃的风险。

四、文交所的艺术品份额化交易

艺术品份额化交易是艺术金融产品的一种，依托于各地于2009年后相继成立的文化艺术品交易所。

从2007年开始，上海、北京、深圳等地就相继提出构建国家级的文化艺术品产权交易所的想法。2008年3月，全国政协委员、清华大学教授蔡继明向全国政协十一届一次会议提交了《关于成立北京文化艺术品交易所的建议》的提案。他在提案中指出："现存的文物艺术品市场存在两大基本制度缺陷：其一是不能从制度上保障艺术品交易信息的真实与充分；其二是未能保障投资人的投资活动的快捷便利。"而艺术品交易所的成立，将有助于规范文化艺术品拍卖市场，通过制度创新从根本上解决文化艺术品的造假、售假、拍假现象，同时还能促进文物的收藏与保管，促进我国文物与艺术品的回流。与此同时，还可以"减缓股票市场、房地产市场的高风险压力，从而使文交所、证交所、房交所相互之间平衡稳步地发展"。

2009 年，国务院审批了两块牌照。同年 6 月和 11 月，上海文化产权交易所和深圳文化产权交易所分别挂牌成立。2010 年初，国家 9 大部委（中宣部、人行、财政部、文化部、广电总局、新闻出版总署、银监会、证监会、保监会）联合签发《关于金融支持文化产业振兴和发展繁荣的指导意见》，明确指出，"支持设立文化产业投资基金，由财政注资引导，鼓励金融资本依法参与。"其中要完成的一个目标是"完善各类无形资产二级交易市场"。这一意见的颁布为文化艺术产权交易注入强心剂，并确立了文化艺术品产权交易所的产业地位和法律地位。于是，2010 年，文化艺术品产权交易所如雨后春笋般在全国增长，自此文化艺术品交易所进入冒进发展期。2011 年 1 月 26 日，类证券化的艺术品份额化交易模式在天津文交所投入实践。其后不到 3 个月的时间里，以天津文化产权交易所为范本，全国范围内又有 20 多家文交所推出了艺术品份额化交易。截止到 2011 年底，国内已经注册文化艺术品产权交易所近 70 家，其中有 50 多家已经初步开始运作。

鉴于文交所的艺术品份额化交易中出现的种种问题，国务院于 2011 年 11 月 24 日发布《关于清理整顿各类交易场所切实防范金融风险的决定》（以下简称"38 号文"），给全国范围内疯狂的文化艺术品产权交易所泼了一盆冷水，浇灭了各地兴建文化艺术品产权交易所开办艺术品份额交易的热情。文件要求地方政府在 2011 年 12 月底前就要将清理整顿方案上报国务院。自此，文交所的运营进入沉寂期。

目前，政府除了介入清理整顿和善后的环节，还将继续引导文化艺术品产权交易所的发展方向，但对于文化艺术品产权交易所发展方向的设定，政府是相当谨慎的，都在力图避免之前艺术品交易冒进带来的诸多问题。似乎所有文化艺术品产权交易所都开始转型，试图在法律框架内找到符合文化艺术品交易的新产品和运营模式，创新实践着收藏品、艺术品与金融相结合的运作方式。事实上，文交所一直未有一个较好的盈利模式。近两年，邮币卡则成为文化艺术金融化的重要方向之一，且已形成规模庞大的市场，但邮币不是本书的关注范围，所以不再就这一话题延伸探讨。

五、保税区

针对艺术品进口的关税壁垒，国内近几年兴起了艺术品保税区的建设。在一定程度上，自贸区满足了部分藏家投资境外艺术品的需求，自贸区通过建设专业的仓储设施为境外交易的艺术品提供存储空间，艺术品存储在自贸区视同于境外，从而给艺术品投资者带来暂时免税的便利。以实际进展推进较快的上海国际艺术品交易中心运营的艺术品保税服务平台为例，它在经营模式上更加灵活，藏家可在艺术品不在国内进行交易的前提下允许借展，藏家刘益谦在纽约苏富比竞得的《功甫帖》便以此种形式在龙美术馆展出。

在国家文化大发展的政策激励下，目前全国有多家艺术品保税区相继上马，上海国际艺术品交易中心和北京天竺艺术品保税区、黄浦滨江艺术走廊、崇明"海立方"项目等多个项目有意打造艺术品保税区。规划大多是艺术品的全产业链，设计标准较高，基础建设投入较大。但艺术品保税区受其专业特性限制，国内尚处于摸索阶段。

六、艺术品价格指数

艺术品价格指数是艺术品投资市场的风向标，无论在宏观还是微观市场上，艺术品价格指数均有广泛的用途。所谓艺术市场指数，是反映一段时期内艺术市场的整体价格水平或某件（类）艺术品价格变动的统计指标，不妨称之为"API"。国际上最早的 API 由苏富比编制，目前最重要的国际 API，是由中国长江商学院教授梅建平和美国纽约大学教授摩西共同创建的"梅摩指数"，它反映了 1875 年以来美国艺术品市场的价格变动。国内最重要的艺术市场指数是由雅昌艺术网创建的"雅昌指数"，它涵盖了 2000 年以来中国艺术品市场、重要绘画流派、重要艺术家作品的价格变动。它们与其他几种 API 一起，已经成为很多购藏者的重要参考。

目前较为成熟的由三种艺术品指数构建与编制方法。第一种方法是平均价格法，比如齐白石在某年秋拍总成交额除以上拍数量总平均尺数，得到一个平均值，依次每年春秋拍可以得出一个价格曲线。第二种方法是特征（hedonic）价格法，实际上是计量经济学中做一个回归分析。假如说，影响艺术品价格因素有尺寸、题材、艺术家名气以及是否在世等，找到和影响价格是正相关还是负相关，其程度几何。去除这些因素，剩下的就是艺术品除了特征价格以外的时间因素和价格之间的关系。第三种方法是重复交易法，它通过跟踪一件艺术品的重复交易，来计算年化收益率。梅摩指数基本上采用此种方法。但此种方法更适用于重复交易的艺术品，拍品多为精品，虽然有代表性，但并不适于没有经历过重复交易的艺术品。

第四章　我国艺术品市场的 PEST 分析

艺术品市场不是一个孤立的市场，它的运行状况不可避免地受到政策法规、经济发展与收入水平、社会审美风尚以及科技等方面的影响。法规政策的变化会对艺术品市场的强弱、艺术品的流向、艺术品经营主体等产生重要影响。而经济发展水平和富裕收入群体的出现从根本上决定着艺术品市场的发展程度。另外社会审美风尚影响着艺术品市场上价值的判断。科学技术的发展和进步给艺术品市场带来新的发展契机，但同时也带来更多的不确定性和风险。因此，艺术品交易机制也表现为艺术品各构成要素之间以及与各种宏观因素间的相互关系和影响。

一、政策（P）对艺术品市场的影响分析

（一）中国在艺术品政策方面的教训与经验

中国是一个历史悠久和具有独特文化体系的大国，中国的文化艺术可以说是东方文化的精华和代表。无论是海内还是海外，地上还是地下，都有着极为丰富的文化遗存和宝贵文物，这些文物艺术品除了国家正式收藏之外，出土的或流传的大部分都贮藏于世界各地。由于传统的中国是一个艺术品弱势市场，中国的许多文物也因过去的政府无力保护而流向国外，向强势市场

转移。

新中国成立伊始，针对 1949 年之前中国官商勾结、倒运出口、政府漠然视之的混乱状况，1950 年 5 月 4 日，当时的中央人民政府政务院颁布了《禁止珍贵文物图书出口暂行办法》，之后国家又出台了有关条例。这些文件的总体思路就是私人不得介入文物艺术品的买卖。1982 年颁布的《中华人民共和国文物保护法》第 24 条和 25 条明文规定："私人收藏的文物可以由文化行政管理部门指定的单位收购，其他任何单位或者个人不得经营文物收购业务"，"私人收藏的文物，严禁倒卖牟利，严禁私自卖给外国人"。国家明确规定文物艺术品由国有文物商店专营，但过于严厉的文物艺术品保护政策并没有堵住走私倒卖的大门。我们可以从国家文物局《文物工作》杂志 1993 年 3 月刊登的尤忠铮的《当前文物市场的几个问题探讨》一文中领略当时文物艺术品贩卖的盛况：

> 不管承认与否，当前文物经营摆开了两个战场：一个是公开的国营文物商店，一个是由文物贩子组成的地下文物交易网，两军对垒争夺国家文物资源。成都市自发形成的猛追湾游泳池文物自由市场，每周三开市已成惯例。届时茶社高朋满座，所有茶座变成了文物旧货的销售摊点；每天晚上在岷江饭店周围人行道，铺开了椅子长蛇阵，明清瓷器、古旧钱币、名人字画，应有尽有，招徕不少附近的外国人和港台同胞；其他分散在市区内的古旧家具市场、钱币市场、旧货市场、典当行、寄卖行……其中也不乏各类文物。这只异军的突起，使全省唯一的过硬四川省文物商店变成了孤军作战，缺失大有"阴盛阳衰"之势。①

上文中描述的是当时中国严管形势下文物倒卖的一个缩影。在不少文物

---

① 转引自熊建华：《文物艺术品交易与收藏》，武汉：湖北人民出版社 1996 年版，第 75 页。

大省的旅游点，有人堂而皇之地把从地里刨出的文物卖给外国人。无论上海、广州等全国各大城市，都有许多号称工艺品、旧货市场的地方，定点公开地由私人非法经营交易文物。文物艺术品是个国际流通性很强的商品。由于国内的买卖限制太多，这些艺术品无法在国内市场上顺利流通，因而有些人便铤而走险，为了牟取利润，偷偷将许多文物艺术珍品运出国境。

出现这种走私倒卖文物艺术品的现象部分是由国内过于限制的定点专卖政策和国内、国外的艺术品市场行情的巨大差距造成的。"文化大革命"结束到 1979 年间，一台日本电冰箱或电视机已经可以换走中国近现代名家的许多作品。直到 1980 年，国家收购李可染的一幅作品，稿酬才几十元，至于中青代画家作品，收购价一般不超过 10 元。而 20 世纪八九十年代正是文物艺术品市场行情高涨的时期，当时印象派大师梵·高的《加歇医生的肖像》于 1990 年被日本人以 8250 万美元的高价收藏。国内文物艺术品的垄断经营以及行情低落，与国外高昂的行情形成了强烈的反差，于是国内一些不法分子，通过境外颇有购买力的海外华人或外国驻华人士，大肆走私文物艺术品，造成了我国大量历史瑰宝流失海外，这对我国艺术品收藏来说是一笔巨大财富的损失。

鉴于上述问题的出现，许多文物艺术品专家大声疾呼，文物艺术品由国家包购下来的做法弊端很多，藏宝于民有利于促进文物的交流、研究，促进人民文化素养的提高，对保护文物起到"蓄水池"的作用。随着形势的发展，国家在 20 世纪 80 年代开始逐渐默许了民间收藏收购文物艺术品的做法。尤其在 90 年代以后，大量的拍卖公司、画廊、艺术博览会以及艺术中介机构逐渐发展起来，有利地助推了艺术品收藏与投资活动。为适应新的形势，2002 年 10 月 28 日第九届全国人民代表大会常务委员会第三十次会议通过《中华人民共和国文物保护法》，其中第 50 条明确规定了文物收藏单位以外的公民、法人和其他组织可以通过：（1）依法继承或者接受赠与、（2）从文物商店购买、（3）从经营文物拍卖的拍卖企业购买、（4）公民个人合法所有的文物相互交换或者依法转让、（5）国家规定的其他合法方式取得文物。这就从法律上肯定了民间收藏与交易活动。

后来的实践表明，准许文物艺术品的流通、政策的适当宽松和开放，以及经营渠道多元化，使国内文物艺术品高价值低价位的状况大为改观，使得国内走私逐渐失去了动力，不仅结束了文物艺术品只卖给外国人的历史，不仅很少有文物艺术品走私，而且还由于我们目前的艺术品拍卖成为强势市场，带动艺术品市场整体价位的上升，导致海外文物艺术品回流。据统计，我国从 1995 年恢复"文物复出境制度"以来，文物回归量大幅上升，1996 年前，海外回流文物不超过国内文物拍品总数的 20%，到 2005 年，目前这一比例已经上升到 40%。保守估计十多年来，通过拍卖回流到国内的中国文物艺术品逾 5 万件。①

开放的文物艺术品市场对促进文物艺术品依法流通、满足公众鉴藏需要和繁荣市场发挥了良好作用。由此，民间文物收藏和保护意识极大提升，文物艺术品受到普遍重视，收藏和投资队伍空前壮大。

（二）国外的艺术品市场政策及影响

艺术品市场活动与艺术品征税状况有着简单而直接的联系。艺术投资是通过艺术品出售来获得资产收益。增加税收，会抑制艺术品投资需求的增长；相反，减少税收，艺术品交易就越活跃，人们总是更倾向于在销售条件最有利的地方交易，尤其是交易高端艺术品。欧盟对在欧洲国家销售的艺术品征收增值税（Value Added Tax），各个国家征收的进口增值税率各有不同。在西班牙，艺术品出口到非欧盟国家的出口税高达 30%，进口增值税率为

---

① 中国拍卖行业协会会长张延华在"中国文物艺术品拍卖国际论坛"发表的主题演讲《建设规范繁荣的文物艺术品拍卖市场》，载于《中国拍卖》2005 年第 8 期。

7%；意大利的税率为 20%，由于意大利等国对于艺术品交易尤其是出口贸易有着严格的限制，本地市场上艺术品很难升值。据伊安·罗伯森研究，在意大利古典绘画大师作品市场上（Italian Old Master Picture Market，16 世纪至 19 世纪早期的作品），最高买家是 2003 年国际买家创造的 2860 万美元的一幅安德里亚·曼泰尼亚（1431—1506）的作品，而在意大利，这个出产了许多古典大师的地方，卖出的最贵作品是吉奥瓦尼·古埃尔齐诺（1591—1666）的作品——只有 976000 美元。意大利外贸出口限制使得一大批私人与公共意大利藏品很少与公众见面。[①]

据我国艺术品立法调研组调查结果，英国在 1994 年对艺术品进出口采取零关税，因此，英国成为世界上第二大艺术品交易国，欧盟及其他国家都愿意在英国境内进行艺术品贸易。1995 年后艺术品从欧盟之外进口到英国，留在英国或者买家居住在任何一个欧盟国家，都必须缴纳进口增值税。1996 年是英国执行艺术品进口增值税的第一年，尽管只是 2.5% 的税率（欧盟特许英国 1999 年 6 月 30 日之后实行 5% 的税率），但英国从欧盟之外的艺术品进口减少了 40%，其中从美国和瑞士的艺术品进口分别减少了 17% 和 64%。

欧盟自 2006 年 1 月 1 日开始实施艺术品转售时的艺术转售税（也称艺术家追及权，Droit de Suite），税率一般不超过 4%。然而这项政策将欧盟诸国置于非常不利的位置。在所有的投资资产中，艺术品市场是最具有国际流转性的市场之一，投资者可以将交易或者全部收藏转移到其他的城市或国家以充分利用优惠的税制政策。"税收的激励、贸易限制以及艺术转售税等因素会影响艺术投资的成本以及艺术品与其他资产的吸引力。政策环境在国别性艺术市场比在其他资产交易中起到更加重要的比较优势作用。"[②]

纵使欧洲有悠久的文化艺术传统和丰富的艺术资源，但由于这些国家对

---

① ［英］詹姆斯·古德温主编：《国际艺术品市场》，敬中一等译，北京：中国铁道出版社 2010 年版，第 5 页。

② McAndrew, Clare（2007），*The Art Economy*, The Liffey Press，p.254.

艺术品的交易政策限制太多，进出口渠道不顺畅，致使艺术品的市场流动性大大降低，艺术品升值空间狭窄，成交不活跃，艺术品的整体价位不高。1999 年某家独立的统计分析机构得出调查结论："从 1998 年以来，欧盟（不包含瑞士）作为整体失掉了全球艺术品市场份额的 7.2%，而作为欧盟主要竞争对手的美国却上升了 7%，因此，欧洲对艺术品市场采取抑制其发展的法律规范和财政税收政策，确实降低了欧盟艺术品市场在全球的竞争力。"[①]

相比之下，美国对于艺术品的进出口一律免税。此外，美国的艺术品捐助免税政策也鼓励人们进行艺术品投资，因为一件艺术品捐赠给博物馆就可以免税。由于宽松的艺术品经营税率和其他政策，美国逐渐成为世界艺术品交易的中心。

中国香港近来已逐渐成为继纽约和伦敦之后的第三大艺术品拍卖中心，苏富比、佳士得等老牌公司都在香港拥有金额巨大、产品线丰富的拍卖业务。除了在经济文化等方面的独立性和作为连接东西方中转站和枢纽的优势地位，香港宽松的税制，艺术品拍卖中无需缴纳进出口税收和高效专业的支持，恐怕也是香港成为亚洲艺术品拍卖中心的重要原因。

在中国内地的一级市场上，艺术家应承担 20% 的所得税，显然艺术家并不愿主动承担这一税负，如果再加上画廊卖出艺术品需要缴纳的 17% 增值税，一级市场上的税负将高达 37%，这导致画廊偷、逃税现象较为普遍；在拍卖市场上，现行的税收政策在某种程度上影响了艺术品变现的能力；个人所得税按照拍卖委托人卖出价和买入价的差额，以 20% 的税率进行征收。但由于众多拍卖委托人通过私下交易的形式购入艺术品无法出具原值凭证，因此需要承担的税负较高。对于此种问题现象，国家税务总局尽管在 2007 年出台相关规定，无法提供原值凭证的艺术品交易，按照拍卖价的 3% 征收

---

① 2006 年文化市场发展报告《欧洲艺术品市场调研报告》，中国文化市场网，http://www.ccm.gov.cn/show_zt.php?aid=4328&tid=384。

个人所得税。但看似简化的征收办法并不一定会给委托人带来降低税负的结果，当拍卖委托人持有艺术品的卖出、买入的增值额较小时，如果要最终售出艺术品，需要缴纳的税收甚至可能高出增值额，而这种现象会进一步降低艺术品在二级市场上的变现能力。同时，一、二级艺术市场的税负不平衡导致画廊争相与拍卖行合谋，偷税避税，在一定程度上造成了画廊业弱势，从而导致一、二级市场的极不平衡。

在进口税方面，国务院关税税则委员会公布的《2017年关税实施方案》中，与我国签订优惠贸易协议的国家，将油画、粉画及其他手绘画原件，雕版画、印制画、石印画的原本，各种材料制的雕塑品原件等三个税目的艺术品关税暂行税率再次降至3%（正常税率为12%，2012—2016年暂调至6%），复制品的税率依然为14%；没有与我国签订优惠贸易协定的国家，艺术品进口关税为50%；如果在国内售出，还要缴纳17%的增值税，即如果国外艺术品在国内完成所有交易环节，最少要缴纳20%—67%的税费。这样的税率，同世界大多数国家相比是比较高的。关税税率过高会导致交易成本过高，从而阻碍艺术品的国际流动，不利于艺术品市场的成长，而要回流曾经流失在海外的中国文物艺术珍品，也要付出高昂的代价的。

二、经济（E）与艺术品市场

一个国家的艺术品市场的发展，从某种意义上来说，是建立在社会经济收入达到一定标准、人们的财富充分剩余的基础之上的。经济的迅速发展给艺术品经营与投资带来了不容小觑的发展潜力与前景，同时也为它提供了发展的必要条件。只有一个社会的人们有了充裕的财富和可支配收入，并在此基础上有了足够的闲暇时间以及文化素养，才有可能积极参与艺术收藏与投资活动，艺术品市场才会兴旺与稳定发展。

经济是艺术发展的基础。文物艺术品不是生活的必需品，而是相对稀缺的精神文化产品。因此，在生活普遍贫困的社会、时代和地区，文物艺术品价格相对低廉；而只有经济发展，人们的收入水平普遍提高，尤其是出现了高收入人群，文物艺术品才会有需求，其价格才会得到相应的高涨。例如，在 18 世纪，欧美市场的绘画作品还很廉价，价格也特别稳定，很少有人把它作为增值的手段。但随着经济的发展，富人越来越多，一些人发现投资艺术品有利可图，因此投身其中，刺激了这个市场的发展。第二次世界大战之后，世界经济高速发展，艺术品市场也相应取得长足进展。有关拍卖资料显示，20 世纪 80 年代以来，艺术藏品在拍卖市场暴涨之势持续了 35 年之后，行情继续看涨，价格动辄上千万美元，天文数字的高价层出不穷，不断刷新艺术品拍卖纪录。

（一）中国历史上的艺术品收藏高潮与经济

中国历史上几次艺术收藏高潮，无不与当时社会经济的高度发达有着息息相关的联系。唐代社会经济的高度发展和繁荣，使皇家和私家的艺术赞助有了更为深厚的经济基础。唐代统治者大都酷爱文艺，重视书画收集，"贞观、开元之代，自古盛时，天子神圣而多才，士人精博而好艺，购求至宝，归之如云。故内府图书，谓之大备"①。上有所好，下必甚焉。皇家对书画收藏的热情使之成为文人士大夫阶层的一种雅好，并且涌现出众多的私人收藏家，私家收藏艺术品及古玩蔚然成风，好古者不惜巨赀，四处购求，日常生活中以有古玩名画为乐，如李约"所居轩屏几案，必置古铜怪石、法书名画，皆历代所宝。坐间悉雅士，清谈终日，弹琴煮茗，心略不及尘事也。"②由于

---

① ［唐］张彦远、［宋］郭若虚：《历代名画记图画见闻志》（新世纪万有文库系列），沈阳：辽宁教育出版社 2001 年版，第 22 页。

② 辛文房：《唐才子传·李约》，北京：中华书局 1991 年版，第 79 页。

唐代向民间搜求字画的优惠政策，向皇上进献名画不仅可以得官晋爵，而且还可以获得巨额赏金，因此，造就了一批既善于鉴别书画、又有经营头脑的人便开始专门从事书画的收购和贩卖业务的专业画商。当时的市场交易十分活跃，收藏之风十分兴盛。

明清时代的徽商和扬州盐商富甲天下，贾而好儒，也使得徽州和扬州成为当时全国最有影响的文物艺术品收藏地，当时徽州有"文物之海"的美誉，而由于扬州盐商（主体是徽商）对书画的推崇和资助，画家为了易于出售自己的作品，不得不迁就和迎合盐商的趣味和偏好，从而形成了独具地方艺术特色的扬州画派。

（二）中国当代艺术品收藏与经济

根据国际文化产业发展的经验，当人均 GDP 达到 1000 美元时，艺术品市场才刚刚进入起步期；当人均 GDP 达到 3000 美元时，艺术品市场就会进入快速发展期。这一观点与中国艺术品市场的发展历程很是吻合。2003 年，中国人均 GDP 为 1090 美元，中国艺术品市场开始全面启动进入起步期。到 2008 年，中国人均 GDP 超过了 3000 美元。而在 2003 到 2008 年间，中国的艺术品市场发生日新月异的变化。随着经济的发展，文化消费的潜力将非常巨大。

中国内地 30 年的高速经济增长和安定的社会环境，催生出相当规模的中产阶层和高收入群体。2008 年汇丰银行和上海复旦大学联合发布的一份调查表明，中国内地未来 10 年里年收入在 7500 美元至 2.5 万美元的中产阶层人士将超过 1 亿人。上海发布的胡润百富"2008 至尚优品——中国千万富豪品牌倾向调查"显示，有高达 36% 的千万富豪选择当代艺术品作为收藏品，表明中国富豪阶层已经超越了一味追求物质刺激的暴富阶段，而步入追求精神享受和生活品质的高级需求阶段。在全民的热络、传媒的追捧、艺术品功能的多元化等的簇拥下，这些富豪中的一部分正逐渐加入艺术品购买行列。目前世界主要拍卖市场上频频出现中国买家的身影，显示了中国的财富增长效应。

（三）国际视野下的艺术品收藏与经济

20 世纪 80 年代日本经济高速发展，成为战后新崛起的仅次于美国的第二大经济体。经济发展引发了日本的泡沫经济，引发了日本人虚幻的经济期望。80 年代，日元大幅升值，日本经济大举向海外扩张，借贷、投资、发展成了他们美妙的"三部曲"。日本人甚至买下了美国夏威夷 60% 的土地，买下了象征美国传统工业的纽约洛克菲勒大厦，买下了象征美国文化的好莱坞的制片公司。乐观的经济背景和日本民族的岛国视野，使他们感觉无所不能，对于超过美国经济体的期待也越来越高。这种心态在艺术品拍卖方面表现得更是淋漓尽致。20 世纪 80 年代和 90 年代初，世界知名拍卖行在各地的拍卖会，都会出现日本投资家、收藏家的踪影。据海关统计，1987 年 1—8 月期间，日本从海外购入的绘画为 87 万幅，合计 734 亿日元，其中有印象画派雷诺阿的《拿扇子的女人》（约 3 亿日元）、塞尚的《桌布上的苹果》以及莫奈等人的作品，更有世界知名的由东京安田火灾与海事保险公司花 2475 万英镑购买的梵·高的《向日葵》和日本纸业大王斋藤英购买的《加歇医生的肖像》。可以说，日本人疯狂的艺术收藏与投资行为从一定程度上推高了印象派作品的高价位。据 1989 年 11 月的统计，在苏富比和克里斯蒂的拍卖会中，美国人的购买力降到 25%，而日本人的购买达到了 39.8%，是最大的买家。

而最引人注目的还是美国"二战"后的经济与艺术市场的发展。"二战"前的美国，无论在政治、经济、科技还是在文化上都在欧洲之下，纽约根本无法与巴黎相比。即使在美国本土，美国的文化艺术也不被认可。在 20 世纪初，纽约仅有几家画廊，经营的几乎全是欧洲传统艺术。一直到 40 年代，美国当代艺术家的作品在美洲大陆上还是没有人收藏和投资。后来被视为抽象表现主义旗手的波洛克，一直到 1956 年去世时，经济上依然拮据穷困，媒体和画廊也都曾极力推介他的作品，可美国人还是不肯出钱买他的画。这个例子说明，到了 50 年代，美国的艺术还没有市场。

在欧洲各国忙于准备参加第一次世界大战之前，纽约取代伦敦成为世界第一大金融中心，纽约股票交易所成为世界上规模最大的交易所。资本市场的带动使得美国很快超过英国成为世界第一大经济强国。两次世界大战期间，美国大发战争财，壮大了美国的综合经济和科技等方面的实力。70 年代末以来美国资本市场掀起繁荣高科技浪潮，帮助美国经济实现产业升级并在具有战略地位的科技领域始终保持领先地位，这种领先地位一直延续至今。

美国的画廊业正是抓住这一经济大发展的历史机遇，快速扩张并完成行业的原始积累和产业升级。画廊、批评家大肆鼓噪和宣传美国当代艺术，美国联邦安全局等机构还曾暗中资助美国抽象表现主义艺术，合谋推动和热炒美国的抽象现实主义绘画。再加上美国优惠的艺术产业政策和成熟的艺术商业运作，使得美国纽约很快取代巴黎成为世界艺术的中心。"美国绘画"或"美国艺术"横空出世，成为当代艺术的标杆，而广受追捧，从而美国纽约很快也成为世界艺术品市场的中心。

对此，河清评论道：这是世界文化史上空前的一个从无到有、无中生有的故事。短短十几年间，一个长期被认为是"文化沙漠"或"艺术外省"的国度，忽然凭空冒出一种独立于欧洲的"绘画"在国内国际广获成功，市场价格飙升，其抽象风格牢牢把持伺候西方绘画的"主流"。仿佛一个粗鄙乡下汉子摇身一晃自称绅士，进而声称乡下汉子比城市绅士更绅士。这事怎么说也违反常理。①

---

① 何清：《艺术的阴谋：透视一种"当代国际艺术"》，南宁：广西师范大学出版社 2008 年版，第 36 页。

　　从美国取代欧洲成为世界艺术中心的例子看，纵使欧洲人再有悠久文化传统的底气和艺术优势，却抵不过美国的经济指数。可以说，美国至少部分地依靠其经济实力，无论是孕育也罢还是通过炒作也罢，其当代艺术夺得了在世界当代艺术的话语权，进而通过其成熟的艺术商业运作体系和优惠的政策，使得美国成为当代世界艺术市场的中心。截至今日，美国依然是世界最大超级拍卖行的总部。2008 年度苏富比和佳士得两家拍卖公司中的交易量占全球交易量的 15.84％，而其成交额却达到全球拍卖市场总金额的 73.59％。而据 ARTPRICE《2008 全球艺术品市场报告》可以看出，美国和英国在全球艺术市场中的份额分别达到了 35.6％和 36.7％。"纽约和伦敦不是依靠规模取胜，而是通过汇聚全球顶级的艺术品资源，以高的成交价位成为左右市场的决定力量，掌控全球艺术品市场的定价权。"①

　　从反面看，经济的衰退和萧条也会对艺术品收藏和投资产生负面影响。20 世纪 20、30 年代的经济萧条和 70 年代的两次石油危机，导致世界经济不景气，连带地影响到了这一时期全球艺术品市场的低迷。其中的原因就很简单，经济萧条致使国际生产量、贸易量、人们的消费力大幅度下降，股票和债券市场也不景气，许多国家的赤字、失业率、通货膨胀激增，这使得人们根本无钱也无心投资艺术品。全球艺术品市场的人气、买气、成交额也一路跟着下跌。2008 年的世界金融危机，也给艺术品市场带来不小的冲击。据国际权威研究机构欧洲艺术基金会于 2010 年初发布的《国际艺术市场 2007—2009 全球衰退时期的艺术贸易趋势》年度报告称，2009 年全球艺术品市场的总交易额为 313 亿欧元，比 2008 年同比下降 26％。

---

① 赵力：《2008—2009 中国艺术品市场研究报告》，长沙：湖南美术出版社 2009 年版，第 4 页。

（四）艺术品市场与金融市场的相关性

金融市场行情和艺术品市场行情是否存在替代效应有直接的关系。对于这两方面的市场是否存在替代效应的问题通常有两种不同的解释。

一种观点认为金融市场行情和艺术品市场行情呈负相关，即存在替代效应。R.A.J.Campbell 等一些专家根据欧美艺术品市场在第一次世界大战、朝鲜战争、越南战争以及自 50 年代以来多次金融危机中的表现，得出了艺术品市场与金融市场不相关的结论，进而成为包括全球私人银行将艺术品设计为理财性资产配置的主要依据。

另一种观点认为，金融市场行情与艺术品市场呈正相关关系，即二者之间不存在替代效应。梅建平和摩西（Mose）曾经针对美国的艺术品拍卖市场，设计出了一种以 1954 年为基期的新梅/摩西艺术市场指数（New Mei-Moses Index），并且将这种艺术市场指数与美国证券市场的标准普尔 500 指数（S&P 500 index）在最近 50 年的走势情况进行比较研究。研究发现，在 1954—2004 年的 50 年时间里，新梅/摩西艺术市场指数与标准普尔 500 指数的基本走向大致相同，基本吻合。也就是说，资本市场的繁荣和艺术品市场的高价现象之间存在着一种一致的关系，是正相关的。资本市场的财富越多，艺术品市场价格就会越高。

英国《金融时报》根据相关数据指出："在相当长的历史阶段，艺术市场与股票市场的关系度指数不超过 0.1，而截止到 2007 年 7 月的过去 5 年内，这个指数已经上升到 0.48。"[①]

对此，中央美术学院人文学院副院长赵力教授指出："在 20 世纪，艺术市场无疑仍然是由收藏力量所支配的市场，这既决定了艺术市场是由不同趣味和与收藏圈所集合决定的，也决定了艺术市场的高门槛与小众性，而正是

---

① 英国 Financial Times: More Art Than Science，2007 年 11 月 10—11 日周末版。

这些特征使得艺术市场具有了相对其他市场的稳定性与非规模化。然而，进入 21 世纪以来，尤其是从 2003 年以来，在市场新行情启动和艺术投资观念风行的共同作用下，艺术市场从原先的收藏性市场向投资性市场迅速转型。而越来越急迫且剧烈的转型，带来了迥异往日的市场景观，艺术市场实现了前所未有的规模化增长。而市场的规模化以及高涨的行情，又激发起更多的投资愿望，吸引了更多的投资基金，并使得艺术市场越来越接近于其他投资市场，形成了与其他投资市场越来越明显的正相关性。"[①]

当然，需要指出的是，在经济繁荣的时期，如果股票市场和期货市场的表现不佳，股市的挤出效应就会显现。从股市流出的大量闲散资金，可能会涌入艺术品市场，艺术品市场行情可能会被动地启动，艺术品也很可能在短期成为股票和期货的替代品。

三、社会审美风尚（S）和网络技术（T）对艺术品市场的影响

（一）社会审美风尚对艺术品市场的影响

艺术品的价值"不是由凝结在商品上的必要劳动时间决定的，也不是遮蔽在艺术品之后的创作活动决定的，而是由社会人的价值认识决定的"。[②]这就意味着，消费者的社会认知和审美趣味对艺术品的生产和销售会产生重要影响。艺术审美趣味的差异性，既有主观喜好偏爱的个体差异，也有不同时代、民族、阶级对艺术作品审美趣味各自不同的社会群体差异。

---

① 赵力：《2008—2009 中国艺术品市场研究报告》，长沙：湖南美术出版社 2009 年版，第 3 页。
② 李万康：《艺术市场学概论》，上海：复旦大学出版社 2005 年版，第 71 页。

从艺术审美趣味的时代差异看。审美趣味的时代差异是根据社会消费群体因时间变化而形成的差异来划分，因为社会消费群体是随着时代发展而不断变化的。生活在一定时代的消费者，他们的审美趣味要受到社会物质生活条件和思想观念的制约和影响，使艺术审美趣味体现出明显的时代差异。如李泽厚先生就曾对中国艺术审美思想进行了系统的挖掘，称其为美的历程：原始远古艺术的龙飞凤舞、青铜器艺术的狞厉的美、先秦理性精神的儒道互补、楚汉浪漫主义的气势与古拙、魏晋风度文人的自觉、佛陀世界的虚幻颂歌、盛唐之乐的音律之美、宋元山水无我之境的意境、明清以笔墨为主的浪漫与感伤，勾勒出了中国绘画和审美思想演变发展的基本过程。① 在今天看来，梵·高的作品具有很高的艺术价值并深受藏家和投资者的追捧，但在他生活的年代却并不被认可，因而导致他一生贫困潦倒。当然这也不是说梵·高的作品在他生前没有艺术价值。艺术作品，尤其是艺术标准很高的传世作品，不论经受什么样的社会变迁和历史演变，其艺术属性是永恒的，而改变的是在不同时代人们的审美水平和价值观判断。

从艺术审美趣味的民族和地域差异看。每个民族都繁衍生长在特定的区域，在其独特的经济条件和文化传统以及宗教信仰中，形成共同的文化心理结构，也形成艺术审美趣味中民族性的差异。例如，在建筑、服饰艺术、绘画艺术、舞蹈艺术中都能明显看到各民族审美心理和审美趣味的这种差异性。意大利文艺复兴时期的艺术作品，无论是米开朗琪罗，还是拉斐尔，多以宏大平稳的构图来表现英雄式人物的崇高感。人物造型完美和理想化，情节雄壮抑或慷慨，其肢体动态彰显着勃勃的生命力。进而，"意大利文艺复兴的画家……创造了一个独一无二的种族，一批庄严健美，生活高尚的人体，令人想到更豪迈、更强壮、更安静、更活跃，总之是更完全的人类"。"一方面，意大利人有着崇尚古希腊艺术的风气，另一方面则是其民族特性、

---

① 李泽厚：《美的历程》，天津：天津社会科学院出版社2001年版。

审美趣味和现实的社会生活带给人们的心理需要。意大利人天性就喜欢和谐端正的形式，富于艺术家气息，善于把握形象。而追求高雅、崇尚文化，重视精神生活的享受更是他们的社会风尚。"①

在艺术品市场上，这种地域和民族性也对艺术品市场的行情有着重要影响。在中国书画拍卖中，我们注意到，岭南派画家如赵少昂、黎雄才、杨善深的作品，在香港、广东的拍卖场里，屡创高价位，而海派画家如谢稚柳、程十发、陈佩秋、刘旦宅的作品在江浙沪的交易市场大受追捧，许多拍卖纪录也是在上海创下的；北京的一些名家的作品则更多地在华北市场颇受欢迎，如李可染、黄胄、董寿平的画，在北方地区价位都很高。这三地的画作如果交换场地进行交易，则价位肯定会发生较大的变化。可见人们未必完全把三地的画家按艺术性排列后再按质论价，而部分地受到自己地域观念的影响。

和其他任何一个市场一样，艺术市场上在一个阶段总会出现一些投资热点，这些新的热点将会取代那些原先让投资者趋之若鹜的焦点。多年前兴起过紫砂壶、邮票、钱币的收藏和投资热，但随着时代变迁，这股热潮早已退去。艺术品各个板块涨跌起伏，社会的收藏热点频繁多变。同一件藏品，价格在一段时间里是王者之尊，买家趋之若鹜，过了一段时间可能成为明日黄花，乏人问津。这种转变反映了人们在不同时期审美风尚的变化，同时也对艺术品收藏与投资带来了巨大的风险。

（二）网络技术（T）与艺术品市场

据中国互联网络信息中心于 2018 年 1 月发布的第 41 次《中国互联网络发展状况统计报告》公布，截至 2017 年 12 月底，中国网民规模达到 7.72 亿，

---

① 彭永清：《论时代精神和民族审美特质对绘画造型的影响》，《作家》2010 年第 7 期。

普及率达到 55.8%，超过全球平均水平（51.7%）4.1 个百分点，超过亚洲平均水平（46.7%）9.1 个百分点。我国网民规模继续保持平稳增长，互联网模式不断创新、线上线下服务融合加速以及公共服务线上化步伐加快，成为网民规模增长推动力。

网络作为一种工具，在信息传播的便捷、快速和海量方面具有平面媒体所不有的优势。网络已经融入了整个艺术品市场，网络技术正深刻影响着艺术品市场的买卖双方。相对于传统的艺术交易方式，网络拍卖和网络销售克服了时空的限制。艺术品拍卖通过网络途径，可以更广泛、更便捷地将信息传播到世界各地，这就使得人们通过网络拍卖平台足不出户就可以参与世界范围内的拍卖成为可能。同时，网络拍卖不受传统拍卖会时间的限制，它具有 24 小时不间断、全天候的特点，使得网民能利用自己方便的时间，充分了解标的物的状况，更加理性地参与竞标。

网络技术减少了买卖双方参与交易的成本。卖方可以通过提供电子图像以及电子拍卖目录而不是邮寄昂贵的幻灯片或纸质目录，并省去了举办传统拍卖会所需的场地费，从而降低了经营成本。网络拍卖、在线目录、因特网数据库和新媒体使得艺术品交易和调研市场变得更加便捷。在线的价格数据库便于收藏者和投资者充分了解和比较艺术家不同时点的价格和销售信息，而不用赶赴拍卖现场。

虽然技术在进步，但相比其他市场，艺术市场还是相对落后，尤其在艺术品的数据和信息提供方面。几乎所有的艺术品价格数据库都存在许多问题，从而影响对它们的充分应用，而几乎所有的数据库都不能用于更加实质性的研究。因此，针对艺术品市场的大量研究局限于（少数几个例外）学术圈子，这些人有更多的时间和资源来编辑和加工大型的数据库，文化经济学家制作出用来评估艺术投资的大量缜密的模型、非常高级的定量工具和许多指数以及其他计量方法，然而目前还没有应用这些工具的合适的数据库，这些工具或模型无法系统地或在普遍意义上得到验证。

数据问题与时下艺术市场上的缺乏透明性相关，也并不仅仅局限于拍卖结果，事实上拍卖结果还是最透明的。不透明性是艺术市场几乎每个区隔的特征，艺术家并不能很好地登记他们的作品目录；作品本身的鉴定和归属过程也是不透明的，完全依靠专家的判断；在多数情况下，经销商和个人卖家并不透露相关信息；除非代表公共博物馆的大型收藏来购买艺术品，大多数的买家和投资者并不需要披露或受责任约束。

所有这些问题都增加了对艺术品评估的难度，而评估更多地依赖于（通常是卖方的）为数不多的专家来（根据作品的出处、真实性、文化和历史价值、作品及艺术家的地位以及其他特征）评估和检测作品的"质量"。由于对专家评估的依赖，至少部分评估过程会出现人为的错误、主观判断、偏见或者潜在的利益冲突。毫无疑问，在这个不透明的市场中，部分信息被人为地操纵，以影响艺术品的价格。随着拍卖信息在网络上的披露以及市场媒体的广泛报道，卖方要隐瞒艺术品价格评估的信息难度将越来越大。

一个值得注意的现象是，尽管艺术市场的缺乏透明性使得银行和其他大型投资商不敢贸然将艺术品作为投资资产，然而，正是艺术品市场的这一特点（连同全球财富的巨幅增长）促成了目前艺术市场的繁荣。尤其是在网络泡沫之后加强对股市监管之后，部分地由于艺术品市场缺乏监管，艺术品成为一种很有吸引力的资产，成为社会游资投资的重要领域。全球市场上艺术品的"内幕交易"盛行，而正是这种不透明性使得许多人得以发迹。当然如果我们据此得出艺术市场的缺乏透明性增加了它的神秘感和投资魅力的结论，那么这个结论就颇具误导性。未来艺术市场上更大的透明性和信息更准确的趋势，从市场的长远稳定发展来看，是振奋人心也是不可逆转的。

由于相关制度和法规跟不上网络拍卖和交易发展的步伐，在线拍卖和交易也出现了一些问题。首先是艺术品真实性的鉴定问题。在传统艺术品拍卖可以不保真、真伪问题仍困扰市场发展和缺乏法规制约的情况下，虚拟网络的展示和交易中艺术品真伪辨别无疑是困难的，所以网络拍卖中的真假问题依然值得关注。

另外，伴随网络拍卖的还有隐性的文物艺术品走私。国家文物局谭平表示，由于缺乏监管，许多原本是属于国有、被禁止交易的出土文物、被盗文物和珍贵文物，在源源不断地网络上流通，甚至通过网络走私到国外，损失难以估量。针对这方面的漏洞，国家还需要采取有效的应对措施。

竞买人和竞卖人的信用问题、网上诚信交易问题、网络性能不稳定和网络拍卖电子合同的法律效力等诸多问题，也是网络技术给艺术品交易带来的新问题。自从 20 世纪 90 年代中期开始，市场上充满了正在壮大的低价网上拍卖活动。直到最近，人们还是认为大型珍贵艺术品不适合在网上拍卖，因为网络拍卖缺乏专家在鉴定艺术品的质量和可信赖度方面的保证。但不断进步的科技、交易机制的设计等可能会逐渐改变这一状况。

第五章　艺术品市场相关经济学理论

经济学中的市场交易机制指的是市场各构成要素以及外部因素之间的相互联系及其功能。同理，艺术品交易机制指的是艺术品市场各构成要素以及政策法规等之间的相互关系与作用的过程和机理。机制的构建是一项复杂的系统工程，不能靠构成要素的简单叠加来孤立完成，而是要重视不同层次和侧面的相互协同作用和整合。艺术品市场结构复杂，而且各构成要素间信息不完全和不对称现象严重，市场不透明，引发严重的逆向选择和道德风险问题；艺术品市场参与者非理性表现明显；交易费用高，交易效率相对低下。由此，有必要运用与交易机制相关的信息不完全和不对称理论以及交易费用理论对艺术品市场进行剖析和梳理。

一、不完全信息与不对称信息理论

社会分工的发展、专业化程度的提高以及获取信息所需要的成本，使社会成员之间的信息差别日益扩大。这种日益扩大的差别意味着市场参与者越来越处于信息的非对称分布中，也就是说，市场交易的一方比另一方拥有更多的相关信息，并且信息的提供者通常只会披露对自己有利的信息。传统新古典经济学的一般均衡理论中关于市场参与者拥有完全信息的假设与现实情况是相违背的，信息的不对称分布对于任何市场的主体都是适用的，是一种客观的普遍存在。在信息不对称前提下分析市场交易行为和市场运行效率更具有现实性。而对于市场结构复杂，市场各交易环节信息严重不对称的艺术品市场，信息不对称理论的运用有着更加重要的现实意义。

（一）不完全信息的理论溯源

新古典主义经济学认为市场是一个完全确定和信息完备的经济系统，它的基本假设之一就是经济行为人拥有完全的信息和具备完全理性，对经济环境充分了解，市场参与者在交易对方的行为、有关交易的结果、商品的品质等方面都拥有充分而完整的信息。在这样的经济系统中，真正的不确定性被完全排除掉。

中国自古就有"买者没有卖者精"的习语，在市场交易中买者和卖者拥有的信息是不对称的，通常买者对交易对象了解的程度远不如卖者清楚，而卖者也不能完全掌握有关买者偏好的信息；不仅如此，经济行为人在处理问题方面也面临着有限理性的问题，从而在决策方面存在诸多不确定性，因此，市场中普遍存在着不确定性和信息不完全问题。

奈特（Frank H. Knight）较早地注意到了资本主义经济中的不确定性问题，他于1921年在其经典名著《风险、不确定性和利润》中区分了风险和不确定性。他认为，风险不会给经济人带来利润，而不确定性却可以带来利润。正是由于世界中充满了不确定性，一部分人才会努力获取信息以寻求获取收益的机会，而这一部分行为者会比其他人得到更多的有关利润机会的信息，并构成利润的来源。

K. 阿罗在修正一般均衡理论时引入了信息因素，使之成为减少经济不确定性的一种手段。他分析了不完全市场与经济行为人的信息非对称问题，认为只要经济中存在着不确定性，就会有通过获取信息减少不确定性的可能性。他在《信息经济学》论文集进一步指出："一旦不确定性的存在是可以分析的，信息的经济作用就变得十分重要了……不确定性具有经济成本，因而不确定性的减少就是一项收益。所以把信息作为一种经济物品来加以分析，既是可能的，也是非常重要的。"[①]

1961 年，G.斯蒂格勒发表了题为《信息经济学》的著名论文，把不完全信息理论引入到经济学分析中，从此信息经济学作为新兴学科进入了科学的殿堂，并标志着信息经济学的正式诞生。之后，信息经济学研究取得了迅猛发展，在西方主流经济学中已占据十分重要的地位。在 1982 年瑞典皇家科学院诺贝尔经济学奖授奖公报中，他被誉为信息经济学和管制经济学的创始人。

1970 年，美国经济学家乔治·阿克洛夫通过对二手车市场的分析指出，市场上不完全信息和非对称信息的存在，会导致高质量的产品退出市场，而低质量的产品则充斥市场，这就出现了逆向选择过程，据此，他提出了"柠檬市场"理论。

1973 年，斯宾塞发表了《劳动市场信号发送》，分析了受教育水平在劳动力市场上存在信息不对称现象，雇员知道自己的能力如何而雇主不清楚，但是雇员的教育程度可以向雇主传递有关雇员能力的一般信息。这篇文章奠定了信号理论的基础。

1976 年，格罗斯曼和施蒂格利茨提出了"格罗斯曼—施蒂格利茨悖论"。在传统经济学中，价格能够反映市场所有行为人的私人信息，人们可以通过价格体系完全预测商品的未来价格，个人需求仅仅根据市场信息来决定，而不是依赖于他们自身所拥有的信息，此时市场价格体系将不可能收集到所有个人的信息，这就形成一个悖论。

20 世纪 70 年代，莫里斯等人发展了"委托人—代理人"理论。市场环

---

① 转引自马费成、靖继鹏主编：《信息经济分析》，北京：科学技术文献出版社 2005 年版，第 7 页。

境的不确定性和委托代理双方的信息的不对称，导致委托人在收集和监督代理人的信息时需要一定的经济成本，于是在契约签订后，容易出现"败德行为"或道德风险。解决这一问题的核心就在于激励机制的设计。

1982 年，斯蒂格勒在诺贝尔经济学奖的获奖感言中自豪地声称，研究信息经济学的建议被及时而广泛地接受，信息的运用及信息结构的分析将会彻底改变经济理论研究的进程。西方经济学近几十年来的发展实践证明了他的这一预言。的确，不完全信息经济模型极大地改变了西方经济学在很多方面如竞争、垄断、市场效率和社会福利等的传统观念，博弈论、新制度经济学、机制设计理论、现代契约理论等领域都已引入了不完全信息的分析方法，不完全信息条件下的经济学分析已成为一个极具影响力的经济学领域。

（二）完全信息和对称信息的内涵

新古典经济学的一个重要假设就是完全信息假设：经济活动的所有当事人都拥有充分的和相同的信息；市场是完全竞争性市场，各经济主体在任何时候、任何地方都可以拥有任何希望获得的信息，信息是一种像空气一样不需要支付任何成本就能免费获得的自由财货；完全市场的信息没有可能成为商品，也没有市场价格。市场上的价格均衡是通过"一个虚拟的瓦尔拉拍卖人"以公开叫价的形式来实现的。这个瓦尔拉拍卖人拥有瞬时的计算速度，他向市场中所有的参与者报出所有商品或服务的价格，然后市场中所有的参与者根据这个价格体系向瓦尔拉拍卖人传递他们各自的需求与供给信息。拍卖人根据供求是否平衡对原先的报价进行调整，直到所有商品和服务的供求实现平衡位置，即找到均衡价格，实现瓦尔拉一般均衡。① 经济主体在既定约束条件下按照收益极大化原则进行选择，即使在不确定的世界中，市场中

---

① 陈钊：《信息与激励经济学》，上海：上海三联书店、上海人民出版社 2005 年版，第 13 页。

每个变量的概率分布对经济主体来说也都是已知的。

信息经济学认为，完全信息假设的局限主要表现在：完全竞争将信息看做非经济的竞争要素并认为竞争均衡能够达到帕累托效率。

（三）不完全信息和不对称信息的内涵

新凯恩斯学派认为，不完全信息经济比完全信息经济更加具有经济现实性。

所谓信息不完全，是指经济活动主体（个人或机构）不能充分了解所需要的所有信息。与此相联系的还有一个信息不对称的概念，这是指经济交易双方对有关信息了解和掌握得不一样多。上述情况都是信息不充分，信息不充分的原因是多方面的。

首先，人们的认识能力有限。人们不可能知道在任何时候、任何地方发生的或即将发生的任何情况。随着社会分工的越来越细，每个人只从事某一方面的工作，对问题的认识能力更受到各方面的局限。

其次，人们掌握信息的成本太高。人们要完全掌握与自己经济活动有关的所有信息并非不可能，但与收益相比，搜索和掌握所有信息的成本太高。比如，保险公司为了彻底了解参加保险的汽车司机是否仔细开车，必须派人整天跟着汽车走，然而，这样做的成本和代价实在太高。

再次，与普通商品不同，人们之所以愿花钱购买信息，原因就在于人们需要这些信息并且事先不知道它们。而一旦知道了所需要的信息，人们就不可能再愿意出钱购买。因此，信息出卖者不可能让买者在购买之前就充分了解所售信息。艺术品鉴定中的真伪与价值信息、艺术经纪中的相关买卖信息当属此类。

最后，人们的机会主义倾向是导致信息不完全的重要因素。交易双方在信息掌握上一般处于不对称地位，通常卖方掌握的信息较多，买方则掌握较少的信息。为了自己的利益，卖方往往故意隐瞒一些信息。

（四）信息不完全和不对称与委托代理

信息不对称的契约双方都存在委托代理关系，无论这种契约是以显性的还是隐形的形式存在。通俗地说，彼此并不了解的双方需要对方做事情，并需要另一方签订合同或作保证，这时就形成了委托代理关系。普拉特（J.Pratt）和泽克豪瑟（R.Zechhauser）认为，只要一个人的利益依赖于另一个人的行动，就产生了委托代理问题。信息经济学把博弈论中拥有私人信息的局中人（即参与博弈的人）称为代理人，不拥有私人信息的局中人称为委托人。

由于代理人拥有委托人所不掌握的信息（私人信息），他有时会隐藏自己的私人信息而使得委托人的利益受到损害，这就产生了逆向选择。由于隐藏信息发生在交易合同签订之前，因此，逆向选择也可以认为是合同签订前的不对称信息所产生的欺诈。逆向选择常见的表现在签订委托代理合同前代理人隐蔽信息环境，它大量出现在保险市场、信贷市场、金融市场、劳动市场以及旅游和古董名画等服务市场上。此外，逆向选择现象也大量出现在商品销售市场上，它给予了商品市场上假冒伪劣商品将正品驱逐出市场的经济学解释。

在现实经济环境中，信息对不同的经济主体是不对称和不完全的，其中一部分人掌握的信息多，而另一部分人掌握的信息少。一般说来，每个人都会追求自身利益的最大化。在信息双方不对称的情况下，掌握信息多的人通常会利用自己的信息优势选择有利于自己、并可能给另一方产生损害的行为决策，这就导致产生了道德风险。道德风险与人类行为的道德因素没有太多的关系，因而学术界对这个词的使用有不同的看法。盖斯纳瑞（Guesnerie）建议使用"隐蔽行为"来代替它。在市场经济中，道德风险是一种很普遍的现象。一方需要另一方做事情并需要作出某种保证，就形成了一般意义上的委托代理关系。当委托人面临信息不对称的情形时，代理人为了使得自身利益最大化往往会选择道德风险行动。逆向选择一般发生在签订委托代理合同之前，而道德风险较多发生在委托代理合同签订之后。

针对信息不对称所引起的逆向选择问题，信息经济学提出信号发送和信息甄别的解决办法。拥有信息的一方通过某种能观察到的情况或行为向缺乏信息的一方传递一定信息，就是"信号显示"或发信号，并要使对方识别真假，即甄别信息。阿克洛夫提出使用质量保证书、品牌信誉、连锁经营及许可证等信号显示器来抵消质量的不确定性；另外市场上还广泛采用信息披露制度和中介制等方法以避免逆向选择问题的发生。

针对道德风险问题，信息经济学提出了激励相容机制的设计。激励相容的基本含义就是委托人要设计和选择一种办法或者制度，使得代理人能选择一种必须同时满足本人理性约束条件又能使委托人利益最大化的行为。简单说，一份合同或一项制度，必须既能满足委托人最大利益要求，又要满足代理人最大利益需求，才会是一种真正有效率的机制设计。激励相容就是要使得交易双方的利益都能得到满足，健康、公平的市场经济制度。

二、交易费用理论

交易费用是西方新制度经济学的核心范畴。从一定意义上说，没有交易费用理论就没有新制度经济学。在交易费用为零的情况下，我们就回到了新古典经济学的那个虚拟的世界。正如 G. 斯蒂格勒指出的，一个没有交易费用的社会宛如自然界没有摩擦力一样，是非现实的。正是在交易费用存在的情况下，制度的重要性才得以显示出来。一般认为，交易费用的思想最早来自科斯（1937），阿罗（1969）是第一个使用"交易费用"概念和术语的人，而威廉姆森则系统细化了交易费用理论。为了搞清楚交易费用的概念，有必要先了解一下交易这个范畴。

（一）交易与交易费用理论的源起与发展

较早使用"交易"概念并对其功能和类型进行分类的是古希腊思想家亚里士多德。在他的《政治学》中，亚里士多德将"交易"看作是"致富技术"（畜牧业、交易和矿冶、木材采伐）之一，同时将交易划分为三种类型：商业交易、贷款取利、雇佣制度或劳动力交易。当然，他所说的"交易"与我们今天西方经济学中的"交易"概念在含义上相去甚远，但他的确指出了交易作为人与人之间的经济关系功能。

一般认为，现代经济学意义上的交易范畴的建立离不开三个人：康芒斯、科斯和威廉姆森。

早期制度经济学家康芒斯将"交易"作为比较严格的经济学范畴建立起来并给予了明确界定和分类。他认为，"交易"是人与人之间对物的所有权的让渡和取得的一种关系。从这个意义上，康芒斯的"交易"概念与以往经济学的"生产"概念相对应，后者指的是人与自然的关系，而交易则关涉人与人之间的关系。其次，康芒斯的"交易"概念几乎涵盖了人与人之间所有的经济活动，外延比较宽泛；他将交易划分为三种类型：买卖的交易，即法律关系上人与人平等自愿的市场竞争性交换和买卖关系；管理的交易，即长期合约规定的上下级之间的不平等关系，如企业内上下级的命令与服从关系；限制性交易，类似于第二种的上下级关系，但这里的上级是一个集体或一个集体的正式代表，如政府或董事会。

科斯从一定意义上继承了康芒斯在"交易"概念方面的观点，但二者也存在着很大的不同。科斯的"交易"多指狭义的市场交换或市场交易，科斯在交易方面的重要贡献在于，他将制度分析和资源配置联系起来，从资源配置效率的角度来认识交易本身并以经济学的方法分析制度及其运行，从而为制度经济学与微观经济学的融合奠定了良好的基础。威廉姆森在交易方面的贡献在于将"交易"进一步地细化和一般化，从交易的不同维度分析了交易的特性，从而使得交易的经济分析更具可操作性。

交易费用是西方新制度经济学的核心范畴。一般认为，最早明确将交易费用概念引入经济分析的经济学家是科斯，然而他并没有提出交易费用的明确概念和准确的定义。科斯（1937）在《企业的性质》中指出，交易费用"是利用价格机制的费用，它包括为完成市场交易而花费在搜寻信息、进行谈判、签订契约等活动上的费用"①。因此他只是一般性地列举了"市场交易"的成本所包括的一些项目。在 1960 年的《社会交易成本》中，科斯明确地提出了"市场交易成本"之说，并将交易费用的概念更一般化地拓展开来。在 1991 年的诺贝尔经济学奖演讲词中，科斯简短地总结道：谈判要进行，契约要签订，监督要实行，解决纠纷的安排要设立等。这些费用后来被称为交易费用，即交易费用是谈判、签约和履行合同的费用。科斯 1991 年的概括实际上反映了 20 世纪 70 年代之后西方新制度经济学的一种理论倾向：将契约视为交易的架构，把组织制度问题视为契约问题，从契约角度认识交易费用。

威廉姆森也在多篇论文和专著中阐述了他关于交易费用理论的思想，其中最著名的是他于 1975 年发表的《市场等级结构》和 1985 年的《资本主义经济制度》两本专著。他将交易当作经济活动分析的基本单位，而交易则通过契约的形式来进行。他认为，在节约交易费用的意义上讲，组织问题可以表述为契约问题，如企业的纵向一体化等。从契约的角度，交易费用可以分为"事前的"和"事后的"两类。事前的交易费用指在起草、谈判、保证落实某种合同契约中花费的成本，也就是达成合同的成本。事后交易费用则指

---

① R.科斯：《生产的制度结构》，上海：上海三联书店 1994 年版，第 55 页。

实施和监督合同契约的成本，即契约签订之后发生的成本。在此基础上，威廉姆森全面地探讨了影响交易费用的因素：交易的因素和人的因素。

达尔曼等从契约过程的角度说明了交易费用的存在。达尔曼（1979）将交易大体分为三个不同的连续阶段：即交易前相互接触和信息传递的阶段、讨价还价阶段与决策、监督控制履约。与之相对应，交易费用也分为三个类型：寻求信息的费用、讨价还价和进行决策的费用、监督和执行合约的费用。马修斯（Matthews,1986）等也给出相似的定义。

阿罗和张五常等从更广义的角度，将交易费用定义为制度成本。正如康芒斯所言，交易是社会经济活动的基本单位，无数次的交易活动构成经济制度的实际运转。阿罗（1969）则更加明确地将交易费用定义为：交易费用是经济制度的运行费用。从这一角度来看，交易费用应包括如下三个方面的成本：制度的确立或制订成本、制度的运转或实施成本、制度的监督或维护成本。张五常（1999）教授也认为，交易费用实际上就是所谓的"制度成本"。他指出，从最广泛的意义上，交易成本"包括所有那些不可能存在于没有产权、没有交易、没有任何一种经济组织的鲁滨逊·克鲁索经济中的成本"[①]。因此，在这一意义上，交易成本可看做是一系列制度成本，包括信息搜寻和使用成本、谈判的成本、界定和控制产权的成本、监督成本和制度结构变化的成本等，如律师、银行、警察、经纪人、企业家、政府文职人员、佣人等的收入。也就是说，除了那些与物质生产和运输过程直接相关的成本以外，所有可能想到的成本都是交易成本。而之所以如此广义地定义"交易费用"，是因为在现实生活中，要把一种类型的交易费用与另一类型的交易费用明确区分开来是不可能的。总之，从最广义的角度看，交易费用即是经济制度的运行费用，也就是所谓的"制度成本"，交易费用的变化可以反映出制度结构的变化。

---

① 胡乐明等：《新制度经济学》，北京：中国经济出版社 2009 年版，第 66 页。

（二）交易的维度

威廉姆森进一步细化了交易的不同维度，使得交易的经济分析更具有操作性。他认为，不同交易的差异主要体现在资产专用性、不确定性程度和交易频率三个维度和方面。他的这一区分有利于更为细致地把握不同交易的复杂程度，也为进一步分析交易费用问题提供了重要基础。

交易的第一个维度是资产专用性。按照其专用性程度，资产可划分为通用性资产、专用性资产和介于两者之间的混合性资产三个类别，他的这一区分有利于更为细致地把握不同交易的复杂程度。专用性资产是指某种用于支持某项特殊交易而进行的持久性投资性资产，一旦形成便很难转移到其他用途的特点和程度；这就意味着，资产的专用性越强，就越需要交易双方建立一种稳固持续的契约关系。资产专用性表现为资产本身的专用性、资产在不同地理区位的专用性以及人力资产的专用性。总体上说，资产专用性衡量的是某一资产对于交易的依赖程度。

交易的第二个维度是不确定性，包括环境的不确定性和交易双方行为的不确定性。环境或市场的不确定性指市场上诸如产品未来价格、数量、质量等方面难于预测的未来状况的不确定性。相比之下，威廉姆森更强调交易双方的策略性隐瞒、掩盖或扭曲信息等机会主义行为而引起的不确定性，也就是交易双方行为的不确定性。不确定性所起的作用和约束交易的程度在不同交易中是有差异的，短期的一次性交易中不确定性的影响相对很小。而在长期的连续性交易中，不确定因素的影响一般就较大。

交易的第三个维度是交易的频率，即交易发生的次数。交易频率在时间的连续性上表现了交易的状况，大体可分为一次、数次和经常三类。不同的交易频率对于交易的成本和收益有着不同程度的影响，并进而会影响到它对组织制度的选择。这种影响主要体现为设立某种交易的规制结构的费用能否得到补偿，交易的频率越高，交易规制结构的费用越是能够得到补偿。因此，从节约交易费用的角度看，多次交易一般要优于一次性交易。

（三）影响交易费用的因素

威廉姆森比较全面地探讨了影响或决定交易费用的因素，并将它们区分为交易的因素和人的因素两大类。前者主要涉及有关市场的环境和交易的技术结构所具有的特点，包括资产专用性、环境的不确定性、潜在竞争对手的数量和交易的频率。就具体某一项交易来讲，交易维度的差异，即交易的资产专用性大小、交易的不确定性、交易频率的高低和交易参与者的数量多少，交易费用也会有所差异。首先，资产的专用性对交易双方有着重要影响。一般来说，资产的专用性越强，其所有者对于交易的依赖性就越强，他也就越有可能被交易伙伴的机会主义行为所损害，资产被要挟住无法转移他用的可能性就越大，从而导致交易费用越高。其次，市场环境的不确定性迫使交易双方为了应对这种不确定性可能造成的损失而不得不需要增加契约的复杂程度，由此带来双方在谈判、签约、履约等方面的成本的增加。最后，交易频率对交易费用产生的影响表现为：经常发生的交易比起一次性交易更容易补偿交易的规制结构的确立和运行成本，其结果是降低交易费用。交易者的数量多少对交易费用的影响表现在：首先，当市场上交易者数量众多时，交易双方的相互依赖性不很强，信息的搜寻和等待成本较低，交易者相互达成和履行交易相对容易；其次，众多市场参与者之间的竞争还能有效抑制机会主义行为，并减少交易中的机会主义成本和代价；而当交易者的数目较少，即出现交易的"小数目问题"时，交易各方的信息搜寻和等待成本就会增加，谈判成功的概率降低，从而增加交易完成所需的费用和支出；同时，交易的小数目问题使得处于非垄断地位的交易方对垄断者产生很强的依赖性，后者可能采取的机会主义行为会大大提高双方的交易费用。

第二类影响交易费用的是人的因素，包括不完全信息、人的有限理性和机会主义倾向三方面。首先，在不完全信息假设的前提下，交易双方不可能具有获得其所需的所有信息的完全能力，交易双方存在信息不对称问题；占有信息多的一方可能会凭借自己的信息优势来误导、欺骗另一方，即采取利己又损人的行为；为避免可能的损失，另一方需要去搜寻相关信息、进行相应的谈判、努力保障契约的执行等，由此需要花费一定的费用并增加了交易的成本。其次，在有限理性假设的前提下，人们只具备有限地处理和分析信息的能力，因此人们不可能永远正确，交易的契约也难以做到"天衣无缝"，为防止被别人算计或预防不可预测之事，交易者也需要付出相应的交易费用。最后，机会主义使得交易双方有可能为了获得更多的收益而"损人利己"，也使得交易双方为了防止被对方算计要支付相应的交易费用。从深层次看，交易费用的存在还与人的本性密切相关，人性中的机会主义倾向使得市场的交易双方不仅要保护自己的利益，还需要随时注意和提防对方的机会主义行为可能给自己带来的损害，正如威廉姆森所说，人的本性直接影响了市场的效率。

（四）交易费用的度量

交易费用能否度量、如何度量，这是一个备受关注的问题。交易费用概念的模糊和范围的不确定性，使得许多费用的具体度量难以实现。有学者曾通过交易过程中相关服务组织和个人的收费水平来测量交易过程中交易者为交易所支付的费用。如诺斯和沃利斯（Wallis）曾试图从国民经济账户的有关数据中分离出交易费用，他们测算了从 1870 年到 1970 年美国交易部门规模与成本的变化，测出美国交易部门构成该国国民生产总值的 45%，张五常也曾在北京大学的一次演讲中提到交易费用占香港国民生产总值的 80%。德姆塞茨曾通过分析卖出价和买入价之间的差额及经纪人的收费，对使用有组织的金融市场的成本进行了直接测算和估计。但这些分析往往以所获得的有限的信息为基础来构造模型，忽略了很多重要变量，因而相关结果并不令人信服。

既然交易费用难于度量，那么如何以交易费用为基础来分析资源配置效率，如何判断不同的效率水平呢？威廉姆森提出以"比较分析"的办法将交易费用应用于制度分析。其主要思想是：研究交易费用的大小，其目的在于分析不同制度或组织的效率水平，因此，只要能够就不同制度或组织环境下交易费用的大小进行比较就可以了，而无需详细具体地分别计算出不同制度或组织环境下的交易费用的准确值。而对不同制度或组织之间的比较分析，只需将关注点放在其特定的差异上，进一步分析这些差异所导致的各自交易费用水平的差异。显然，这一观点不但使得交易费用可以直接用于制度比较分析，也使得交易费用理论的应用更为灵活且贴近现实。[1]

（五）交易费用理论的意义

新古典经济学认为市场和价格竞争能有效解决资源配置问题，交易费用为零。在交易费用为零的世界里，斯密的"看不见的手"能够使得资源配置达到帕累托最优，从而制度、产权、规范的作用可有可无。但这是个理想化的、不合实际的看法。

交易费用理论提出了一个不同于新古典模式的新的研究范式。"交易费用"概念的提出，使得经济学研究更加接近现实。"对交易费用概念的承认体现了经济学家对交易复杂性的认识，说明经济学家开始体会到运用交易来实现资源配置的最优化，需要支付相关的费用。交易所实现的资源配置的效率也必须在抵消了其交易费用后再做比较。"[2]

---

[1] 胡乐明等：《新制度经济学》，北京：中国经济出版社 2009 年版，第 74 页。

[2] 胡乐明等：《新制度经济学》，北京：中国经济出版社 2009 年版，第 75 页。

应用"交易费用"这一分析工具可以分析制度的构成和运行，揭示制度在经济运行中的地位、作用和影响，并将制度分析纳入资源配置的分析框架之中。不同制度因其所形成的交易费用的不同，或者说因其在节约交易费用方面所起的作用的不同，其效率也会有所差别。在讨论某种资源配置结论时，还应当讨论实现这一配置的制度框架下交易费用的大小。可见，将交易费用作为制度分析的核心概念并不为过。

虽然交易费用理论还不尽完善，但它的理论方法论意义不容忽视。交易费用理论以交易为起点，注重研究人与人之间的关系，并注重制度的分析，将经济学从虚拟假设的世界引向真实可见的世界，扩大了经济学的研究领域。

第六章　艺术品交易机制的信息不对称

信息经济学的一个重要假设就是市场信息的不完全和信息在买卖双方之间的不对称。而信息的不对称则会导致逆向选择和道德风险的发生。艺术品市场是一个信息极不对称的市场，艺术品的欣赏与鉴别、艺术品质的判断，都需要很高的专业水准，买卖双方在很多场合都无法完全准确、充分地了解对方以及艺术品的信息。艺术品市场比其他的产品市场存在更为严重的逆向选择和道德风险问题，例如，在艺术品市场上，画商可能会把一些赝品拿来充当名家的原创作品出售，而买家因为专业知识的不足，很可能会上当受骗。久而久之，买家会认为市场上没有真品，因为产生赝品泛滥的情况，最后名家的原创作品也没人敢买。这种逆向选择问题事实上在我国的艺术品市场上已经有所出现。

另外，由于信息不对称，交易双方在委托-代理合同中还可能出现道德风险问题。例如，某画家和画商签订了供货的合同，要出售一批作品给艺术商，但是，如果该画家在市场上承诺的合同太多，他完全有可能把一些粗制滥造的作品交给艺术商，而画商可能因为鉴别能力有限而无法判断作品的好坏。结果画商因为画家的道德风险问题而蒙受损失。

事实上，艺术品市场上的信息不完全和不对称现象非常严重，并广泛存在于艺术品市场的各个环节。本章将从艺术品本身认知的难度、艺术品价值价格的复杂程度、艺术品参与者的非理性动机和机会主义倾向以及中介机构的不确定性等几个方面就艺术品市场的信息不完全与不对称特性以及由此引发的逆向选择和道德风险问题进行系统剖析。

一、艺术品本身的信息不对称特点

艺术品融入了艺术家独特的艺术体验、价值观和人生观等，艺术品自身真伪难辨，市场上出现赝品的概率很高，要真正了解和认知艺术作品需要有很深的艺术专业素养；艺术品价值具有多重性，价格决定因素复杂，艺术品的供求特点也与普通商品有所不同，这一切都决定了艺术品本身信息严重不对称的特点。

（一）艺术品本身的不确定性及风险

1.品质和价值判断的不确定

艺术品是一种文化产品，是被赋予了形之而上的美学、文化学等特征的产品，融入了艺术家个人的审美趣味和工艺技艺，收藏和投资者要对其真赝优劣、价值高低作出一定程度的判定，需要具备相当的艺术学识方面的修养和市场经验。在当前艺术素养教育没有充分普及的情况下，大众收藏与投资者不可能具备足够的专业知识和经验，这使得有关艺术品品质的信息难于以对称和充分的形式存在。

古代和近现代的艺术品因其价值沉淀，可参考查阅的学术评论和媒体素材较多，其价值和价格认定和归位总体来说相对比较容易。但这种认识也这只是泛泛或模糊地停留在字面上的总体印象和认识上。真正落实到具体实践中，普通收藏和投资者对于某件艺术作品的品质和价值还是很难判定。

当代艺术因为它的正在发生性，艺术价值还未归位和确定，其认知的难度更大。当代艺术认知的难度首先体现在人们认知的不确定性。"当代艺术的流行性和学术思考还缺少生存的土壤，人们对它的态度好比雾里看花，有凑热闹的，有冷静思考的，有谨慎应对的，有严肃批评的，也有热烈逢迎的，总之，不确定性是当代艺术的基本特性。"认知难度的第二点体现在当代艺术收藏的不稳定性，既然是市场行为，市场本身的特性就决定了它的不稳定性。"当代艺术品收藏市场的不稳定性更与时间、人们的认知心理、接受心理、价值判断、艺术特性等都有很大关系"，"在大起大落的'当代艺术'市场中，人们的心态显得很浮躁，往往缺少冷静的眼光和理性的价值判断。万花筒般的当代艺术视觉，在一片'泡沫''崩盘''洗牌'的怀疑声中潮起潮落。"①

由于对艺术品质的不了解，人们在艺术市场的参数上更多关注艺术品的价格；在诸多鉴宝节目中，艺术品的高价位总是成为专家点评的重点并总是受到观众缺乏理性的掌声和喝彩，艺术品的价格似乎成为艺术品品质的唯一指标。

2. 艺术品的真伪

艺术品的真与伪是决定其价格高低的第一因素。艺术市场的特点不仅包括价格方面的不确定性，也包括艺术品质量的不确定性。首先，艺术品存在赝品或作者错误归属的问题。据说克罗总共绘画 2000 幅，而仅在美国就有他的 5000 幅作品。"一旦现在有专家指出《戴金盔的男子》不是伦勃朗的原作，它现在的价值会大幅缩水。"②

真伪是艺术品交易的主要前提。目前艺术品市场鱼目混珠，真假难辨，代笔、临摹、伪制等多种手段尽显其能。艺术品有伪作夹杂其中，是古今中外都未能解决的老问题和大问题。对于投资者来说，艺术品的真伪是最直

---

① 何鸿：《从艺术接受心理看当代艺术收藏》，《荣宝斋》2010 年第 2 期。

② M.M.G.Fase: "Purchase of Art:Consumption and Investment". *De Economist* 144, No. 4, 1996.

接、最基本的风险。面对真伪风险，已介入的投资收藏者非常烦恼，而对想介入的投资收藏者却是望而却步。

因此，艺术品的鉴定就成为这一市场上十分重要的工作，不能分析出真伪、优劣，就不能评判艺术品价值的高低，也就没有交易和收藏的延续。艺术品交易中的鉴定与学术研究不同，学术研究可以不马上作出结论，大家可以从容发表见解，争执多年。而艺术品交易中的鉴定，关系到这件艺术品是否能够交易，一般要求立即做决定，否则可能永远错过机会，因而对鉴定的要求也很高。

然而鉴定又是一件难度很大的工作。目前的科学技术还远远没有发展到鉴定完全靠科学仪器的程度，多数情况下还要由专家们凭肉眼对藏品进行主观鉴定。

从人的认知角度看，专家是指某一专业领域的专家，他可以一专多能，但不可能做到万事通和各个门类都精通；专家们大都学识渊博，并积累了大量丰富的实践经验，但也无法学到尽头，总有认识不到的东西，于是他们在实践中就难免出现误差。比如，徐邦达和谢稚柳是当今鉴定界的权威泰斗，民间有"南谢北柳"之说，说话有着一言九鼎的分量。1995 年 10 月 28 日，王定林在杭州 1995 年秋季书画拍卖会上以 110 万元人民币购得张大千《仿石溪山水图》。为确保拍品的品质，他分别请求北京的徐邦达和上海的谢稚柳给予鉴定。徐鉴定此画是赝品，谢鉴定此为真迹。但我们深知，真理只有一个。两个一流的权威对同一张画作出相反的结论，而且各有充分的理由。对此许多人必然会倍感不解，其原因就在于人们对于权威的期望过高，把他们看成了超人，而实际上专家权威也有自己知识的盲点和认知局限，两位权威之间出现不同意见，属于正常现象。

由于鉴定的复杂性，专家们的鉴定结论常常是有条件的，很难做到统一和一致。比如佳士得、苏富比或其他拍卖公司在图录上确定的真品，也只代表公司专家现阶段的意见，未必能在更大范围的专家所认可，也不能说明他们的结论今后永远被认可。而某拍卖行退掉的物品，或某博物馆认为是伪作而不接纳的作品，也未必都是假货。

在这方面，我国文物鉴定界给我们留下了很好的榜样。20 世纪 80 年代至 90 年代初，国务院委托谢稚柳、启功、徐邦达、杨仁凯和刘九庵先生在全国各地巡视鉴定全国博物馆、文物点以及国家机构收藏的书画。这项工作历时十余年，鉴定的作品不计其数。可以说，这是我国 20 世纪顶级书画鉴定家的一次大会诊。这次会诊后出版的书画图录中比较如实地记录了当时鉴定的情况，鉴定结论也往往写明某一专家认为是真品，某某专家认为是赝品，并不作出绝对无端的结论。这样既比较接近实际，又给人们进一步研究留下了空间。

从艺术品本身来说，古代和现代人作伪的方法众多，如摹本、拼配（真画真字配假题跋，或假画假字配真题跋）、代笔或直接作伪等。有的是古人同辈人的假画和假古董，两者同样古香古色，查验起来很困难；如上海松江的明代画家董其昌，存世的假画可能比真画还多，很多与原作几无二致。也有的是现代人借助高科技手段，做得惟妙惟肖，不易分辨。近几年景德镇出了一批高手，用科技、化学的方法仿制明清官窑，还有河南的青铜器造假，做工都很考究，被称为"高仿"，极不易被识破，常常骗过学界的高手。另外也有专家学者利用人们对于学术的信任参与作假。常见的做法是，由研究者先造假，在研究和论述大师时将假作直接编入著作，然后将假作送进市场。而一般买家认定作品真假通常会将作品和出版过的相关图录当做主要依据，所以这样的假作极易被当成真品，这种造假方式很隐蔽，难以被发现。因此，投资者不仅要看作品是否有出版的图录，还要认真查对作品本身的品质。目前艺术品作伪已经到了运用作伪仿真技术结合现代高科技的程度，而目前我们的艺术鉴定却依然沿用古人的凭肉眼鉴定的方法。面对现代仿真和高科技，艺术鉴定专家仅凭一双肉眼已经很难判断真伪。

（二）艺术品供给与需求特性

关于艺术品的供给，笔者认为有必要引入经济学上的供给弹性概念以分析艺术品的供给特点。供给弹性是供给的价格弹性的简称，它表示一种物品的价格变动所引起的供给量变动的大小程度，用供给量变动的百分比与价格变动的百分比的比值来确定。

艺术品供给弹性是指艺术品的价格变动所引起的艺术品流通量（供给量，包括现世艺术家生产的和已故艺术家在市场上流通的）变动的程度。确定的方法依然是艺术品流通量变动的百分比与艺术品价格变动的百分比的比值。用数学公式可以表示为

$$艺术品的供给弹性 = \frac{艺术品流通量变动的百分比}{艺术品价格变动的百分比}$$

根据供给规律，一般来说，商品的供给量与价格是同方向变动的，也就是说，价格越高，供给量就会越大，因此，供给弹性通常为正数。对于艺术品这种特殊的商品，其供给弹性表现出较为复杂的特点。从供给弹性的角度，我们可以将艺术品分为供给弹性大的艺术品、供给弹性小的艺术品与无供给弹性的艺术品。供给弹性大的艺术品，是指那些在艺术品市场上品质相同或相近、流通量变动与价格变动的关系非常密切的艺术品，如许多风格雷同或相仿的商品画，这样的艺术品表现出一般商品的供给特点。供给弹性小的艺术品，是指那些在艺术品市场上很少存在品质相同或相近的替代性艺术品，或者说异质性和单一性强，因而流通量变动与价格变动关系并不十分紧密的艺术品；所谓无供给弹性的艺术品，是指那些在艺术品市场上极度稀缺和独一无二、流通量变动几乎完全受价格变动影响的艺术品，比如已经过世的艺术大师们的作品。这种经济学意义上的艺术品分类方法，显然将有助于我们对艺术品市场的研究。当然，这种分类也只是便于研究而言，真正现实

情况还要复杂得多。

需求弹性，是需求的价格弹性的简称，是指某一物品的价格变动所引起的需求量变动的程度，是由需求量变动的百分比与价格变动的百分比的比值来确定的。经济学认为，根据它对人们生活的必需程度，消费品可分为两类：一类是很少收入弹性的消费品，指消费量主要由生理的需要而非收入多少决定的必需品，如粮食等，它不会因为人们收入的增减而明显地增减。另一类是收入弹性很大的消费品，如消费量明显受到收入增减的影响的非生活必需品或奢侈品。

艺术品、古玩等是收入弹性很大的消费品，它们的消费量很明显受到经济发展水平和人们收入状况的影响。投资者可支配收入较多、生活富裕时，他们自然会多收藏些艺术品或者古玩等；而当金融危机来临、投资者手头紧张时，由于投资者丧失了经济实力，他们自然会限制自己对于艺术品的购买欲望。因此，艺术品市场与总体的经济发展水平和人们的收入高低是一种一荣俱荣、一损俱损的共生关系。

艺术品市场中，拍卖行和画廊的供求特点不同，因而也影响着他们不同的价格机制和市场效率。在拍卖中，供求双方直接相互作用以决定价格，除非拍卖过程中没有达到保留价，二级市场一般是出清的。相比之下，在一级市场，现代艺术画廊通过标注价格的方式来出售艺术品，价格同供求间接发生反应，而且市场经常不能出清，流动性弱些，因而拍卖的效率相对画廊要高些。

短时的供求关系变动对价格可能会产生重要影响。如果一个艺术家刚刚过世，因为他的作品供给量固定而不再增长，其作品的价格会比仍然在世的画家要高。当然艺术品的供给特点并不完全决定价格的高低。艺术品的价格也受到其他因素的影响，如画家的声誉、作品的出处，包括是否曾被收藏、是否在博物馆展览过，或出现在博物馆的目录、艺术家的评论以及其他文件中，稍后会有详细论述。

所谓物以稀为贵表明了一定程度上的供求关系，但对于艺术品来说，供给少并不绝对意味着价格高。由于艺术品的价格没有很具体的衡量标准，价格更多地取决于人们的主观认识和需求意愿，供给量太少，产生不了流动性，需求自然也就少或没有。人类16世纪至18世纪的绘画，尤其是其精华部分文艺复兴时期的作品，大都收归各类国家博物馆，美术馆，流入民间可供流通的现实主义画派的大师作品少之又少。所以人们也许弄不懂达·芬奇、提香、鲁本斯、伦勃朗、米开朗琪罗这些大师的作品为什么反而没能创出拍卖史上的最高价，原因就在于它们供给的特殊性。"无米之炊"自然不会成功，只有供给和投资需求合拍了，高价位才会出现。而19世纪最杰出的绘画成就就是印象派，他们的作品都是个人独立创作和市场交易行为而非政府下达的任务，所以作品大都流散在民间，因而能够产生流动性，藏家建立在价值认识基础上进行大量的收藏，所以才有需求和很好的行情。

中国艺术品市场，特别是中国书画市场处于一个市场供给过度市场化的过程。"这个过程的基本特点是：（1）总的来说，市场供大于求，作品的供给量大规模增长。（2）中低端从业人数激增，而高端艺术家缺失，造成作品市场结构性失衡。艺术精品鲜见，行画及涂鸦之作充斥市场。（3）供给渠道在混乱中迅速扩张，各式各样的拍卖、展览、展销及画廊、网上营销等把艺术品的供给几乎雷同于商品叫卖，渠道的多样化已经演变成过度化甚至混乱。（4）政策导向及标准的缺失使中国书画市场供给面对着巨大的压力：一方面，假画、行画充斥市场；另一方面，真正的艺术品又很难叫座，市场陷入一种消费博弈的状况之中。市场供给面过度市场化像毒药一样侵蚀着成长中的中国书画市场。"① 当代国画的供给现状，导致当代国画作品的数量严重泛滥，出现了结构性过剩，国画甚至出现了由创作到"生产"的转变，拍卖场投放数量巨大，违背了艺术品以稀为贵的市场常识。"当代国画在很多时

---

① 西沐：《当下中国书画市场发展的基本态势》，雅昌艺术网专稿，2010年6月17日。

候已经成为廉价和低端的象征，应酬、应景之作对精品力作产生了巨大冲击，呈现出庸俗化、艳俗化的市场取向。艺术品的唯一性和稀缺性是艺术品市场价格不断攀升的重要基础，粗制滥造只能毁了国画的市场前途。另一方面，造假之风是国画的一个顽疾，且不说古代和近现代国画作品，当代国画的赝品也屡见不鲜，出现了高智商高科技的造假手段，书画鉴定也有瑕疵的故意，导致市场买家顾虑重重，严重挫伤了市场信心。"①

（三）艺术品的价值与价格特点

1. 艺术品的价值与使用价值

艺术品进入市场，也就有了商品的一般属性，即具有价值和使用价值。艺术品使用价值是指满足人们精神愉悦和审美需要的功能和价值。专家们认为，艺术品的使用价值非常广泛，包括社会认识价值、思想教育价值、情感交流价值、美感愉悦价值、精神怡养价值和鉴赏收藏价值。

艺术商品的价值是交换价值的尺度。但这种价值"不是由凝结在商品上的必要劳动时间决定的，也不只是由作品的创作活动决定的，而是由社会人的价值认识决定。这是艺术品价值相较于一般劳动产品价值的根本区别所在"。②

艺术品的价值具有多重性和复杂性，包括艺术价值、历史价值、经济价值、科学价值、社会价值、教育价值等各个方面。但其中最重要的还是它的历史价值、艺术价值和经济价值。艺术品的历史价值包括艺术品材质、题材、风格等的历史渊源、本民族的文化传统、外来民族文化的烙印以及反映到艺术品中的独特的民族风格。艺术价值是艺术品的内在价值，也就是审美

---

① 刘永涛：《当代中国画艺术市场定价机制探究》，《文艺争鸣》2010 年第 18 期。
② 李万康：《艺术市场学概论》，上海：复旦大学出版社 2005 年版，第 71 页。

价值，即艺术能给人带来美感、让人产生联想和共鸣、能澄净和陶冶鉴赏者的心灵和提供精神愉悦的价值，艺术价值是艺术品最本质的价值。也有学者认为艺术价值具体包括以下几个方面：艺术的润泽价值，即艺术品具有滋养和温润人类心灵的积极作用；艺术的认识价值，指在提供艺术文化价值时，也提供了欣赏者认识事物的对象，从而使艺术品具有认识论的启示价值和意义；艺术的启迪价值，是指艺术存在能够给艺术接受者以艺术文化的智慧性开导和启发；以及艺术的教育组织价值。

2. 艺术品的价格及其决定因素

艺术品价格作为商品交换价值的体现，是艺术品价值的货币表现形式。但由于艺术品价值的复杂性，艺术品的价格也常常表现出让人难以理解的情形。艺术品的产生本身就是一个十分复杂的过程。与一般的商品不同，人们不可能通过一定的劳动量和科技手段而轻易地制定出一个价格标准。对于每件艺术品的价格，人们向来就没有一个统一公认的标准，艺术品的价格具有很大的可变性。艺术品一旦投入市场，其价格并不一定与其作品本身的艺术价值相符，有时甚至存在严重的偏离。艺术品的价值和市场价格相违背的矛盾，是区别于一般商品的固有属性。

艺术品的价格形成要比一般商品复杂得多，价格决定机制也是众说纷纭。马克思曾经在《资本论》中以物质商品为对象论及艺术品时指出："那些本身没有任何价值，即不是劳动产品的东西（如土地），或者至少不能由劳动再生产的东西（如古董、某些名家的艺术品等）的价格，可以由一系列非常偶然的情况来决定。"[①]英国的古典政治经济学家大卫·李嘉图也曾说过："有些商品的价值仅仅是由它们的稀少性决定的。劳动不能增加它们的

---

① 《马克思恩格斯全集》第 25 卷，中共中央马克思恩格斯列宁斯大林著作编译局译，北京：人民出版社 1975 年版，第 714 页。

数量，所以它们的价值不能由于供应的增加而减低。属于这一类的物品，有罕见的雕塑和图画、稀有的书籍和古钱，它们的价值与原来生产时所必需的劳动量全然无关，而只是随着希望得到它们的人们的不断变动的财富和嗜好而一起变动。"①他认为劳动价值理论无法解释和说明不可复制的古董和名画的价格，在其研究中他明确地撇开真正的艺术品，认为艺术品不属于政治经济学的研究对象。匈牙利的社会学家豪泽尔在谈到艺术品价格时说："由于艺术价值难以与市场价值相比较，一幅画的价格很难说明它的价值。艺术品价格的确定更多地取决于各种市场因素，而不是作品的质量，那是商人的事，而不是艺术家所能左右的。"②

即便艺术品不是赝品，艺术品的价格也不是普通人能看明白的，艺术品中影响价格和行情走势的因素也太多，这儿我将从四个方面加以分析。

（1）宏观因素。

宏观视野内的影响因素主要有宏观经济因素、地理因素、学术研究、市场环境等。

宏观经济因素影响收藏和投资者的购买力和消费信心，进一步影响到艺术品价格。典型的例子是20世纪80年代的日本，当时日本的经济一片繁荣，加上1985年的"国际广场协议"促使日元对美元升值40%，人们的购买欲望和信心膨胀，日本富商开始出手阔绰地竞相购买名画，尤其是印象派作品。当时日本人创造了许多印象派作品的拍卖纪录，很多至今仍然是着国际艺术市场的天价纪录；日本在1989年购买了全世界艺术品的40%。但之后的金融危机，国内经济形势恶化，使得日本的艺术品投资热戛然而止，许多个人和企业收藏的印象派作品不得不折价卖给国外的买家，迄今依然还有许多作品藏在日本大企业和银行的地窖中而难以出手。

---

① ［英］大卫·李嘉图：《政治经济学及赋税原理》，郭大力、王亚南译，北京：商务印书馆1962年版，第8页。

② ［匈］阿诺德·豪泽尔：《艺术社会学》，居延安译，上海：学林出版社1987年版，第179页。

地理因素指的是不同国家和地区因其不同的法律和税收等交易政策等各种因素，导致不同地区和城市在定价权上的差异。比如现在纽约和伦敦拍卖行的价位就要比巴黎或其他城市要高得多，具体原因已在第四章第三部分中提及，在此不再赘述。

市场环境主要指各国关于艺术品交易的法律政策等，如欧盟对于艺术品转售的税收规定、美国对艺术品的进口免税等政策都对艺术品的价格产生影响，详见第四章第一部分有关描述。

学术研究对于发掘和提升艺术品的价值有着重要影响。以元青花瓷为例，直到20世纪50年代前，元青花瓷还是收藏市场上的丑小鸭，没有人重视它，甚至还被当做赝品对待。元青花瓷中有着至尊地位的对青花象耳大瓶，即"至正十一年"（1351年）款青花大瓶，出世时被人斥为"假货"，后来辗转被英国人波西沃·戴维（Percival David）买走，但仍没有引起人们的重视。50年代美国学者波普博士对照伊朗的阿特别尔寺博物馆所藏元代青花瓷，仔细分析和研究了这对象耳大瓶，确认了该瓶不仅货真，而且是元青花瓷中发现的最完整、最完美的一对器物，并认定：凡是与这批器物相似的景德镇14世纪生产的成熟青花器，均可纳入"至正型产品"，元青花瓷终于被人们认识和认可。从此人们对元青花瓷的研究和收藏一直热度不减，元青花瓷的价格也一直平稳上升。元青花瓷中的鬼谷子下山图罐子在2005年7月12日伦敦佳士德举行的"中国陶瓷、工艺精品及外销工艺品"拍卖会上，以折合人民币2.3亿的价格成交，创下了当时中国艺术品在世界上的最高拍卖纪录。

（2）艺术家和作品的因素。

艺术家本人的因素。艺术家的名望是决定艺术品价格的最重要因素，虽然名家的作品并不全是精品，但艺术家的名望从总体上决定了艺术品价格的高低。以2011年春拍中过亿元的作品为例，书画作品中齐白石的《松柏高立图·篆书四言联》在中国嘉德以4.25亿元拍出，第二位的是元代王蒙的

《稚川移居图》（立轴）以 4.025 亿元在中国保利拍卖成功，其余过亿的书画作品分别是文徵明的《潇湘八景诗话》（册页），陈皋的《蕃骑弄萧图》立轴、唐寅的《仿李唐山水》立轴、张大千的《嘉耦图》立轴、徐悲鸿的《人物画稿》册页、石涛的《闽游赠别山水卷》长卷、吴冠中的 1988 年作《狮子林》、常玉 1950 年作的《五裸女》。上述拍出过亿天价的作品并非是偶然的，其作者都是古今美术史上公认的代表画家，具有鲜明的个性和开创性。

艺术品本身的要素主要包括作品的真伪、精品与否、品相优劣、稀缺程度等。

艺术品的真伪从根本上决定了某一幅作品的价格高低。在这方面，一个很有意思的现象就是伦勃朗的《戴金盔的男子》的命运。过去，这幅画的经济价值相当高，曾吸引了大批爱好者，并成为许多专业文献讨论的主题。后来证明这幅画根本就不是伦勃朗本人的，于是它很快丧失了几乎全部的经济价值，无人关注，而这幅画本身却没有任何变化。如果将来这幅画被重新认定为伦勃朗本人的，它的价值恐怕会很快再次飙升，而人们也会蜂拥到博物馆一睹这幅画的芳容。同样一幅画，其物理属性没有发生改变，仅仅由于得出不同的真伪结论，其价值和价格会受到很大影响。当然偶尔也有这样的情况，如果伪作也是出自名家之手，并出品年代久远，价格依旧不菲。如明代董其昌和现代张大千的许多仿品，已经备受收藏家的追捧。

艺术品的精品与否。同一位艺术家的作品，是否是精品，对价格的影响巨大。

艺术品的品相。这里主要指艺术品保存的完好程度。如果作品出现破损或者经过修复，其价格将受到不小的负面影响。

艺术品的稀缺程度与供需关系。物以稀为贵这一规律，在艺术品市场中表现得尤为明显。梵·高的稀世珍品，价格自然不菲，这从拍卖行中传出的天价中不难看出。但问题的另一面是，如果只是稀缺而没有需求，如文艺复兴时期的大多数作品，由于绝大多数被博物馆收藏，市场上流通的很少，这样一来同类作品的市场流动性变差，价格也就不会高。

（3）收藏与投资者的因素。

收藏与投资者的因素首先是他们的经济收入、购买能力和对艺术投资的认知程度，这些对艺术品价格产生直接的影响，如 1994 年比尔·盖茨在纽约花 3080 万美元拍下原来由石油巨子哈默收藏的达·芬奇的科学手稿。具体这份手稿价格多高，除了艺术品本身的价值外，更重要的是收藏者本人的购买力。相比他当时 300 多亿美元的购买能力，比尔·盖茨的出价就不足为奇了。其次，收藏投资者的文化与艺术素养、审美情趣会间接地对艺术品价格起作用。另外，收藏者人数的多少、收藏者的兴趣偏好、有限理性和机会主义倾向和市场的整体氛围等也对艺术品的价格产生重要影响，详细论述见本章第二节。

（4）中介机构的因素。

中介机构的品牌与声誉也是影响艺术品价格的重要因素。名气大、声誉好的拍卖行，如佳士得和苏富比等，往往吸引到足够多的名家名作，能增强投资者参加竞投的信心，再加上拍卖行本身的定价能力和运营策略，由这些拍卖行主拍的一些物品，价格往往能达到最满意的水平，国际上知名的收藏家一般也愿意将自己的拍品委托给他们。信誉好、实力雄厚的画廊在宣传艺术家方面舍得投入，因而能提升艺术品的价格，这样一来艺术家们就更加愿意将作品交给他们代理，形成了良性循环效应。

3. 艺术品的价格与价值的关系

许多人不能理解为什么艺术价值并不被看好的艺术品能够拍出天价，答案就在于他们混淆了艺术品的价值和价格的问题。我们通常意义上的艺术价值是指艺术品的审美和学术价值。其中学术价值指的是艺术品在艺术史中的学术地位及美学价值，通常由专家学者们来研究和评判。审美价值则主要是指艺术品所能给观众带来的审美享受。而艺术品价格则是由包括学术和审美价值在内的众多因素综合形成的。

艺术家从事专门的精神领域生产，其艺术造诣一般都会超出普通观众，同时不同的艺术家对艺术的领悟也各有不同。所谓"弥高之音，和者必寡"，艺术家审美观点的前瞻和前卫性以及市场大众审美的相对滞后，艺术作品的艺术价值可能暂时不为市场大众所认知和认可，因而艺术品的价值和价格有时出现脱节的现象。以著名绘画大师梵·高为例，他生前艺术作品不被当代人所接受，仅卖出一张画还是自己的弟弟出资购买的，但离世后却成为全世界藏家追捧的对象。直到现在，人们一提到西方绘画，就会想到印象派；而一提到印象派，人们会很自然地想到梵·高。事实上，梵·高的几幅画创下了同期售出作品的高价纪录。

以上可见，艺术品的市场价格与艺术价值和学术价值并不总是一致，产生偏离也是常有的现象。作品的市场价格高，并不意味着它的艺术和学术价值就高；艺术价值和学术价值较高的作品并不一定在市场上获得很高的价格。原因就在于艺术品的市场价格与艺术和学术价值并不是单纯的一一对应关系。艺术品的价格还受到许多其他因素（如宏观经济状况、中介机构、供求关系、收藏和投资者的非理性因素）的影响，尤其在短期内，这些因素的影响可能表现得十分明显。因此，虽然印象派作品在全球拍卖中大多价格高昂，但我们并不能据此断定印象派的作品就会比其他作品具有更高的学术和艺术价值。同样地，"黑人雕塑家所做的偶像……在 20 世纪起着对已经变得陈腐的艺术进行革新的作用"，[①] 但是我们并没有看到这些作品被标以高价出售。古今中外的艺术品市场上都出现过这种情况，即一些具有较高学术和艺术水准的著名书画家的作品，某一段时间的市场行情反而不及某些水平较低的书画家的作品。

西方艺术市场的发展史表明，艺术品价格和价值由早期的极端背离到最终两者的趋于重合为一，是健康艺术市场走向的必然。在 19 世纪 70 年代，

---

① ［美］杜威：《艺术即经验》，北京：商务印书馆 2005 年版，第 27 页。

莫奈的作品仅能卖到十几个法郎，而今已高达上千万、几千万美元。中国的艺术市场上也有类似的例子，黄宾虹作为中国近现代山水画史上起着承前启后作用的大师，然而他的作品的市场价格一直不是很高，但我们并不能否认他的学术地位。直到 2003 年，黄宾虹作品的价格突然大幅飙升，高者已达十几万一平尺。"一个重要原因就在于，众多藏家在学者的启发下，已经认识到这样一位大师的学术地位以及由此将带来的巨大的市场空间。"市场最终还是要以学术性作为自己本质性的价格尺度，"一个毫无学术贡献的画家是不可能长期走红于市场的，而一个真正具有创造性和学术性价值的画家，也最终会成为市场的宠儿。"

长远来看，艺术品的市场价格与艺术和学术价值基本是一致的。一方面，艺术品价格必须以艺术和学术价值为基础；对于艺术品市场价格的人为干涉只可能暂时造成某种程度的消费潮流，抬高艺术品的市场价格；而从长期来看，人们将越来越充分地了解艺术品的相关信息和艺术价值，认识将更加成熟，从而他们的消费行为将更趋理性；尤其随着社会发展节奏的加快以及信息传播的日趋迅速和便捷，人们的学习过程会不断缩短，大众的认识水平与学者、艺术家之间的艺术水准之间的时滞差也会大大缩短，市场价格与艺术和学术价值之间的偏离将很快趋向合理；在成熟的市场中，艺术品的较高市场价格必须有较高的艺术和学术价值作为支撑。另一方面，在当今艺术商品化的时代，艺术品的学术和艺术价值越来越依赖于其市场价值的实现；从根本上说，艺术品的艺术和学术价值是一种客观存在，它们的实现并不需要市场价格来体现；然而随着经济的深入和大众文化的兴起，艺术商品化的程度越来越深，市场价值判断必将对艺术创作产生重要的影响；艺术品的传播在很大程度上依赖于其经济价值的实现，"大众传媒的介入进一步导致了艺术品生产过程中不断加强审美价值的社会化"[1]，有时艺术家在审美取向上不得不做出面向大众的调整。

---

① 陆霄虹、郑奇：《论艺术品的市场价值和非市场价值》，《新美术》2007 年第 6 期。

二、艺术品市场参与者的有限理性与机会主义

艺术品市场上的参与者，包括作为生产者的艺术家、作为消费者的收藏家和投资者以及艺术评论家和鉴定专家，各自为市场的运行发挥着不同的作用。但由于人类行为的有限理性和市场环境的不确定性，他们的行为有时会表现出明显的机会主义和道德风险倾向。

（一）艺术家本身的不确定性以及道德风险

艺术市场化为艺术家带来了独立的地位和丰厚的收入来源，从一定程度上保证了艺术家能够独立创作。作为市场上艺术品的供给者，艺术家理应有自己独特的美学追求并潜心创作，而将创作之外的工作交由信息灵通的市场中介去完成。但艺术家商品意识的过度浓重也使得他们放弃了自己的美学追求而过多地卷入市场运作，其结果，一方面是导致艺术创作心态的浮躁和创作质量的低下，另一方面，艺术家本身过多参与市场运作也破坏了市场秩序，并间接导致艺术品市场的低级无分工状态。从宏观的视野看，中国艺术家过度市场化还表现为在创作中过于迎合西方资本的口味和中国当代艺术价值的缺失，从经济上可能导致中国艺术市场和艺术产业的大崩盘，从文化上还会带来中国文化遭异化和丧失价值观的风险。

1. 微观视角下的艺术家的不确定性与道德风险

我国经济的高速发展和艺术品市场的兴旺为艺术家们带来了绝佳的机会。在繁荣和活跃艺术市场环境下，艺术家们能够在现实的市场舞台上一展身手，通过出版画集、举办画展和媒体炒作等手段来宣传自己的艺术风格和提高知名度，通过画廊、博览会、拍卖会和网络等渠道卖画并获得丰厚的收

入。有了稳定的收入作为保障，艺术家们的创作积极性得到提高，能够潜下心来创作以实现自己的艺术追求。

但从另一角度看，繁荣的艺术市场和频繁的艺术商业活动刺激了艺术家的功利主义和拜金主义，并导致他们创作中的媚俗倾向和商业气息的浓重。艺术作品商品味的浓重必然会冲淡其学术气息和艺术品质。一些艺术家过于浮躁，不能潜下心来创作和实现艺术追求，而是急于借媒体的大肆宣传和批评家的妙笔包装和推销自己，或企图依赖活跃的国内外投机商而生存，利益的诱惑使得他们难以创作出有思想深度和艺术价值的作品，甚至与画廊和拍卖行合谋参与名画的造假。

纽约摄影艺术中心主任克里斯托弗·飞利浦斯（Christopher Phillips）说："我曾在一次访问一家称为'北京著名画家'的画廊时，我没有看到艺术家，但我却看到一群像春姑的女孩，她们正在一张画布上涂抹色彩。原来，她们在帮助某位著名的艺术家的作品做前期工作。"①

"在中国，很多艺术家本人就是商人和企业家，创作作品就像完成订单，他们建立自己的工厂，自己出'点子'，雇佣'枪手'或工人负责作品的生产，把自己的艺术品直接送到拍卖公司或者卖给藏家，艺术家的身份由艺术创作者演变为艺术监管者，诸如此类的现实，早已是圈内心照不宣的'游戏规则'"。② 艺术家如果能找到一种有"精神性姿态"的图式、符号，"一旦为市场所认可，这种符号就会立刻被大众以喜新厌旧的心理作一次性消费。除了极个别的艺术家之外，这个时期的中国当代艺术中所谓的'对现实的反思'、'深层的现实主义精神'在作品中表现得如此'彰显'，恰恰是浮躁心态下一种矫饰与肤浅的表现"。③ 而现实的情况是，这些当代艺术家并没有他们自己声称的那种精神和文化承担，他们一味地重复甚至进行作坊式的批

---

① 魏道培：《资本化与商业化并行：外国藏家看中国当代艺术》，《艺术市场》2007 年第 5 期。

② 张利语：《中国当代艺术中精神性的缺席》，《天津美术学院学报》2010 年第 1 期。

③ 张晓凌：《学术性在市场价格中的意义》，《艺术市场》2004 年第 3 期。

量复制，不敢突破自己已被认可的图式。卷入如此深度的企业家行为，艺术家哪有什么时间和精力进行深入的思考与创作。

艺术家绕过画廊私自将作品卖给收藏家和拍卖行，反映了某些艺术家固守传统的小农思想、缺乏分工协作的现代商业意识与思维，同时也破坏了市场秩序和艺术市场的游戏规则。艺术家们认为这样减少了中间环节，可以避免中间商人的利益盘剥，而且私下交易还可以让他们不必纳税，保证了自身的最大的利益。

然而，这种做法无论对艺术家本身还是对于收藏或投资者，都只是一种短视和本末倒置的行为。首先，对艺术家本人来说，由于过多地参与市场运作，他们的创作心态被搅乱，从而影响到他们艺术创作的质量和自身的长远发展前途；其次，对于收藏者和投资者来说，这样的购买机制也是很不公平的，因为他们可能在不知情的前提下被动地以高价收藏了品质不高的艺术品。由于艺术品本身的复杂性，专业素养和认知门槛较高，许多收藏和投资者对于艺术品并不在行；而到艺术家那里直接购买艺术品，收藏和投资者不会像在画廊那里仔细了解画家作品的质量，从而很难拿到精品；再就是，收藏和投资者出于对艺术家的一种敬畏意识，会羞于与艺术家讨价还价，而艺术家也无暇和普通的一次性交易的收藏者讨价还价，从而收藏者在价格上也并不比在画廊等中介机构占得优势；再者，这样流入市场的作品没有任何证据能证明它们的真迹身份，而收藏与投资者将来无法证明它的传承关系。最后，这样做带来的一个直接恶果就是由于缺乏中介机构桥梁的作用，艺术市场正常的秩序便难以建立，行业的信誉意识都不能保证，从而导致普通收藏和投资者更加怯于进入市场，市场逐渐萎缩，这个行业只能沿着"未分工"社会的轨迹，不能发展壮大。

2. 宏观视野下的艺术家行为与文化安全

以上是从艺术家、收藏与投资者等的微观角度探讨了艺术家过度市场运作的弊端。下面从中国艺术事业发展的前途和中国艺术品所体现的价值观的宏观视野来探讨过度市场导向的艺术创作和艺术价值的混乱给中国艺术带来的不良后果。

艺术家过度的市场化还表现在他们的创作过多地迎合西方的口味和中国当代艺术价值的缺失，一旦国外的资本推手集体抛售，可能导致中国艺术市场和艺术产业的大崩盘。"在信息流和资金流都不对称的情况下，推动创作取向和审美趣味的操盘手往往是政治背景和金融资本，艺术品行情与其长期投资策略暗结珠胎。当中国的画家在自己的艺术履历上以标明参展所谓的国际大展次数而沾沾自喜时，艺术家的艺术操守和本土风格常常在投其所好的行为驱动下产生变异和突变。在受市场追捧的古代、现代传统国画名家作品的市场价格急剧上升、几欲探顶的同时，21 世纪以来的几年间，当代国画市场的交易额和交易量也迅速攀升，在造就无数富翁的同时，也给当代国画市场带来巨大的市场风险。"①

目前，大量西方收藏家如尤伦斯夫妇、乌力·希克等，他们在中国当代艺术市场处于低潮的时期收藏了大量中国当代艺术品，同时也培养了大批符合他们口味的当代艺术家，现在他们开始将收藏兴趣转向印度和其他国家的当代艺术，而大量抛出自己的藏品，于是我们不得不花百倍甚至千倍于他们当年收藏价格的价钱来接手这些艺术品，这是经济上损失的一个方面。鉴于此，我们要警惕国际资本推手造成的当代艺术泡沫和急遽贬值的可能，因而避免落入最终套取中国人钱的资本陷阱和避免中国艺术品市场的崩盘。中国当代艺术市场失去了自己的独立的价值判断能力，盲目跟从西方市场的风向标，最终会因此而付出代价，市场数据足以说明这一问题。从 2007 年秋拍起，一直被市场看好的不少当代艺术家的作品在国内、国际艺术市场上常常遭遇流拍的命运。"2009 胡润艺术榜"显示，曾经排名前 50 位的中国当代

---

① 刘永涛:《当代中国画艺术市场定价机制探究》,《文艺争鸣》2010 年第 18 期。

作品的成交额比上一年度同比下降 25%。中国当代艺术品在 2008 秋拍中流拍率竟高达 50%，而在 2009 年春拍中，其拍卖价格只有 2007 年行情火爆时的"零头"。而在同一拍季的 2009 年香港苏富比春拍中国书画专场中，总成交率达到 95.5%，其中参拍的 250 件 19 世纪、20 世纪名家佳作在现场引发买家的激烈竞逐，总计拍出 129775500 港元，价格超出预先评估价的一倍。中国传统书画市场的行情与当代艺术品形成鲜明对比，说明在金融危机的冲击下，建基于中国传统文化价值基础上的艺术精品本身具有很强的社会认知稳定性，同时也传达出收藏和投资者对有价值"主心骨"的作品的肯定。对这一现象西沐的分析得鞭辟入里："我认为是一种价值体系在怀疑与质疑中不断走向解体，没有了价值体系支撑下的价值认识，一定是随机性极强而又风险极大的市场状态。中国当代艺术之所以在今天这么弱不禁风，并不是当代艺术本身的错误，而是现存的有关当代艺术品市场的价值导向出现了偏差。"[①] 从文化风险的角度，郎绍君先生认为"当代中国画正面临着被彻底异化的危机"。批评家林木也认为中国当代艺术的中国文化主体价值不够："中国当代艺术的价值应该是中国价值而非西方价值。中国当代艺术家应立足中国立场，依于中国经验。运用中国人特有的关照和表现方式进行艺术创作；中国当代艺术应该是当代中国社会生活的折射和中国艺术传统的当代呈现，其社会价值、审美价值都应该是中国的；中国艺术家要积极从西方优秀文化艺术成果中汲取营养但必须坚持中国立场。"[②]

著名艺术评论家杨小彦指出，一个正常健康的艺术市场主体应该是由收藏家构成的，而不是专门进行投机生意的炒家，眼下市场中的炒家多过买家，这是一种不正常的现象，希望不要重蹈前几年中国书画恶炒的覆辙。正如在这些评论家眼中，市场的冒进式发展造成艺术的跟风、模仿、抄袭，从

---

① 西沐：《"2009 春拍"构建中的中国艺术品市场的价值认知》，《美术报》2009 年 5 月 2 日。
② 张在波、孙堃：《当代艺术的价值取向与社会责任研讨会综述》，《美术观察》2008 年第 2 期。

而在一定程度上阻隔了中国当代艺术发展的先锋型，致使其畸形繁荣，艺术语言的苍白和模仿，精神的虚无和媚俗，艺术创作变成艺术生产，展览变成展销会，艺术区变成生产作坊。在这种形式下产生的作品，只会影响一代代没有精神"主心骨"和主方向的年轻人，进而破坏了中国整体的文化氛围与健康的市场。

20 世纪 20 年代，被誉为印度国父的甘地曾说过，"我希望各地的文化之风尽情地吹到我的家园，但是我不能让他把我连根带走。"[①]在当今市场经济和全球化的背景下，中国艺术家如何通过中国独特经验的视觉体验来呈现和传达文化主体的价值，坚持中国价值立场与民族文化身份，应该成为当代艺术家深深思考的重要问题。

（二）收藏与投资者的非理性与机会主义动机

新古典经济学的一个重要假设就是理性"经济人"的概念，即认为人的所有行为都具有理性的动机，人的行为决策总是以效用和利润的最大化为原则。恰恰相反，在很多情况下，艺术品市场的投资往往是基于一些非经济的原因，艺术品收藏和投资者的动机表现出非理性和有限理性的特点，具体表现为以下几个方面。

1. 情感与爱好

艺术品交易有时也是买家与艺术品的情感交流活动的结果。买卖艺术品，尤其对纯粹的收藏家而言，其购买决策往往表现为随自己的情趣与爱好而发，由情感支配理性，而不是或者不完全是什么理性的行为。真正的藏家一旦喜欢上某件艺术品，可能会倾囊甚至变卖家业买进。如"金华新闻网"

---

① 　金鑫：《中国问题报告》，北京：中国社会科学出版社 2000 年版，第 368 页。

曾在 2006 年 12 月 26 日报道过一位 81 岁的老人邹一川倾其所有收藏毛泽东像章的故事。除去吃饭的费用开支，这位老人将所有的收入用于收集毛泽东像章，20 年来他总共花费 17 多万元共收藏了 3 万多枚，就连平时穿衣的费用都是儿女们补贴他的。应该说，他的收藏纯粹出于个人情感因素，他从来没有考虑将这些像章出售。

另外也有因艺术品与自己有着某种情感的联系而收藏，比如因为一段怀旧的感情或者家乡情感等。曾有一买家将一件张大千的仕女图以超高价格买下来取货时买家告知，因为画上的仕女和他妻子脸型很像，所以不顾一切地把这幅画买回家。苏富比拍卖杰奎琳·肯尼迪遗物时有一位肯尼迪的旧友当年曾送给肯尼迪一只雪茄烟盒，拍卖中又花了 40 余万美元将它买回来，为的是怀念一段友情。这种事例在拍卖中很是常见。

2. 凡勃伦效应

与我们的常识相反，商品价格定得越高，就越能受到消费者的青睐，这种现象在经济学中被称为凡勃伦效应，这是一种奇特的经济现象。凡勃伦效应在艺术品收藏与投资领域表现尤为突出，并引发了人们对艺术品的炫耀性消费，表现为藏品对收藏和投资者的社会心理效用。在这种效用下，相比它们所具有的艺术价值，人们更在乎消费和占有这些艺术品可以为占有者增加社会声望和艺术品位，给他们带来强烈的内在满足感和心理暗示。国外多少富豪在积累了巨额财富后，大都开始收藏艺术品，或捐建艺术博物馆，目的就是能够给他们增加一些艺术品位和社会声望，以便能够留下一些名垂青史的东西。对于艺术品的炫耀性消费而言，艺术品价格越高，就越能激发潜在买家的购买热情，他们所能够获得的满足感就越强，因为高昂的价格能够体现购买者的经济实力，从而为其博得荣誉和获得更大的炫耀效用。

正如约翰斯（Johns）所说，"当我们看到梵·高所画的加歇医生的面孔时，再不会看到一个常见的忧伤与悔恨的肖像，而是一大堆金光闪闪的迷人的金钱。梵·高、雷诺阿、毕加索这些名字现在已经成为财富和荣誉的象征。"①

凡勃伦效应显然有助于我们理解日本企业家和富豪们于 20 世纪 80 年代在国际艺术品市场以天价来购买梵·高、莫奈等印象派作品的看似"非理性"的行为。

1989 年 11 月，毕加索（Picasso）的作品《皮埃雷特的婚礼》（Pierrete's Wedding）巴黎的一场拍卖会上以 4890 万美元的高价由日本富翁鹤卷疯狂击败了所有的竞拍对手而收入囊中；1990 年，在纪念梵·高（Vincent Van Gogh）逝世 100 周年的热潮中，日本纸业大王斋藤英以 8250 万美元的价格在佳士得拍卖会上竞得了梵·高的作品《加歇医生的肖像》，创下了当时艺术品拍卖的最高成交纪录；另外斋藤英还以 7810 万美元的价格买下了雷诺阿（Renoir）的作品《红磨坊的舞会》，而在不断竞价的过程中，斋藤英连叫便宜。除去经济实力和喜好，如此疯狂的竞价中一定有占有名画的炫耀心理在起作用。

关于中国当代艺术的收藏动机，黄启贤曾写道："当代艺术的收藏家们通常被认为是巨富之人，还具有超前超强的艺术前瞻性，并被批评家和策展人选定为艺术作品学术性的重要参照体系和市场依据。可是，这些购买了很多价格昂贵的艺术品的藏家们不会真正关怀当代艺术以及艺术家们的历史命运和当前境遇，依然是以价格炫耀自己的物质财富，这些艺术品始终还是物件，而不会成为他们的精神财富的元素"，"至少，这些所谓的收藏家群体不懂。商品的流转并不具有艺术社会学和艺术史学的意义，不过是财富阶层相互的炫富游戏"。②

---

① 转引自马健：《艺术品消费的"凡勃伦"效应》，《中外文化交流》2007 年第 12 期。
② 黄启贤：《当代艺术市场发展在于清除绝大部分"收藏家"》，《大艺术》2010 年第 1 期。

3. 机会主义与羊群效应

在所有人性障碍中最有威力的是贪心。举例说，从理性的角度分析，由于中奖的概率极小，按理说应该没有人会去买彩票，彩票业没有存在的概率基础。然而现实却恰恰相反，彩票规则制定者巧妙地设定巨额奖金以刺激人们的贪欲。这时，理性的分析已经不重要，小概率的暴利刺激就凸显出来。同样的道理也存在于选美投票和获奖活动中。与我们的常识相反，每个参加投票者并不挑选自己认为最漂亮的面孔进行投票，而是按照他认为最能吸引其他投票者注意力的面孔，以便使得自己的选票与"大众面孔"的选票吻合，为的是能够赢得奖励。研究表明，人们普遍有一种赌博和机会主义的倾向。在投资不确定性的情形下，人们的决策行为经常受到其他投资者的影响，模仿他人决策，或过度信赖舆论，这在经济学上称为"羊群效应"，而每次经济泡沫破裂时，他们也常常成为最大的牺牲者。庞奇阴谋、羊群效应、郁金香狂热无不是人们机会主义动机的表现。

这种盲目跟风和羊群效应在艺术品收藏和投资活动中也表现得非常突出。大多数艺术收藏和投资者在选择艺术作品时，由于受到在审美能力、艺术修养、社会地位、自信心等各种因素的制约，他们往往表现出某种程度的被动性，表现为在收藏活动中重耳轻眼，常常不由自主地环顾他人，更多地注意别人对艺术作品的审美评价，缺乏自己的独立价值判断，盲目跟风地贸然决策。

我们再以 20 世纪 70—90 年代的日本为例来分析这种艺术收藏与投资的从众跟风心理。日本当时经济的腾飞和日元的升值，引起一股购买艺术品尤其是欧洲印象派绘画作品的热潮，这股热潮越刮越猛，越来越疯狂。日本人当时创下了许多现在仍未打破的艺术品拍卖纪录。据日本海关的不完全统计，截止到 1987 年 8 月，日本人从海外购入了 87 万多幅绘画作品，总金额高达 734 亿日元。另据苏富比拍卖公司和佳士得拍卖公司的统计，截止到 1989 年 11 月，日本人从苏富比拍卖公司和佳士得拍卖公司购买了两家拍卖公司所拍世界名画总量的 40%，成为最大的买主。与此同时，伴随着当年日本机构和个人花天价收购梵·高的《向日葵》、《鸢尾花》和《加歇医生的肖像》等世界名画，受跟风效应的影响，大量三四流印象派作品也同时流入日本。反思这股热潮，日本之所以在艺术品市场惨败，一个重要的原因就在于"艺术品价格的瞬间暴涨与大批跟风者的蓄意哄抬，形成愈演愈烈的恶性循环，最后导致大批中低档的西方艺术品也蜂拥而入，价格雪球越滚越大，以致至今无人接手这一堆烂摊子"①。1997 年东南亚金融危机和日本经济泡沫破灭后，昔日花天价抢购来的西方名画，开始以极低的价格流被西方藏家收走，许多当时参与到这股抢购潮的公司因为斥巨资收购名画在经济困难时不能脱手而不得不面临破产的命运。目前日本银行的地下仓库里面还堆满了当初以高价抢购后来又用来抵债的画作降到半价也几乎无人问津，成了有价无市的"鸡肋"。

　　部分出于贪婪的心理，很多藏家买到假货后不甘心承受经济损失，于是千方百计寻找一些渠道为自己的藏品"洗白"，以求日后能转手出去。樊万春对此也深有同感，因为常常有藏家找到博物院，希望能在博物院办展览。如果要求被满足，日后就会成为他们宣传的说辞，无形中给作品贴上"真迹"的标签。

　　伟大的科学家牛顿曾经不无遗憾地写道："我能计算出天体的运动，却无法探知人群的疯狂行为"。华尔街的投资者喜欢说的一句话，"历史总是在不断重演"。也许我们从日本人在 20 世纪 70—90 年代抢购印象派名画的经历中吸取些经验和教训。

4. 爱国、荣誉感与利他等

　　在文化艺术品的投资中，有些投资人的目的并不完全是出于利己的动

---

① 蒋丰：《日本人对天价艺术品不再感冒》，《中国文化报》2011 年 5 月 16 日。

机，也有可能是出于爱国、荣誉感等利他动机。如某人高价购买古董，目的并非为了赚钱，而是要把它赠送给国家的博物馆等。如大收藏家张伯驹为了筹集用以购买隋朝画家展子虔的《游春图》的 200 根金条，不惜卖掉自己的公馆。后来国民党行政院长张群托张大千说情，以 500 根金条求张伯驹转让，却遭到张伯驹的拒绝。解放后，张伯驹却把这件珍贵文物捐献给了国家。

（三）鉴定专家行为的不确定性

1. 鉴定总体上的主观性

由于艺术品鉴定对于艺术品价值与价格的决定性影响，鉴定无疑成为目前中国艺术品投资行业中最重要、最敏感的问题。权威专家的鉴定无疑会对提高大众文化素养和收藏意识，促进中国传统艺术品价值的回归都起着积极的作用。当然，作为投资者也不能盲目地将专家的意见作为评判某一件艺术品价值的唯一标准，应该看到他们鉴定意见的局限性。

目前艺术品的鉴定仍然没有被学术界和收藏界公认的科学的鉴定方法，在很大程度上还停留在传统的经验判断的"眼学"层面上，主要依靠专家的学养积累或见识，或者是依靠艺术家本人及亲属的证明。用主观的能力去判定客观上难以判定又允许出错的作品，鉴定专家很难做到"目光如炬"，"洞烛幽明"，鉴定领域常常出现"各执己见，互不相让"、"你真我假，众口不一"、"屡出新闻、错鉴不断"的情形。启功先生也曾提到鉴定中的模糊性。纵然专家的学识渊博，却也无法学到尽头。既然有认识不到的东西，就难免在实践中出现误差。目前的艺术品真伪的鉴定理论在很大程度上仍然停留在"只可意会，不可言传"的微妙境地。在这种情况下，鉴定专家在艺术品真伪优劣判断的结论方面常常是大相径庭、见仁见智。

1995 年，中国书画市场出现了一桩著名的公案——《仿石溪山水图》。

王定林 111 万元买到的这幅作品，鉴定家谢稚柳认定作品为真迹。之后王定林又找到了徐邦达鉴定，徐认定此画是伪作。谢稚柳和徐邦达都是鉴定界的泰山北斗，说话有着一言九鼎的分量。同一幅作品，两位著名鉴定家却得出全然不同的结论，引发人们长时间的争议，甚至有人怀疑鉴定界到底有没有权威。

其实人们对他们的误解，原因就在于对他们的期望过高，把他们当成了超人，而实际上专家权威也是人，而不是神，在某些特殊条件下，也有可能认识不足，也有可能出现判断错误。两位权威之间出现不同意见，也属正常现象。即使对同一件作品，同一位专家在不同的时期也可能会给出完全不同的鉴定结果，这反映了专家在学习中所带来的认识上的变化。

另外一场关于《牧牛图》的鉴定风波发生在 2005 年 5 月 14 日，央视播出的《鉴宝》节目中，一幅《牧牛图》最终被从事书画研究鉴定工作 40 年、北京故宫博物院研究员单国强先生现场鉴定为真品，并估价 25 万元。随后便有消息传出，吴作人遗孀、著名书画家萧淑芳女士公开声明《牧牛图》是伪作无疑。这又是一场关于书画真伪鉴定的争议。

依靠艺术家或亲属的证明，这也是鉴定界常有的做法，但同样存在很大的主观性。即使是作者本人都有可能将自己的作品判定为赝品。一个画家在未出名时创作了很多作品，有的作品的风格可能与其成名后的风格大相径庭。若干年后，画家就可能忘记或干脆否认当时的艺术风格，否认画作并非出于自己之手。

2. 专家知识经验的局限与泛化倾向

众所周知，鉴定是一门很深奥的学问。仅以中国书画为例，经过几千年的发展，中国画形成了众多的流派，各流派下又有着许多名气、风格各异的画家。仅海派画家就有至少上千人。因此，由于历史久远和资料的匮乏等众多原因，要由某位专家鉴定一个书画家的所有作品已有相当难度，更不用说让他鉴定中国书画的所有画家的作品了。就一位书画家的艺术成长历程而言，大致可以分为学习期、成熟期、巅峰期和衰退期，每一个时期都有各自的特点。从艺术品市场的现实情况来看，书画作伪的名目繁多、五花八门：既有作伪者自书自画冒称而成的（具体可分为摹临仿造四大类）；又有作伪者以旧作改头换面、移花接木而成的（具体可分为改添减割等），还有妻子为丈夫代笔或弟子为老师代笔而成的。与此形成对比的是，艺术品的鉴定大多依靠专家的经验和眼力，至今尚没有被文物界和收藏界公认的鉴定方法。

要真正鉴定好一件古物，经验和学识是两个不可缺少的重要方面。然而，专家的知识范围也不是没有边界的，各门类的鉴定专业性很强，彼此之间并不相通。比如，一些权威文博机构的著名鉴定专家对中国古代书画较为谙熟，并不意味着他们对于中国近现代书画的认识也很高明。尽管的确有一批兼具经验和学识的专家存在，但这些专家往往局限在某个领域或某个时期，不可能精通所有领域。如果我们让一位专门研究明清书画的专家去鉴定近现代书画，其准确率就值得怀疑。"专家的泛化是目前学术界普遍存在的一种倾向，许多专家自认为是万能的，只要是文物艺术品就什么都能看。而这种泛化的倾向恰恰是以学术的腐化为基础的，反映了当代学术退化的倾向。"[1]鉴定界这种"泛专家化"的趋势，导致目前鉴定"毫无权威性，人人可鉴定"的混乱局面。一些鉴定专家"业务不专，全面开花，无所不通"，比如个别书画作品的鉴定家，却常常"古今通吃"，"来者不拒"，在古陶瓷、古玉器或青铜器领域大显身手，长袖善舞，仿佛样样精通。这就不可避免地导致错误鉴定频出，使得中国艺术品鉴定在一定意义上失去了公正性和权威性，艺术品鉴定界出现了诚信危机。

---

[1] 秦春荣：《艺术品投资》，上海：上海大学出版社 2005 年版，第 167 页。

3. 专家的职业操守

行为经济学的有关研究告诉我们：在信息日益泛滥的今天，几乎所有的专家都在滥用他们的信息，艺术品鉴定界也不例外。

众所周知，鉴定专家对于艺术品真赝优劣的结论，对艺术品的价格行情有着决定性的影响，可谓有一言九鼎之重。收藏或投资者要买一件艺术品，在很大程度上取决于鉴定专家对其鉴定的结果。在市场经济环境下，某些鉴定专家为了谋取利益和好处而有意将真迹说成是伪作、把伪作说成真迹的欺骗鉴定行为时有发生。一些鉴定专家丧失职业道德，滥用自己的专业知识和技能，与拍卖公司或卖家串谋，故意给出错误的鉴定，指鹿为马，"假亦真来真亦假"，为艺术品编造假的身份，左右艺术品的价值和价格，误导消费者。最突出的有如以下几种情况：一是明知是假货，甚至也知道了源头在何处，却依然指假为真，以自己的知名度为推介；二是直接写文章或在画上题跋，或出具鉴定证明，说某货是真品无疑；三是结集出版画册，或举办体面的展览，为假货包装上市提供平台。

目前我国虽然已有各类官方、半官方或者民间的艺术品鉴定评估机构，除了这些机构的人员构成、专业水平和专业领域的代表性等方面还存在不足外，它们还没有能够在公众的心目中树立起权威和公信力。其中的主要原因就是这些机构的某些专家没有良好的职业操守，经常打着机构的幌子，私自鉴定，甚至缺乏学术良心给出虚假的鉴定结论，让人们对他们的威信和公正性产生质疑。

据《法制日报》2011年9月8日报道：一套汉代金缕玉衣、一份估计24亿元人民币的鉴定报告——在对一起巨额贷款诈骗案进行审理后，这些让人咋舌的"东西"现出原形：法院查明，商人谢根荣伪造"玉衣"，出钱请故宫博物院原副院长等5位专家给玉衣估价24亿元，借此取得银行信任，不但为之前6.6亿元的借贷作担保，而且又获得5000万元贷款及4.5亿元银

123

行承兑汇票。①

这桩"金缕玉衣"案的原委是，华尔森集团的老总谢根荣与北京中博雅文物鉴定中心主任牛福忠相识，谢根荣买来了众多玉片，请牛福忠串成所谓的"金缕玉衣"，然后牛福忠帮助聘请包括故宫博物院原副院长在内的国内著名鉴定专家做鉴定，而专家们却隔着玻璃罩子没有上手的情况下，给出这件"金缕玉衣"价值24亿元的鉴定结论。谢根荣于是拿着专家的鉴定报告去银行骗取贷款而东窗事发。事后曾经参与鉴定的专家承认，他们把这次鉴定活动"当成一种友谊活动，是客串性的"，"鉴定后，我们特别叮嘱谢根荣，这东西不能去交易，否则犯法。我认为，只要文物不上市场，专家签字谈不上什么风险，这是学术自由"。② 以上现象使得鉴定市场也面临信任危机，其权威性和公信力受到质疑。

4. 鉴定工作中的"人情世故"

鉴定工作，本应是"铁面无私"的，但却有许许多多社会阻力，使得结论不正确、不公平。启功先生曾总结出了鉴定中的"人情世故"导致专家给出一些"屈心"的结论。如（1）皇威。是指古代皇帝所喜好、所肯定的东西，谁也不敢否定。乾隆针对《富春山居图》"乱点鸳鸯谱"就是个很好的例子，但在真伪是非问题上，却是冤案。（2）挟贵。贵人有权有势有钱，谁也不便甚至不敢说"扫兴"的话。（3）挟长。前边提到的"金缕玉衣"案中，事后采访曾经参与评估鉴定的专家，当被问及为何鉴定为价值24亿元，这位专家说"如果史老说了24亿，会有人说是23亿吗？你想想。不是没法驳，而是没考虑驳……面子呗"专业中的长辈也是贵人。（4）护短。一件书画，一人看为假，旁人说真，还不要紧，至少表现说假者眼光高、要求严。如一人

---

① 赵丽：《专家鉴定伪造"玉衣"估价24亿鉴定乱象亟待消除》，《法制日报》2011年9月8日。
② 赵丽：《专家鉴定伪造"玉衣"估价24亿鉴定乱象亟待消除》，《法制日报》2011年9月8日。

说真，旁人说假，则显得说真者眼力弱、水平低，常致大吵一番。（5）尊贤。有一件旧仿褚遂良体写的人字《阴符经》，有一位我们尊敬的老前辈从书法艺术上特别喜爱它。有人指出书艺虽高但未必果然出于褚手。老先生反问："你说是谁写的呢？谁能写到这个样子呢？"这个问题答不出，这件的书写权便判归了褚遂良。（6）远害。过去有人从商家买了动心后请专家鉴定，后者一般会敷衍了事，免得与人结仇。[①]

由于专家在整个艺术品市场运作上的特殊地位，使得目前出现了许多名目众多的鉴定研修班，形成了到处都是专家、鱼龙混杂的现象。那么谁来监督专家、谁来管理专家，这是目前文物艺术品市场专家鉴定体系的一个需要迫切解决的问题。

（四）艺术品价值与价格评估的难度

艺术品的价值在很大程度上取决于人们对它的内在的、主观的评价，而人们的偏好又各不相同，因此，一个人对某件艺术品的价值判断，别人并不容易精确地把握。人们无法用一定的劳动量加上科技手段，比较容易地制定出一个价格标准。唐代著名美术史论家张彦远认为，绘画价格根本无从确定，不可捉摸。

学术界、评论界对某一件作品、某位艺术家和某个流派，从来都是各持己见，没有也不可能有一个统一的公认评判标准。首先，艺术生产要素以及生产过程促成了艺术价值测定的难度。艺术生产不仅仅耗费了艺术家的物力、体力和智力，还需要艺术家个体化的观察与体悟、思想与情感、意识与无意识等不易量化的各种精神性因素的综合和统一。与评判普通商品的社会必要劳动时间不同，我们很难对艺术生产的这些因素进行价值的评判和价格

---

① 启功：《书画鉴定三议》，载于《文物与考古论集》，北京：文物出版社1986年版。

的确认；其次，艺术家创作的作品往往是作者的"神来之笔"，具有独一无二性，没有对等物，没有竞争。对于他们的价值和价格判断很难找到参照系，也造成价值判断的复杂性。正如张冬梅所说，"艺术价值的现实形态由各个环节和要素相互协商、博弈、妥协的结果来决定，往往综合各种因素。某些特殊艺术产品价格的制定，甚至主要不是考虑价值因素。因此，那种把审美价值视为决定价格的唯一标准的做法，在市场经济下是一厢情愿。同样，把意识形态因素视为价值的唯一标准也是一厢情愿。"[①]

国家发改委任建军说："经济学说史上的劳动价值论、生产费用价值论、边际效用价值论、均衡价值论在艺术品的价值量化问题上无能为力，故而学理不多，偶尔研究者也语焉不详。"他曾经与一些计量经济学家合作，进行了多次艺术品价值量化的数学模拟试验。不幸的是，"在数据回归上都未能和拍卖的价格完全吻合。计量经济学和传统的资产定价模型很难直接应用于艺术品上，因为大多数模型的基本精髓是贴现法，即将未来的现金流按照适当的贴现率计算成现值，这是基于对未来的定价。显而易见，艺术品根本就没有什么'现金流'。"[②] 按照金融市场的标准，艺术品市场是一个效率很低，价格与价值可能会严重偏离的市场。在这样一个市场上，编制价格指数是一件很困难的事情，而且即使有价格指数，往往也不能很准确，对于投资人和市场研究者的指导意义也有一定的限度。

（五）艺术评论家的学术倾向与职业操守

艺术批评家通过参与主持与艺术市场有关的报刊杂志专栏、广播电视栏目和专业出版图书，传播艺术鉴赏知识和艺术市场信息，品评艺术品的艺术

---

① 张冬梅：《艺术产业化的历程反思与理论诠释》，北京：中国社会科学出版社 2008 年版，第 61 页。

② 转引自马健：《谁给中国艺术品上保险》，《艺术市场》2008 年第 1 期。

价值和市场价值，向艺术品欣赏者、投资收藏和消费者介绍艺术家及其艺术品。艺术批评家通过探寻艺术作品创作背景、创作意图、艺术格调和表现手法，设法构建能使作品实现其充分审美认识价值的参照框架，赋予作品本质和历史的评估，使艺术品欣赏者、投资和收藏者真正地理解和欣赏艺术家创作意图和作品的意义。这正如同西方现代主义和后现代主义文学艺术家和建筑师所做的那样，公众一开始往往觉得怪异、神秘和不可理解，只是经过艺术批评家的介绍和解释，人们才逐渐接受它们，喜欢它们并进而购藏它们。

在推介和发掘艺术家及其作品的过程中，批评家保持独立的精神是很重要的。艺术的独立首先是精神的独立。"中国当代艺术的重建和民族身份的确立应当基于对传统文化与艺术的重新认知和借鉴，创造出艺术的内在精神、外在形式与符号之间有机统一的中国自身的当代艺术。正确地回顾和审视传统，从传统中汲取营养和灵感，弘扬传统文化的同时也给当代艺术自身寻求出路，已经逐渐成为一些有着艺术忧患意识的艺术家和理论家的共识。我们需要那些让人心动的作品，触及灵魂的艺术，需要那些有着精神承担的艺术家和批评家。"[1]学术批评应该在引导和匡正艺术走向、树立艺术创作理念、构建中国当代艺术价值和弘扬人文精神等方面发挥积极作用。

批评曾在中国当代艺术发展中扮演过重要角色，特别是从"85新潮"到"现代艺术大展"，批评家在提倡思想解放、介绍西方现代艺术、传统与创新等方面起到了先行领军作用。到90年代初，批评依然是当代艺术发展的重要支配力量。

20世纪90年代初以后，批评家的身份有了微妙的变化。在喧闹的艺术商品化氛围中，艺术评论家往往很难按捺住寂寞，试图在市场财富中分得一杯羹，他们大多担任策展人或者给艺术家或画廊充当坐台批评家等，身兼运动员和裁判员的双重角色。这样一来评论家就与办展览的画廊、艺术家形成

---

[1]　张利语：《中国当代艺术中精神性的缺席》，《天津美术学院学报》2010年第1期。

了一种"利益共同体"的关系，独立客观、有理论建树意义的批评缺席了，艺术批评变成了学术口气的吹捧。"媒体在市场化之下已经由公器演变为受某些商业利益驱使的宣传工具。在市场化的运作下，不少艺术类杂志的文章事实上是受画廊或艺术家之委托而刊发，是一种变相的软性广告，这也是艺术界成心照不宣的秘密。"① 这样一来，艺术批评和艺术媒体便丧失了他们应有的独立性、公正性和学术性。

在中国的艺术圈有一种很形象的说法：现在所有评论人变成了策展人，而所有策展人都变成了商人了。虽然有些夸张，但这种说法的确也反映了艺术圈里角色混乱交叉的怪现象。许多人同时分饰多个角色，既可能是评论家、策展人，还可以为收藏家当顾问，或许还是艺术院校的教授。究其原因，经济利益是这一现象的重要推手，谁都想在艺术市场经济大潮中分得一杯羹并成为时代的参与和推动者。由于频频赶场策展和充当"坐台"批评，评论家很少有时间专注于学术研究，导致当代艺术批评缺乏真正的学术含量，批评家们倾向于玩弄一些晦涩的学术概念和语言游戏。

目前公开发表的理论批评文章大致有反常的现象。其一，评论家言过其实地夸大艺术家及其作品的水平，拔高艺术家的创作成果，就是所谓的人情式批评，缺乏实事求是独立艺术批评的精神。其二，评论语言冷僻晦涩，感觉是在玩文字游戏，让外行人看不懂，以此炫耀自己，让投资者觉得不但文章水平高，而且画家水平也高，误导消费者。其三，动机不纯，用惊人之语来故弄玄虚，以此博得名气，幻想成为知名评论家。最后一种情况，评论家不负责任的恶意炒作，弄虚作假，说瞎话，权钱勾结，书写坐台批评，坑害投资者，搅乱艺术市场，这种情况直接影响到艺术品市场健康。

"优秀的艺术批评不是知识或辞藻的堆砌，而是批评家运用科学的方法论，以独特的批评视角，通过对审美对象整体和细节的审视，做出敏锐的学

---

① 西沐：《中国艺术品市场年度研究报告（2008）》，北京：中国书店2009年版，第150页。

术判断，并发掘其内在的意义。艺术批评不仅给艺术家自我观照提供了一面镜子，也为观众、收藏家和艺术家的沟通架起了桥梁。"① 然而，当代艺术批评纸上谈兵多而真知灼见少。许多艺术评论流于游戏化、作秀化、事件化、浅表化。评论家满足于对艺术品做一些表面化的解读、无意义的主观诠释或是玩一些无聊的文字游戏。他们往往依靠空乏的概念和理论，从文本到文本，缺乏从文本中发现实际问题和结合实际进行理论思考的能力，更缺乏自我建构的意识和实际行为，因而根本谈不上是在鉴别和品评艺术品。这些评论家纸上谈兵的批评往往会误导观众和收藏家的视线，并在一定程度上助长了某些市场非规范行为的横行。

三、艺术品交易机制的信息不对称

艺术品买卖双方在很多场合都无法完全准确、充分地了解信息，信息不对称问题严重。在当前信用缺失、法制不完善的市场环境中，信息不对称和不充分的存在助长了赝品泛滥和虚假炒作的风气，出现了严重的逆向选择与道德风险问题。例如，在一个艺术品市场上，如果没有好的制度和游戏规则，完全没有管理，那么商人可能会把一些赝品拿来充当名家的原创作品出售，而买家因为专业知识的不足，很可能会上当。久而久之，买家会丧失对市场的信心，认为市场上没有真货。由于产生赝品泛滥的情况，最后导致名家的原创作品也没人敢买，市场上收藏与投资的信心与热情受到挫伤。

正如本书第二、三章所述，艺术品市场有着不同的形态。传统的市场形态包括古玩跳蚤市场、画廊、拍卖行，现代市场形态指的是随着现代经济和科技发展而产生的一些交易平台如网络拍卖与交易、艺术品金融化、文化艺

---

① 宋永进：《从学术的视角看当代艺术市场的危机》，《文艺争鸣》2009 年第 10 期。

术品交易所的艺术品份额化交易等。艺术品市场的各种逆向选择和道德风险问题具体地体现在不同的市场形态中，不同的市场形态中信息不对称以及引发的问题也各有特点，因此有必要分门别类地对艺术品市场不同交易机制信息不对称问题进行剖析和梳理，并发现问题，以便为有针对性地提出改进和解决这些问题的对策提供参考和依据。

（一）古玩跳蚤市场的特性

在艺术品市场的所有交易平台中，古玩跳蚤市场无疑是信息最不完全和最不对称的，这个市场上充满了不确定性。而这种不确定性，正是古玩跳蚤市场的魅力和吸引力之所在。正是在这个市场，许多专业的、业余的收藏和投资者只要有机会，就来这儿淘宝"捡漏"。《鉴宝》等一类节目中，经常出现某某买家在古玩跳蚤市场或民间收藏市场"捡漏"而欣喜若狂的例子，当然也有不少买家"打眼"而交了昂贵的学费，真是几家欢乐几家愁。为什么会出现"捡漏"或"打眼"而获利或赔本的现象，答案就在于这一市场上严重的信息不对称中。

古玩跳蚤市场具有很强的不确定性和信息不对称现象。很多情况下，卖方比较了解艺术品的品质状况；而买方对艺术品的质量并不掌握，因而处于信息的劣势，由于不具备艺术素养和艺术专门知识，他们常常会以较高或以正常的价格买到赝品或次品。对于买家来说，这个市场充满了不确定性和风险。

由于古玩跳蚤市场上信息的严重不对称，价值较高的艺术品能否以较高的价格成交也不是一件容易的事情。因为这种情况下只有卖方了解自己古玩艺术品的真假与价值，因而向买方索要高价或者期望买方能支付较高的价格；而多数买方并不知情或者不识货，也就不愿意付出高价，只能给出一个中间价格，或者是次品的价格，而这是卖方所不能接受的。这样一来，卖方知情前提下在古玩跳蚤市场出售高品质艺术品的几率越来越小，从而导致市场上质量好价值高的艺术品越来越少，收藏或投资者能够在这儿淘到宝物的可能性也越来越小，从而出现"劣币驱良币"的逆向选择问题。所以在古玩跳蚤市场，淘到"赝品"或"柠檬"的概率也是很高的，因而风险较高。

古玩跳蚤市场上，也常有一些卖家对于自己的古玩艺术品并不了解，他们手中也许握着稀世珍品，而自己却把它作为一般工艺品或是赝品来对待，这样就给市场上的淘宝者提供了"捡漏"的机会，这也正是古玩跳蚤市场对业余和专业的收藏或投资者的吸引力之所在。

很多情况下，这些稀世珍品在买家和卖家都不知情的情况下廉价流转，因为无论对于买方还是卖方，他们都不是这方面的专家。买家也许是抱着试试看，或者把玩的想法不经意间买到物超所值的古玩艺术品。而一旦日后有机会经专家鉴定为珍品，其得意之情难以抑制，这更刺激了他今后到市场淘宝的兴趣。

民间收藏市场上也常常活跃着一批内行或专家型的买家，由于他们有较高的艺术素养和鉴定专长，他们面临较小的信息不对称问题。许多情况下，这些精明的买家精通古玩艺术品的鉴赏，会比买方更加了解艺术品的价值和价格，因而他们会处于信息的优势，并常常利用自己的优势，通过轻松的讨价还价，以较低的价格，买到质量很高甚至是稀世珍宝级的古玩艺术品，这样的例子屡见不鲜。其中我国古币收藏鉴赏领域资深专家陈林林与按斤卖的国宝级金锭的故事就有一定的代表性。[①]

在同样信息不确定的市场，外行的买家只能以平均甚至是高昂的价格买到赝品或次品，而懂行的专家们却能以较低的价格买到高品质的艺术品，这其中显示了艺术品市场上专门知识或私人信息的重要性。行家们正是利用自

---

① 中央电视台 CCTV2 "财富故事会" 2005 年 11 月 17 日，www.cctv.com/program/cfgsh/20051117/101.2005-11-17。另参见本书第七章第二部分相关论述。

己的私人信息，即他们的专业素养消解了市场的不确定性和信息的不对称而获取收益。正如信息经济学家弗兰克·奈特所认为的，不确定因素就成为经济活动的一部分，正是因为这种不确定性才产生了利润。众多买家受到传奇的"捡漏"和"淘宝"故事的激励，这个市场显得更加有神秘感和吸引力，市场交易异常活跃。大家可以从北京潘家园等古玩市场周末人头攒动和拥挤不堪的盛况中领略其中的魅力。

无论是凭低价买到珍品的内行买家，还是以中等或高价卖出次品的卖家，都在这个信息不对称市场上占据了信息优势。占据优势的一方通常会隐瞒艺术品的关键信息，采取机会主义行为，对处于劣势的一方进行利用或"剥削"。这在生活中看似不道德的行为，在经济上却是一种完全理性的行为。

收藏界尤其在古玩跳蚤市场这样的民间收藏市场，还有这样一条隐性契约：交易参与者无论在交易中获利或损失多大，只要自己当面认可了产品及其卖价就绝对不容反悔。这一契约警示交易者必须在交易前做好充足的准备，运用一切可能的手段来"验货"。一旦"走眼"，损失通常无法挽回。

在古玩跳蚤市场淘宝面临的一大劣势还在于收藏或投资者无法获取专业的鉴定评估服务，因为通常到这儿淘宝的收藏或投资者，要么自己有着专业素养，要么纯属业余，带着"捡漏"的心态，也就是花较少的钱，淘到中意的宝物。如果再去聘请专业鉴定和评估专家帮助购买，因为这样的服务通常是有偿的，而且费用不低，那么购买的成本随之增加，一般买家是不会舍得付鉴定费到这样的市场"捡漏"的。

古玩跳蚤市场的另外一个特点就是通常只有竞卖没有竞买，这和拍卖行的特点正好相反。而且买家之间、卖家之间相互的信息不沟通，信息披露的渠道较少，且多为口耳相传的方式，这样信息流通的准确度受到限制。

随着交通工具和信息技术的发展、艺术品知识的普及，以及人们收藏意识的提高和参与人数的增多，人们在古玩跳蚤市场"捡漏"的机会也越来越少。

（二）画廊交易信息的不对称

中介，是指两个、多个系统或系统构成要素间的媒介，包括物质流、能量流和信息流，他们以持续不断地交流和互换的方式，构成了不同系统或系统构成因素间的联系环节。中介的联系作用是有效解决信息不对称导致的逆向选择问题的关键。社会中的各行各业都出现了各种中介，包括明星的经纪人、房地产的经纪人、婚姻介绍机构、教育的留学者中介等，由于掌握一定的专业知识，对卖主产品的了解程度比买主要确切，信息不对称程度要低，买主可以通过中介的专业经验来避免逆向选择问题的发生。

画廊正是沟通艺术品市场各构成要素的一个重要中介。画廊属于艺术品市场商业运作体系的关键环节，画廊能够提供关于艺术家及其作品以及市场总体行情的大量信息；画廊能够反映收藏和投资者的需求和审美趋向，有效调节艺术品市场中供求关系，是联系艺术生产与艺术消费的重要纽带。画廊组织的展览和交流宣传能充分体现艺术品的文化价值；艺术品在画廊中完成所有权的转移和其文化价值向商业价值的转换。与艺术博览会、拍卖、展销等间歇性的艺术商业活动相比，画廊是一种常设性经营机构，有着稳定的组织形式和亲和力的中介服务。画廊通过筛选、宣传和包装有潜力的艺术家，帮助他们实现经济上的富足和艺术理想的追求，引导市场的审美趋向，依法进行艺术品交易，是市场规范化的标志。总体来说，画廊是一种最普遍、最常见、最稳定的一种艺术市场中介形式，在艺术品市场中起着主导性作用。

从画廊的外围环境看，中国画廊的生存空间受到严重挤压。首先是拍卖行业的兴起，给整个画廊业带来了强有力的冲击。拍卖行拍品的稀缺特点和拍卖业所具有的竞争性和透明性以及媒体的广泛关注，使得整个拍卖业备受收藏与投资者的关注。拍卖行一般财力雄厚，能够雇佣专业人才，能够征集和收购到潜力大、名气响的艺术作品；拍卖业本身的明星效应和不遗余力的宣传，能够吸引到大批有实力有兴趣的买家；频繁举行的小拍活动为中低档次的作品也找到了出路；这些都严重挤压了画廊的生存空间。而目前国内的画廊大多规模不大、实力不足以与这些拍卖公司相抗衡；画廊面临融资困难等经济问题，无力承担起宣传和包装艺术家的职责，难于对知名艺术家产生吸引力，这就使得画廊整体处于较低层次的运作状态。其次，许多艺术家没有分工协作的观念，不愿意将自己的作品交给画廊来经营，认为这样做受到画廊在佣金方面的盘剥，于是自己直接将作品卖给收藏或投资者，并认为这样可以免去税收的麻烦；另外艺术家甚至还与拍卖行合作，直接将作品送交拍卖行上拍；这样艺术家的私人交易使得画廊面临丧失货源和潜在买家的双重危机。再次，很多海外画廊开始面向国内开办分支机构，争夺国内有限的买家市场。国内画廊在经济实力和经营策略方面都处于劣势地位，由此面临进一步的竞争和生存压力。最后，画廊缺乏良好的经济环境。目前我国社会各界对于艺术品的价值还没有形成共识，还缺乏良好的金融机制，画廊还不能凭借艺术品获得抵押贷款，这样画廊需要周转资金来扩大规模的空间受到很大局限。

从画廊自身角度看，目前多数画廊受人员素质、经营模式的困扰而面临诸多的问题。首先，经营者自身的艺术修养和综合素质不高，也没有聘请专门的学术顾问，画廊学术定位和市场选择不明确；缺乏专业眼光，即使能够与艺术家达成代理关系，因为素质所限也不能为他们组织有学术水准的画展，无法获得艺术展览的话语权，因而也就占领不了艺术市场的制高点；这种话语权最终还是取决于展览的学术性和参展艺术家作品的艺术品质，这也是收藏者和投资者最为关注的问题。其次，画廊与艺术家之间还没有建立起相互信任、互利共赢的合作关系，无法达成良性的代理制，艺术家违约现象非常严重，部分是由于某些艺术家们不够自律，但画廊自身也存在很多问题，画廊应该为签约艺术家进行完善的包装定位和服务，要让艺术家放心地把市场交给画廊来做。另一方面看，只有与艺术家的合作代理关系处理好了，画廊才放心地投入大量的资金进行运作。再次，许多画廊对自身的发展规划和收藏家队伍的培养不够。目前许多画廊疲于维持生计，无法对自己的发展进行总体的规划，同时由于经营者自身修养的局限，无法为收藏者提供艺术鉴赏方面的引导和参谋。目前中国的收藏家队伍大多是企业家或者个体经营者，真正懂得艺术的人并不多，许多人只是因为觉得投资房地产的风险大才转而投资于艺术品，这些新进入的收藏和投资者迫切需要画廊给予他们艺术知识方面的扫盲和艺术收藏与投资的建议。而艺术品收藏和投资又需要很高的艺术和文化素养，如果画廊担当不起培养和培育收藏和投资者的任务，其自身的长期发展势必受负面影响。

　　除了极少数的代理制画廊外，多数画廊仍处于艺术品的寄售店铺的性质，整体档次和素质不是很高。缺乏品牌意识和赝品伪作的泛滥，使画廊的信誉严重受损。品牌是质量的重要显示信号，同时也给消费者以心理上的安全感。画廊是个中介机构，信誉是其生存基础。多数画廊规模小，不注重自身的品牌建设，信誉意识薄弱，信誉度低，收藏和投资者多不愿与他们合作，因此画廊很难组织到精品货源和吸引到有潜力的买家，而画廊为了经营和生存的需要，主动造假售假，或者以次充好。当然，由于艺术品的难以认知性，画廊偶尔这样的做法可能会蒙蔽了不知情的买家，画廊利用自己的信息优势从中牟利。但画廊作为常设性中介机构，是靠着信誉生存的。画廊界赝品伪作的泛滥，会大大破坏画廊的整体声誉，从而进一步削弱了画廊在市场上的话语权和破坏了与艺术家、收藏投资者之间本来就很脆弱的合作和信任关系。这样一来，无论是艺术家还是普通的收藏者或投资者，都不敢或不愿意与画廊合作，画廊无法收集到高品质的艺术品，也无从吸引到实力雄厚、忠诚度高的顾客群体，经营上恶性循环，导致"劣币驱良币"逆向选择的产生，画廊在市场上进一步被边缘化。

（三）拍卖机制中的信息不对称

拍卖是一种很独特的机制，和普通商店的销售有着很大的不同。在普通商店，商品的价格一般以价值为基础来确定。而在拍卖活动中，拍卖品的价格由竞买人来决定，拍卖品的稀缺性决定了它的价格几乎完全取决于市场供求双方的状况，而很难有一个相对固定的尺度。其次，和普通商店销售相比，尽管拍卖和商店的销售都有竞争性，但竞争的主体和内容不一样。一般商店的竞争是在卖方之间进行的，是商品的生产厂家和经营商为吸引买家、占领市场而展开的同行业之间的竞争，他们之间竞争的重点在于比较谁的产品质量更好、价格更低。而拍卖活动面向公众，使许多人为购买同一件物品而不惜抬高价格。这种价格上的竞争，是买家之间的竞争，一个卖家对多个买家。只有竞买没有竞卖，是一种物以稀为贵的机制。拍卖物品的稀缺性有时被拍卖者和竞买者赋予很高的附加值，而产生出难以想象的高昂价格，而高昂的价格正是由于竞卖物品的稀缺性和竞买人被煽起的巨大需求产生的矛盾而引起。"在拍卖商挑动下，人们的购买欲望和占有欲望不断放大，而拍卖品本身的价值加上放大的欲望赋予的价值，使最终以高价获得者产生了一种心理的占有和身份的确认和象征成就感。"[①] 这正是拍卖的魅力所在。

投资级别的艺术品，即经过一级市场沉淀后能够在二级市场上再次流动的艺术品，常常具有单一性、稀缺性以及潜在的升值特性，而拍卖又具有公开性、透明性以及竞价以及价值发现的功能。对于这样的艺术品，拍卖能够帮助其实现合理的市场价值和价格。相比其他销售平台，艺术品拍卖还具有透明度高、竞争性强和流通性好等优点。但由于艺术品本身信息严重不对称的特点、市场机制不健全和法律法规不完善的原因，中国的艺术品拍卖仍然存在信息不对称问题并引发严重的机会主义问题与倾向。

---

① 周思中：《论中国艺术品拍卖强势市场的形成》，《收藏家》2004 年第 8 期。

目前，我国艺术品拍卖市场最集中、最突出的问题莫过于赝品问题。有一份抽样统计表明，目前中国拍卖的艺术品中有三分之一是赝品。例如，随着大多数买家对传承著录的顶礼膜拜，为了能拍出高价，有些拍卖公司不惜为拍品伪造传承著录，或者一件伪作经过拍卖行的几次上拍，摇身一变成为真品甚至精品。中国《拍卖法》第六十一条规定："拍卖人、委托人在拍卖前声明不能保证拍卖标的的真伪或者品质的，不承担瑕疵担保责任。"针对艺术品市场存在信息难以对称和不充分的特点，依照国际惯例，豁免拍卖行的瑕疵担保责任，本身是合理的；国内《拍卖法》设置这一条款的另一初衷是保护拍卖行业的发展。因此，拍卖行如果想免除担保责任，只要在拍卖前事先声明不能保证拍品真伪，就能免去法定瑕疵担保责任。但在中国的市场环境下，一些拍卖行却借此滥用法律的免责规定，知假售假，非法牟利，造成纠纷不断，而此时买方的正当权益无从得到保护，这一条款反而成了保护违法行为的保护伞。结果，一些拍卖行受短期利益的驱使，对赝品熟视无睹，甚至暗中与制假贩假者勾结，为他们大开绿灯，进行赝品拍卖。有的拍卖行甚至可以自己组织人制作假画，拿来拍卖，并与画廊、鉴定师和拍卖师合谋，提供艺术品的虚假身份，欺骗收藏者。仅以2005年为例，当年的春秋两季拍卖会上累计出现了徐悲鸿的500多幅作品，占了大师一生作品总数的绝大比例。徐悲鸿是一个并不高产的画家，他如此多的作品在一年内出现，让不少收藏者产生质疑。一方面是艺术品市场的异常火爆，另一方面是艺术品严重的真伪难辨问题，让投资收藏者一头雾水，打击了他们的市场信心，严重破坏和冲击了艺术品市场的运行秩序。

关于假拍的传闻和报道也屡见不鲜。为了达到一定的轰动效应和宣传效果，某些拍卖公司不惜手段包装自己，虚假地创造拍卖天价和成交纪录。为了达到理想的总成交额，某些拍卖公司会与买卖双方合谋，事先商定好某一拍品的价格和佣金。待到真正拍卖时，竞拍价会拉得很高，人为制造虚高的拍卖纪录。而事实上，这件拍品还是按原来商定的价格进行成交，或者如果最后的竞买人是自己的合谋方，这件拍品根本就没有实际成交。

有些不规范的拍卖公司会迁就并配合买卖双方的暗箱操作要求，甚至为了能吸引到更好的艺术品和更大的买家，联合卖家雇人请托儿虚拍，将作品的价格抬高；甚至允许画家在拍卖会上作秀，自己"坐庄"，亲朋好友来拍卖会帮着哄抬价格，以便将这样达成的"拍卖价"作为日后流通的"指导价"。"这样一来，艺术家的造诣似乎并不重要，只要能在拍卖行那儿砸钱，他们就可以'一夜暴富'成为大师了。"①

拍卖公司在鉴定拍品时通常使用自己的鉴定队伍。然而拍卖公司本身既要给拍品做鉴定，又要对拍品按照拍卖价的固定比例赚取佣金，这就出现利益相关性的矛盾。拍卖公司为了自身的利益，将赝品次品鉴定为真品，然后进行拍卖获取收益，是完全可能的，很难保证鉴定结果的真实和公正性。为了树立自己的信誉和出于避嫌的考虑，有些拍卖公司偶尔也会送一些拍品给自己关系比较密切的、比较知名的专家鉴别，然而专家们也往往碍于情面和利益关系，通常都会放行，题跋和开具鉴定证书。拍卖行与鉴定专家合谋给出错误结论和出具虚假证书的情况时有发生。

拍卖公司与媒体的串谋和虚假宣传。一些拍卖公司在拍卖会之前进行虚假宣传，在许多电视专栏节目中借由"权威人士"点评，妄鉴真伪，虚妄高估文物艺术品的艺术内涵和投资价值，拍卖后又续以长文吹捧某公司、某拍品的辉煌战绩。媒体通常也为制造拍卖骗局推波助澜，拍卖行频频传出的天价市场价格和市场舆论，经由媒体宣传放大为一个个令人艳羡的神话，当代艺术的价格迅速越过正常价位，拉升为虚假的价格泡沫。

毫无疑问，拍卖是中国艺术品市场的风向标与价格的晴雨表。艺术品拍卖在中国艺术品市场发展中发挥着积极作用，拍卖市场所传递出的市场信息，具有相对的公开性与透明性。中国艺术品市场传出的强势信息，带动和

---

① 董凡：《是谁伤害了中国艺术品市场——艺术品市场疲软的背后》，《收藏界》2006 年第 9 期。

引领了中国整体艺术品市场的发展。中国艺术品强势拍卖市场的出现，驱动了中国艺术品的不断升值，提高了公众参与艺术品收藏与投资艺术品的热情；同时国内强势市场的形成和艺术品整体行情的上涨，带动了海外文物艺术品的回流。拍卖业的强势以及媒体的宣传效应，引发大众对文物艺术品的广泛关注，普及了大众的艺术素养和全民的文物保护意识，产生了良好的社会教育和传播效应。然而，伴随着一个个高价位、新纪录"神话"的诞生，艺术品拍卖市场中传出的假价、假画、假拍等恶性行为，严重伤害了投资者的热情，制约了中国艺术品市场的发展。

（四）网络拍卖与交易的不对称特性

网络拍卖和交易优势颇多，它突破了时空限制，信息覆盖面广，节约大量的人力物力，有效地提高了拍卖效率。但由于相关制度、法规没有跟上网络拍卖发展的步伐，使它在很多方面都存在许多缺陷，客观上限制了网络拍卖的进一步发展。对于网络拍卖来讲，首先存在竞买人和卖家的信用问题、网上诚信交易过程、网络性能不稳定和网络拍卖电子合同的法律效力等诸多问题。据美国互联网欺诈投诉中心（the Internet Fraud Complaint Center）2004 年度报告显示，在他们所收到的 207449 多件投诉中，涉及网上拍卖欺诈的占到了 71.2%。2004 年每月收到的网络拍卖类投诉多达 12308 份，这些投诉所涉及的总损失高达 300 万美元，每份投诉的平均损失为 200 美元。①

在网上拍卖市场，由于买方不能完全观察和了解拍品的全部特征，他就很难评价物品的质量，因此网上拍卖中的中标者往往遭遇"赢者的诅咒"现象。"赢者的诅咒"是一个经济学术语，指的是竞买人事先不知道拍品的真

---

① 数据来源：美国互联网欺诈投诉中心 2004 年度报告，http://www.ic3.gov/media/annualre-port/2004_IC3Report.pdf。

正价值的情况下，为了竞得某件物品而给予过高的估值并付出了高昂的代价。如果竞买人大量云集，那么最终的中标价往往要比平均估价高得多。因此，一个缺乏经验的竞买人，在这样的竞标中遭遇"赢者的诅咒"的可能性非常大。

对于艺术品网络拍卖，信息的不对称现象就更加严重，其中艺术品的真实性鉴定仍是最大的问题。普通商品如家电、图书，可以通过表面包装简单的检验商品是否为真品，因而成交相对容易。而艺术品的鉴定本来就需要有深厚的专业知识，而在网络交易中，收藏和投资者一般无缘见到实物，仅仅凭肉眼观察图片，就更难以把握艺术品的真伪优劣。即便图片再精细，其色调、形态、质感等与实物相比总是大打折扣。尤其对于古代艺术品，如前所述，即使拿到艺术品实物本身，即使权威的专家都难以给出精准的鉴定结论，更何况普通收藏与投资者仅仅通过网络上的图片来判定，效果就可想而知了。许多拍卖网站多会预先申明："因摄影、显示等造成描述作品的色调等与原物有误差者，以原物为准"、"不论是否在拍卖前对欲竞投的拍卖品原件进行审鉴，任何竞投人都应对自己的竞投行为负责"。这和我们上面提及的拍卖行的"瑕疵免责"条款类似。一些商家便开始拿上述的免责声明作为保护伞，以假乱真，以次充好，在网络上拍卖赝品次品。现实中的信息的不对称问题，在网络交易和拍卖中表现的更加严重和明显。

淘宝网（www.taobao.com）开发了一种以网站作为交易中介，以"买家收货满意后，卖家才能拿钱"为主要思路的"支付宝"交易模式。嘉德在线的卖家联盟模式，通过背后强大的专家队伍，凭嘉德在线自身的信誉以网站的名义发布艺术品信息，有着相对较高的可信度。但即使在这种模式下，买家依然需要对自己的购买行为负责，艺术品的真实性也不能得到完全保证。而一旦发现自己买到的是赝品或者次品，选择退货将又会经历一个复杂漫长的过程。

　　一般网上拍卖物品档次不会很高，成交价格要比拍卖行成交的价格便宜很多，因此吸引了一批刚入行的收藏爱好者。Jannett Highfill&Kevin O'Brien（2007）利用从 eBay 网站收集来的拍卖数据，研究了不同参数对竞标次数以及艺术品价格的影响，同时又深入研究了相关拍卖文献，以证明在 eBay 拍卖的艺术品是投资级别的还是消费级别的，结果有证据表明竞标的次数和最终价格成正相关关系，在 eBay 拍卖的艺术品一般价格较低，不适合作为进一步投资使用。[①]

　　网上拍卖的信誉机制很重要。对于网上拍卖，除了竞买人不能物理地触摸和观察拍品实物，信息不对称的重要表现就是拍卖商的匿名性。例如，eBay 并不要求网站的拍卖用户显示真实姓名或地址，仅仅需要披露用户的 eBayID（网络用户名），而且双方重复的交易也很少。因此，网络拍卖商的品牌和信誉意识很重要，要做到诚信经营，努力保证交易结算和支付系统的安全性以及网络的安全性。艺术品收藏和投资者在邮购市场或是网络上购买文物艺术品时一定要尽量通过各种途径了解文物艺术品的情况，包括作者、创作年代、历史及当前市场价格等，选择那些信誉度较好、有知名品牌、有专业实体且资金雄厚的网站购买，在没有十足把握的情况下不要选择网上信用卡交易，交易后应留下交易账单。网上看到喜欢的书画艺术品是上档次的书画艺术品，不可冲动，应多考察其真伪及品相，必要时应亲赴实物所在地鉴定。购买贵重而有档次的或易损的书画艺术品应亲自提取，以防意外。

　　随着中国网络环境和电子结算与支付的逐步完善和成熟、艺术品专业鉴定服务制度的建立、经营者的品牌和信誉意识的提高以及投资收藏者消费心理的逐步成熟，收藏品的网上交易市场应该具有相当广阔的前景。

---

① Highfill, Jannett & O'Brien, Kevin. "Bidding and prices for online art auctions: sofa art or investment." *J Cult Econ*（2007）31:279–292.

（五）文交所艺术份额化交易中的信息对称问题

2009 年 6 月和 9 月，上海和深圳分别成立了文化产权交易所。之后，随着国家相关政策的出台，各地都在酝酿成立文交所。而 2011 年 1 月 26 日成立的天津文交所以及之后的业绩表现在全国引起较大轰动。继天津文交所大胆尝鲜之后，郑州文交所快速跟进，推出了艺术品份额交易的郑州模式。目前厦门、成都、西安等地都已成立文化艺术品份额交易市场，全国各地呈现蜂拥而上的局面。尽管如此，这些交易所仍然摆脱不了市场对艺术品金融化创新的诸多疑问。

首先，艺术品份额化交易同艺术、艺术品和艺术品市场实际上都没有太大（至少没有直接的）的联系。从本质上讲，艺术品份额化交易只是一种虚拟化、符号化的交易工具而已。大通证券许鹏认为：艺术品股票其实并不是股票，而是将一件艺术品进行虚拟分割，分成若干份额后出售。这件艺术品本身只是一个物体，并不能产生任何红利，其真实价值也不会有任何提升或改变。艺术品艺术份额化的标的物是艺术品，它与股票不一样。股票的标的物是成千上万家实体经济的企业，它的背后有这些上市公司成长的业绩作为支撑，上市公司会给投资者带来分红。而在份额化交易中，艺术品作为标的物变为资产包上线交易后，该艺术品的艺术和学术价值并没有发生变化，唯一变化的是这一资产包在众多投资者心目中的想象和期待价值。由于艺术品本身不具备上市公司法人那样持续产生利润和抵御承担风险的能力，也不具备有稳定的升值功能，如果资产包的市值远远超过其代表的艺术品的艺术价值和市场价格，那么这种艺术品证券化最终会演变成投机资本绑架的金钱博弈游戏，最终的受害者将是那些毫不知情而在这场"击鼓传花"中最终接盘的散户。

其次，正如蔡继明所说："艺术品的证券化，意味着艺术品之实物形态与市场价值形态的制度化分离，意味着艺术品取得艺术品证券的独立形态。"

也就是说，最懂艺术品的收藏者和收藏投资者也许并不会对这种证券化、虚拟化的"艺术品"产生多大兴趣，因为艺术品的证券化和份额化交易丧失了艺术收藏与投资的精神愉悦价值，这就意味着，艺术品份额化和证券化交易的参与者很可能是那些不了解艺术品同时对艺术品也并不太感兴趣的人，制度设计的本身就决定了其盲目炒作的性质和潜在危险。

艺术品份额交易资产包的盘子小，总量并不大，因而很容易被少数承销商、庄家或其他投机商操控，成为人为炒作的工具。天津文交所首期发行的资产包《黄河咆哮》和《燕塞秋》，上市总价分别为 600 万元和 500 万元，从 2011 年 1 月 26 日正式上线交易到 3 月 16 日停盘，在 50 天的时间里，两个资产包的价格涨幅均高达 17 倍，分别涨至 1.1 亿和 9500 万元人民币。而 2010 年张大千的《太乙观泉图》以 4032 万元成交，齐白石的作品《花果四条屏》以 4760 万元成交，当时这在收藏界已是"天价"。但名不见经传的白庚延的画作市值却远超张大千、齐白石等，炒作泡沫因素之大可见一斑。T+0 的操作模式本意是解决艺术品份额交易的流动性和变现问题，却又从制度上为炒作提供了极大的便利，给初期发育的市场带来莫大的风险。"价格能够爆炒的唯一原因，就是因为流通中大家击鼓传花，完全的投机炒作。"对于天津文交所的乱象，中国政法大学资本研究中心主任刘纪鹏形象地比喻："比如地上有一块石头，说它值多

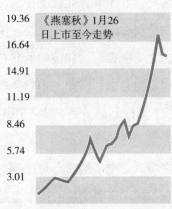

来源：大洋网—广州日报，
2011 年 3 月 24 日

少钱，大家可以拍卖，我考虑的是只要后面有人买，我今天就可以买。已经不再考虑它本身的证券属性和价值问题了。只要有人比我更傻，我就可以不当这个傻子。"①

第三，艺术品的鉴定与评估问题。缺少权威、公正的艺术品鉴定和评估机构，是迄今金融资本进入艺术品领域的主要障碍且短期无法解决的问题。对于交易所而言，艺术品评估的作用在于，对准备交易的艺术品进行市场价格评估，出具评估报告，并确定上市交易的初始价格。仍以天津文交所首批上线交易的《黄河咆哮》《燕塞秋》为例，其初始上市价格分别被确定为600万元和500万元，就引起业界的广泛质疑。据中央财经大学拍卖研究中心研究员、中国拍卖行业协会副秘书长郑鑫尧统计分析，白庚延作品在2002年1月至2011年3月期间总拍品共655件，成交拍品327件，未成交拍品与之相当，有328件；总成交额为2019.79万元，成交比率为50%，平均每件作品价格约6.17万元。其中作品超百万元拍卖纪录的仅有四件，且都是在2010年12月以后拍出，分别是2010年12月4日拍出《千峰接云图》392万元，2010年12月11日《巍巍太行》以198万元成交，《山昏塞日斜》以176万元的成交价拍出，还有2011年3月19日拍出《残荷图》138万元。而在此之前的2002年至2009年，白庚延作品都是在100万元以下拍出，甚至成交价分布在10万元至100万元之间的作品仅27件，10万元以下作品达302件，且3万元以下居多，高达243件。文交所现行的制度中虽然有评估机构对艺术品进行价值评估，但一直都是固定的两家。广州艺拍总经理何向民表示："白庚延作品的发行价本来就远高于其作品的价值，更不用说居然涨到亿元。"

第四，艺术品份额交易的退市机制不够完善。文交所的交易与证券交易一样，都设有退市机制，但原因与功能却完全不同。证券交易的退市多是因

---

① 《艺术品股票交易规则朝令夕改价格如过山车》，新浪财经，2011年6月5日。

为标的上市公司经营不善而退市，退市前大多表现为证券价格的下跌；艺术品份额化交易中退市则是由于某个投资人看好某只份额化的标的艺术品并产生其独自收藏其标的艺术品的愿望，所以收购其全部艺术品份额，并最终导致艺术品份额价格的上涨。仍以天津文交所为例，天津文交所规定：当单个账户持有的单只份额数量达该份额总量的67%时，该份额投资人可以发起要约收购或者单只份额的全体投资人达成一致意见发起申请退市。但在价格上涨和人们的收益预期增高的情况下实施要约收购，要约收购者的收购价格、全体投资人如何达成一致意见以及退市渠道的相关安排仍是难以解决的难题。

第五，交易规则的一变再变问题，令投资者不知所从。天津文交所于2011年1月26日首批上市的《黄河咆哮》和《燕塞秋》首日上市涨幅分别达103%、91%的盛况。之后交易规则频繁更改。3月21日，天津文交所发布非上市首日艺术品日价格涨跌幅的规定。新规定由原来"非上市首日艺术品日价格涨跌幅比例15%"调整为"非上市首日艺术品日价格涨跌幅比例10%"。同日并设置了上市艺术品月价格涨跌幅限制，以上月最后一天的收盘价格为基数计算，月价格涨幅比例为20%，跌幅比例为20%。后来文交所方面对连续六个交易日达到涨跌幅限制的艺术品实施特殊处理，涨跌幅限制比例调整至1%。至此，上市艺术品非上市首日涨跌幅限制比例由最初的15%降至10%后，还可能降为1%。另外天津文交所又在短期内数次改变开户制度，四次推迟开户公告，甚至暂停开户业务，匆忙设置和不断修改规则，导致了天津文交所交易品种在暴涨、暴跌和交投死寂之间跌宕起伏。

最后，监管体制的缺失问题。事实上，全国自成立文交所以来，由于对于文交所的性质定位不明确，各政府机构对于文交所管辖和监督的归属，都没有明确态度，因此也导致了文交所的监管缺失和"自娱自乐"状态。正如有的投资者所说："现在制定游戏规则的是文交所，收钱的也是文交所，它想怎么玩都行，投资者连监管部门是谁都不知道，更别提监督举报电话了。"

北京工商大学证券期货研究所所长胡俞越认为，要改变目前份额化交易平台没人管和"无法无天"的局面，关键还是要在国家层面上尽快出台统一的监管办法并明确明确监管主体。

虽然各地文交所交易一度红红火火，但由于缺乏监管、规则缺失，违法违规问题日益突出，风险不断暴露。为维护金融秩序和防范社会风尚，国务院于 2011 年 11 月 11 日发布《关于清理整顿各类交易场所切实防范金融风险的决定》（国发〔2011〕38 号）。文件明确规定，除依法设立的证券交易所或国务院批准的从事金融产品交易的交易场所外，任何交易场所均不得将任何权益拆分为均等份额公开发行，不得采取集中竞价、做市商等集中交易方式进行交易；不得将权益按照标准化交易单位持续挂牌交易，任何投资者买入后卖出或卖出后买入同一交易品种的时间间隔不得少于 5 个交易日；除法律、行政法规另有规定外，权益持有人累计不得超过 200 人。上述文件的出台对现有实行份额化交易的文交所影响和打击最大。文件发布后，各大文交所的行情直线下跌：11 月 21 日，北京汉唐文交所停牌；11 月 22 日，天津文交所16 个份额产品全部下跌，跌幅从 1%—10%不等，另外 4 个份额为零成交量、泰山文交所 3 个份额全部下跌，且均为抛盘，最大跌幅已近 10%的日跌幅极限。这让大多数采用该种模式的文交所陷入了重新定位的尴尬境地，逼迫他们在这场行业洗牌中迅速作出调整，并根据文件规定，再次修改"游戏规则"。

第七章　艺术品市场的交易费用

艺术品交易的费用是影响和决定艺术品交易形态和效率的重要因素。艺术品本身认知和鉴定的难度、市场参与者的有限理性以及机会主义行为、艺术品变现和流通的困难、市场交易环境的不确定性以及由于市场准入高门槛而导致的竞争对手和交易者的数量稀少，都严重影响了艺术品交易的高成本和费用。

与现代社会的普通商品相比，艺术品不具备普通商品所具有的标准化形态，决定了艺术品的质量认定和鉴定不可能像标准化商品那样可以批量地通过科学仪器进行规模化检验；艺术品的单一和异质性决定了艺术品的辨别和认定只能由资深专家通过自身的经验和知识积累一件一件地进行"肉眼"目测，偶尔可以借助科学仪器的辅助。而为了弄清楚艺术品的真伪及其价值，艺术品的拥有者需要支付相当的鉴定和评估费用。

艺术品价值与品质的难以断定以及艺术认知的专业门槛，出现赝品的风险以及鉴定的难度，使得普通收藏者难以充分了解艺术品的相关信息，部分收藏者在做了充分的艺术知识方面的准备后，或是向相关专家咨询后，方才了解艺术品和进行艺术品的投资和收藏；而艺术品经营者也需要对艺术品相对内行，或是通过家传或长期兴趣积累，或是经过专业院校教育等渠道获得所需的艺术知识基础。

正是由于艺术品的上述特性，艺术品的交易绝不是简单的买家与卖家的供求关系，而是一种复杂的市场结构。艺术品市场上需要很多的中介环节和因素，比如艺术品的生产者即艺术家、艺术品的评论家、艺术品的鉴定专家和机构、一些专业的或外行的艺术品收藏和投资者，艺术品的各类市场形态，如古玩跳蚤市场、画廊、拍卖行、艺术品投资基金、网上拍卖以及文化艺术品交易所等。艺术品不同的市场形态在信息的完备与对称程度也各有不同，市场上的各类参与人员的行为动机各有差异，表现出很强的非理性特点。

总体来说，由于交易机制的复杂性，艺术品的交易费用要比普通商品高得多。这些交易费用既包括买方需要支付的信息成本，如搜寻真品和排除赝品的信息成本、聘请专家鉴定的费用以及付给画廊和拍卖行的佣金，也包括卖方需要支付的市场推广和营销费用，还有艺术品交易的相关税收等费用。

而与金融市场相比，艺术品的交易成本很高。股票和债券市场上产品的高度同质性和可替代性、交易的高频率、信息的公开披露、易于流动变现性等都决定了金融产品的交易费用较低；而艺术品单一性和异质性以及随之带来的市场的分割化、重复交易的不频繁、市场信息不完全、价格的不透明性、市场结构的复杂性、流动和变现的难度等都决定了艺术品市场的交易需要很高的费用和成本。

一、艺术品市场交易费用的产生原因

艺术品交易费用的产生既有人的因素又有交易本身的因素。从人的因素看，市场参与人的信息掌握得不完全以及有限理性甚至非理性和机会主义动机是艺术品市场高交易费用产生的重要动因。而从交易本身来看，艺术品交易中流通和变现的难度带来的资产专用性、交易双方以及交易环境等的不确定性、交易的频率以及竞争对手的数目等也对会这个市场的交易费用产生重要影响。

（一）人的因素

人的因素主要指市场行为人对信息把握的不完全性、有限理性和非理性、机会主义动机与诚信缺失等。

1.信息的不完全性

这里的不完全信息既包括市场行为人对艺术品本身品质的不完全认知和理解，也包括对艺术市场信息的不完全了解。一是艺术品本身品质与真伪优劣的认知难度大，涉及的知识面宽，进入门槛很高，市场收藏与投资者稍不留神就可能会"走眼"，傅抱石假画案，石鲁假画案，黎雄才、关山月假画案等曾使多少善良的投资者倾家荡产；二是艺术品市场信息相对封闭，普通收藏和投资者对于艺术品和艺术家的认知渠道有限，市场缺乏必要的信息和有效的信息传递与沟通渠道。信息对公众传递不完整且大多集中在与少数艺术品"精英层"的收藏者有关的圈子内，普通艺术品投资者很难全面获得艺术品市场的相关信息。

由于艺术门类的复杂性、艺术知识的无限性和个人知识的有限性，艺术鉴定专家在艺术品鉴定方面也并不一定能给出很精准的结论，出现些许偏差甚至是错误的结论也并不罕见。

2.市场参与人的有限理性和非理性倾向

与古典经济学中人的理性假设不同，艺术品市场中的参与者表现出明显的非理性动机。以艺术家为例，在市场经济中通过销售自己的作品实现了物质生活的自足和创作的自由后，多数艺术家仍会坚持自己的创作标准和艺术追求，而不是一味地以市场赢利为目标和导向追求经济利益。

而对于收藏者来说，艺术品收藏有兴趣爱好、装饰、投资、收藏、荣誉、公关、学习和信仰等多重动机，并不以理性赢利为目的，而有的收藏和投资者缺乏自己的价值判断，盲目跟风，随大流，在艺术收藏和投资中重耳轻眼，容易买到赝品并为此付出高昂的代价。

3. 艺术品市场行为人的机会主义动机与诚信的缺失

机会主义倾向与诚信缺失是中国艺术品市场面临的一个十分突出的矛盾和问题，具体表现为：在艺术品的实际交易和收藏过程中，艺术家故意包装炒作和人为造市；画廊为了自身生存需要而采取低层次运作和制假贩假；艺术品拍卖机构疯狂地假拍与拍假；投资者明知自己手中是赝品或者买到赝品，但绝不声张，目的是保住自己的面子与声誉或将赝品的"博傻游戏"传给下一位"接盘者"；批评家面对市场利益的诱惑，也常常丧失自己的独立批评立场与精神，为艺术家和商家充当吹鼓手；而艺术鉴定专家也常常会因为人情世故或者处于商业利益的考虑，违反自己的职业操守，故意给出错误的鉴定结论，指鹿为马，混淆视听，歪曲和操纵艺术品的价值与价格。以上种种问题都可以归因于艺术品市场诚信机制的缺失。目前诚信危机成为制约中国艺术市场发展的瓶颈，并严重制约着中国艺术品市场的发展。

（二）交易的因素

交易的因素主要包括资产的专用性、不确定性、交易的频率以及竞争对手的数目等。

1. 资产专用性较强，变现能力不足

目前艺术品的流通主要限定在拍卖会、画廊、艺博会或私下交易等传统渠道，流通能力不强。其中多数画廊、古玩店成交清淡，很多艺术品放在那里只能成为一种摆设；艺术博览会一般一年一次，光顾艺术博览会的顾客绝大多数也是只看不买，成交不活跃；尽管私下交易手续简便，但私下找买家

十分困难，即使费了九牛二虎之力找到了买家，也未必在价格上谈得拢。拍卖行是艺术品交易中最为活跃的地方，但只在春秋两季举行大型拍卖会，且进入拍卖行的艺术品又需要一定的档次，不是任何艺术品都能进入的。即使上了拍卖台，没有买家竞买，还会出现流标。由于国家和信贷机构没有将艺术品划定为法定资产系列，艺术品投资不能获得银行抵押贷款，也不能像证券市场一样能够解决艺术品的退市问题，所以流通体系不够健全、变现能力不很强。藏家如果在缺钱时想兑现自己收藏的艺术品，常常是高价进、低价出。我国著名画家溥儒收藏过西晋大文学家陆机《平复帖》，尽管作品只有85个字，但历来被视为无上珍宝。民国时期，著名收藏家张伯驹曾开价20万大洋，购藏此帖，结果溥儒不同意转让。之后溥儒的母亲突然病故，急需钱用，作为孝子的溥儒只好以卖《平复帖》来安葬母亲。这时张伯驹再提出购买，结果只以4万大洋成交。由此可见艺术品资产的专用性很强。

2. 不确定性因素很多

从宏观角度看，国内外的经济形势、法律法规以及政策的变动、市场上流动资本的结构和资本数量的变化、人民币的升值与贬值等都会影响着当前中国艺术品市场的走势和整体价位。而从微观角度看，市场收藏者收藏趣味的变化、艺术品身份的真伪、画廊和拍卖行等经营策略和方针的不确定性、艺术品交易中的偶然不确定因素等都会对艺术品的市场产生影响。

3. 重复交易的频率不高

由于艺术品本身的特性以及收藏和投资所需要的高专业知识和资金门槛，艺术品不可能持续不断地交易，投资和收藏者很少能够频繁更换藏品，我们很少看到名贵的书画艺术品在一年内重复销售几次，像梵·高《加歇医生的肖像》这样的印象派作品可能十年都拍卖不了一次。另外有一些世界顶尖的艺术品可能成为终极消费品，进入公共或私人博物馆，长久不在市场上流通，或者永远不再面世。有研究表明艺术品适合长期投资，比如英国铁路养老基金就曾对艺术品的投资周期进行研究，并将艺术品投资基金的封闭期设为 25 年。从历年的交易数据中可以看到艺术品不适合频繁交易，艺术品交易不活跃，重复交易频率不高。根据梅摩指数对 1954—2004 年全球艺术品拍卖数据的研究，国际上同一件艺术品两次拍卖的时间间隔平均为 28 年。收藏的时间要如此之长，部分是由于艺术品每次拍卖时买家和卖家各须支付落槌价的 10%—20% 作为拍卖行的佣金。在中国，卖方还须为拍卖所得缴纳拍品总价 3% 左右的个人所得税。这导致艺术品的短期交易成本远高于长期维护成本，因此，艺术品投资只对长期投资而言才是适宜的。当然，随着经济周期的缩短，艺术品长期投资的周期也在缩短。

4. 竞争对手与交易的"小数目问题"

在艺术品的许多领域，如古玩跳蚤市场或画廊，同一件艺术品的买家不会出现相互竞价的现象；而在艺术品拍卖中，同一件艺术品不会出现两个以上卖家相互竞价的状况；这两种情况都属于交易中的"小数目问题"。在这样竞争对手很少的情况下，买卖双方的相互依赖性增强，不仅会增加双方交易信息的搜寻成本（如需要单独雇请专家等），而且还容易引发机会主义行为，处于信息优势的一方很容易机会主义地对处于劣势的一方进行欺骗，从而使得处于交易劣势那方的机会成本大大提高。

二、艺术品市场交易费用的表现

艺术品不同市场交易形态中，产生交易费用的原因和表现形式各有不同。本节就艺术品不同交易平台在引发交易费用的因素和差异化表现特征进行梳理和概括。

（一）古玩跳蚤市场的交易费用

古玩跳蚤市场上艺术品的资产专用性高。在这个市场上购得的艺术品一般档次较低，再流通性低，这样能够出手进行二次入市销售的可能性就很小，因而一旦进行了这样的投资，资产的再次变现并能够转移投资的可能性就很小了。当然也有例外的情况，要么是因为卖家不内行从而不了解自己物品的价值，而让运气好的或者是有一定知识储备而识货的买家"捡了大漏"。无论是什么原因，只要买家知道自己买到的是很有价值的艺术品，再次出售实现价值增值的几率会很高。

古玩跳蚤市场上的信息不对称现象最为严重，信息搜寻成本很高，不仅买家搜寻到合适的艺术品需要大量的时间和投入，而且如果碰到可能的捡漏物品，由于这里没有可以免费咨询的专家，单独聘请专家帮助在这个市场上鉴定的费用是很高昂的。同时由于这个市场的物品绝大部分都是伪品赝品，而市场上通常卖方更加掌握艺术品的信息，所以买家很可能以高的价格买到较次级的艺术品，这对买家来说，机会成本也很高。

由于这个市场的总体定位，市场上的买者总体上不会支付很高的价格。也就是说，即使卖家心里知道自己出售的是稀世珍宝，由于买家并不懂行，他只会按照一般物品甚至是赝品的价格来支付，这样的交易对于卖家的机会成本是很高的。

2005 年 11 月 17 日，中央电视台二套"财富故事会"节目中讲述了"与古钱币结缘"的故事。故事中，我国古币收藏鉴赏专家陈林林在民间收藏市场上按当时黄金市场价的价格收购了一枚 50 两重的明永乐时期的西洋古锭。可以说，这是一桩信息严重不对称的交易。在这场交易中，由于买家陈林林是古币鉴赏专家，从而他在这场交易中比普通的卖家拥有更多私人信息的优势，因而他能够以很低的价格从卖家手中买到这枚国宝级的金锭。而对于卖家来说，它所面临的机会成本是很高的，如果他自己是这方面的专家或者他聘请了专家来帮助鉴定，那么交易的结果就大不一样了。

可以这么分析这里交易费用高的原因：卖家不了解这件国宝的价值从而处于信息不完全的状态，而他手中有了宝贝的时候他只能去找个别的专家来收购而不是到更公开透明的场所去交易，因此他在处理这个问题中处于有限理性的状态，他自己对于古币的价值并不清楚；同时他又将自己的交易置于"小数目问题"交易中。在这样的交易中，真正识货的人只有陈林林本人，没有其他买家与之竞争，卖家在议价方面对买方有很大的依赖性，由此不能有效降低交易费用。收藏市场上的隐形契约特征在这儿颇为明显，即交易参与者无论在交易中获利或损失多大，只要自己当面认可了产品及其卖价就绝对不容反悔。当然，这一隐性契约也是节约交易费用的有效方式，从而不至于在交易完成之后再出现纠纷，也从而省去了买卖契约执行后的监督成本。

（二）画廊的交易费用分析

画廊是艺术市场中的一级市场。所谓一级市场，是指艺术家的作品首次出售的场所，也就是说，绝大多数画廊的作品都直接来自艺术家本人。画廊的经营者也多是那些在艺术方面有一定爱好或特长的人士，具有良好的艺术修养和综合素质，并对他们代理画家的情况有着全面的了解。诚信画廊的经营者们通常能够就艺术家和及其作品以及市场行情等情况给买家进行详尽的介绍，收藏或投资者到这里购买艺术品，可以获得全面的作品和相关背景以及市场信息，信息的搜寻成本较小。如果能在这里买到价格适中、有市场需求、升值潜力大的作品，这些作品将可以再次上市交易，资产专用性就不那么明显。当然，许多收藏者纯粹出于喜好和兴趣来购买和收藏并将艺术品作为终极消费，也就不用考虑艺术品的资产专用性了。

相对于到画家那里直接买画，收藏或投资者在画廊里面对的机会成本也比较小。到画家那里直接买画，购买者看上去是拿到真迹了，但是在这里买家的选择空间一般较小，画家的惜售心理导致他面对单独的买家很难会拿出精品供选择，因此在画家这里购买不能保证拿到精品，即使买到非精品也没有可能再回去找画家更换；有的情况下，买到的作品未必是画家本人创作（有时是画家的助手所作），且购买价格为画家私人所定，买家一般羞于与艺术家讨价还价。而画廊是常设商业机构，需要顾及商业信誉，画品一般比较可靠。收藏或投资者可以经常光顾并可能与画廊的经营者成为熟知的朋友，一般画廊的经营者也有足够的耐心介绍不同艺术家及其艺术品的情况，而且在艺术品价格上也有一定商榷的余地。

偶尔画廊经营者同时也面临有限理性和机会主义的问题。有些经营者有着自己对艺术的偏好，并不会完全照顾到市场的需求，或者有些中小画廊由于经营上的困难和生存的需要，不惜制作假画，或将商品画成批量地买进卖出，或兼营工艺品、复制品，甚至哄抬价格，质与价不成正比，这也对给收藏和投资者造成损失，同时不利于画廊的长远发展。但由于画廊是个市场中介机构，必须依靠声誉来生存，所以一般来说，他们还是要做到诚信经营的。

代理制画廊对其代理画家的作品实行垄断式的独家代理或销售，代理佣金一般为30%—50%。虽然佣金看似很高，但在这种体制下，画廊有动力并承担着对画家成长的长期或某个阶段的发展规划，在艺术家成长前期即未成名前做了大量投入，定期为艺术家提供生活津贴，为其组织投资策展、媒体推介、聘请评论家为其评论、联络和培养收藏家群体。这样一方面艺术家可以有充足的时间进行创作，从而节约了时间成本；另一方面画廊在市场运作方面更加专业，有着灵通的市场信息，通过画廊的有效市场运作，可以逐步提升艺术家作品的社会影响和市场价位。

在我国，画廊与艺术家之间有代理、代销或寄售和买断等多种合作方式。一般来说，画廊的经营者直接就是艺术家的亲属或学生，或者代理制画廊与艺术家建立起良好的私人相互信任关系，因而他们之间的交易和合作一般依靠口头式"君子协定"而不需要签署正式协议，具有人格化市场的特征。

人格化交易是建立在人与人之间相互熟悉和了解基础上的交易。在这种交易形式中，当事人之间拥有对方的完全信息，交易经常重复进行，买和卖都几乎同时发生，彼此之间的利益依赖于稳定的伙伴式的人际关系。因此，这种交易行为不需要建立正式的制度规则来约束，主要约束形式有道德准则、价值观念等。而在这样的合作关系中，画廊与艺术家之间沟通起来比较容易，大家相互信任，交易成本相对较低。

但随着资本的介入和画廊代理规模的扩大，画廊经营者不得不面对完全不相识的艺术家或者艺术家作品的继承人，交易对象之间的选择范围扩大了，当事人之间不可能再完全了解，他们之间的信息是非对称的，交易重复发生的几率变小，交易过程中各种机会主义行为必然出现，这时候，仅凭相互的信任是不能解决问题的。由于不信任感随即增加，导致每一笔交易都要亲自监督，从而使得交易成本大大增加，严重时甚至无法交易。这样交易的非人格化特征显现，就必须依赖正式的制度规则或者代理协议来约束相互的交易行为，为此有必要推行代理制画廊和经纪人制度。代理制画廊和品牌与信誉机制能有效减少交易中的不确定性，降低监督和执行成本，从而大大减少交易费用。

画廊与收藏投资者的合作关系也沿着类似的轨迹发生转变。但画廊的规模小，经常性顾客群体也小，这时画廊与经常光顾的收藏与投资者可以建立起相互的信任关系，彼此相互了解，双方的信息基本对称，尤其是买家很容易比较全面地了解艺术家及其作品的信息，信息的搜寻成本较小。同时由于相互信任，一旦遇到合适的作品，成交也比较容易，交易成本相对较低，因为他们之间不需要签订什么正式协议来保证画品的质量和协约的履行。而随着画廊的增多、画廊规模的扩大，画廊不可能和每个收藏或投资者建立比较私人化的关系，他们之间的交易也很可能是一次性的，这时画廊更多地依靠其品牌和信誉来维持自己的形象和顾客群体，而维护品牌和信誉也是需要大量的广告和服务上的投入。同时画廊与收藏或投资者之间，尤其是买家对画廊要进行长时间的考察，一旦成交，他们之间需要签订正式协议，而协议中也要规定好日后一旦违约或者发现赝品之后的赔偿与诉讼安排等，这样无形中也增加了买家的信息搜寻成本和相互间的协议执行与监督成本。

（三）拍卖行的交易费用问题

艺术品拍卖市场是个相对公开透明的市场，拍品的征集、预展、竞拍过程和价格公布等都表现出相当的透明性。加上拍卖行处于艺术品市场的高端，参加拍卖的通常是稀缺性、市场价值高、有再次投资可能的高端艺术品，竞买人一般也都是财力雄厚的买家，许多都是收藏界和实业界的巨贾，身家高达上千亿美元。加上拍卖现场只有竞买没有竞卖，许多人为购买同一件商品而不惜抬高价格，这种价格上的竞争，是买家之间的竞争，一个卖家对多个买家，只有竞买没有竞卖，是一种物以稀为贵的机制，价值和价格发现机制比较健全，所以拍卖的价格一般要比画廊或其他交易场所要高。

拍卖市场上艺术品的资产专用性不很强，拍品的高端和稀缺性以及竞买人的高端收入人群特点都决定了拍品的流动性和变现性比较强。在艺术品市场中，流动性可以用拍卖中卖出的作品数量占总计划拍卖的作品数量的比值来衡量，而梅摩艺术品指数研究说明，该数值一般为70%—80%，繁荣时期，该数值可能达到90%以上。[①]

艺术品拍卖市场又是个信息不完全市场。拍卖中赝品盛行。有一份抽样统计表明，目前中国拍卖的艺术品中有三分之一是赝品。由于赝品一旦拍出就能够获得不菲的利润，拍卖行将造假售假作为一项系统工程，有时赝品伪造程度之高足以让顶级鉴定师走眼，直接冲击了艺术品市场的运行。受经济利益的诱惑，部分拍卖公司置法律于不顾，与拍卖委托人相互勾结，知假卖

---

① 西沐：《中国艺术品市场年度研究报告（2008）》，北京：中国书店2009年版，第100页。

假，使得赝品能大行其道，最终由艺术品中的"黑户"一跃而为"名门贵族"，而拍卖行因此也成为赝品的"合法"销售基地。尽管各拍卖公司都有鉴定专家，但由于其与拍卖公司利益相关的性质，所以业内许多人怀疑他们的公正性。即使偶尔拍卖公司也聘请国内知名的鉴定专家，由于人情世故或是利益关系的原因，这些被请来的专家也常常给出有失公正的结论。这些都无疑增加了竞买人的机会成本。

市场的不完全信息和拍卖市场上天价频传，进一步引发了人们的机会主义和投机意识，加上拍卖现场的炒作和冲动意识，拍卖商、收藏与投资者也是为市场利益而趋之若鹜，引发羊群效应，使得拍卖市场成为市场泡沫的滋生地，从而总体上提高了收藏和投资者的机会成本。

艺术品拍卖市场外围的不确定性因素较多。拍卖的行情等无论对于宏观的还是微观形势变化的反应都很敏感。从宏观看，国内外总体的经济形势、货币的流动性和市场上游资的富裕性、人民币的升值与贬值、房地产和股票市场的形式等都会影响着当前中国艺术品拍卖市场的走势。从微观角度看，艺术品的名气、艺术品身份的真伪优劣、收藏投资者可支配收入的变化以及收藏趣味的变化、拍卖会的现场气氛、拍卖行经营策略和方针等都会对艺术品拍卖市场产生影响。

中国拍卖市场中买家中拍不付款的现象时有发生，而有时拍卖行宁可垫付也不敢催账。按照国内的惯例，拍卖公司在拍前为了防范"买家不付款"现象的发生，应该收取相应的保证金。但真正能向所有买家收取保证金的拍卖公司并不多见，许多情况下买家的竞买资格是通过拍卖公司负责人签字授权获得。负责人之所以会允许这么做，原因就在于藏家通常既是"买家"又是"卖家"，拍卖公司既要靠他们来购买艺术品，日后还要向他们征集拍品。拍卖行与卖家和买家的关系是船与水的关系，人情起到了很大作用，出于对买家和卖家长期积累的信任关系，都不能得罪。拍卖会后的一项重要工作可能是"立即开始准备催款及征集工作"，但总有买家明确表示目前不能提货，原因是"没钱"。买家这一做法的原因：一是可以减少流动资金，二是为了避免拍卖公司下次不收货，他们更愿意"寄存"，并直接等待二次上拍，直接拿到利润，好比"空手套白狼"。而拍卖公司为了维护与某些重要客户的长远关系，不得不违心地允许买家如此的做法。这也无疑增加了拍卖公司的运行成本。

在多数情况下，客户与拍卖公司之间的关系还是非人格化的交易关系。而在非人格化交易形式中，拍卖公司与其合作的画廊和收藏与投资者之间需要签署正式的合同。同时，大的拍卖行消除了艺术品市场"走眼"后不退款、不退货等艺术品市场特有的隐性契约现象，纵使有"瑕疵免责"条款的保护，投资者一旦发现拍品为赝品，多数情况下都会追究拍卖行，当然这个过程通常也是漫长的，需要双方都付出很多的努力和成本。很多情况下，由于双方无法自行解决，又不得不诉诸法院或其他渠道。这些都进一步增加了买卖双方的交易成本。

艺术品拍卖中，卖方和买方都需要向拍卖行支付佣金，两者加起来可能达到成交价的25%，当然对于经常合作的买家，拍卖行也可以酌情减收佣金。卖方还要承担相应的储藏、鉴定、保险、运输等成本，成交后还要缴纳收入所得税等。所以交易费用的相对高昂也从另从一个角度限制了交易的频率。

不过，艺术拍卖市场终归是个开放的拍卖市场。艺术品拍卖采取公开叫价机制，供求双方直接相互作用以决定价格，除非拍卖过程中没有达到保留价，二级市场相对容易出清，市场效率较高。近年来，随着艺术品市场的国际流通性的增长和日益全球化，艺术品拍卖业变得日益国际化，成交率不断增加；越来越多的艺术媒体、出版目录、价格指数时间序列给买方和卖方提供了更多的信息，艺术品信息更加灵通；参与人群和拍卖资产池的扩大以及艺术品投资中可以不断利用的金融资本，会将艺术品拍卖市场推向更深更广，从而使得艺术品拍卖变得更加有效率，交易成本也会随之降低。

（四）网络交易与拍卖的交易费用

通过网上交易，收藏者可以不受时间和空间的限制，随时随地在网上进行收藏品交易。此外，网上交易方式还可以大大减少收藏品交易的中间环节，节省艺术品信息发布、流通等环节的费用。在线拍卖艺术品日益为艺术品收藏者所青睐。与传统的现场拍卖相比，在线拍卖更为便捷，交易方式更加多元，竞拍者可以有时间进行冷静地判断和决策，价格的形成更加理性。总体来说，与传统的销售平台和渠道相比，网络拍卖和销售的交易成本要降低很多。

然而，国内外市场诚信和成熟度的差异导致艺术品电子商务运营模式与成本有所差异。国内外艺术品的购买观念基本没多大差异。但在实际运营模式上，国内外的网络艺术品拍卖和交易却有着明显的不同：国外市场的诚信度较高，艺术市场相对成熟，艺术品交易网站一般倾向于采用基于诚信的松散合作模式，网站仅仅作为第三方交易平台为交易双方提供供求信息，用以沟通买卖双方，减少双方信息的不对称状态，并不做实物的库存和交易，这种模式能充分发挥互联网带来的虚拟协同性，有效提高交易效率和运营成本。如 picassomio.com 声称旗下有 5000 名艺术家和设计师，采用松散的艺术经纪人合作模式；artnet.com 在线拍卖交割也是由买卖双方独立完成，而无需网站的深度介入。而在国内市场上，这种基于诚信的松散合作模式并不常见，如：网艺网需要花大力气开发与维护与艺术家的合作；嘉德在线和赵涌在线为保证拍品质量和防止卖家一货卖两家现象，保留了作品的实体库存，要求所有网站拍卖和交易的物品都要进入网站仓库并由网站统一拍照、鉴定和估价。嘉德在线总裁陆昂之女士在接受采访时表示："互联网企业或电子商务企业与传统行业，在成本方面只是存在结构的不同，不会有本质的区别。所以，所谓互联网企业的成本就一定低于传统行业的想法，也是我们的一厢情愿或者是误区。"① 理论上互联网这一低成本运营模式却在国内的实践中大打折扣。

因为需要专门的艺术素养和综合素质，即使在现场亲自上手鉴定和识别艺术品也不是很容易。那么，网络交易或拍卖中，人们面对的不再是看得见、摸得着、实实在在的艺术品，即使有专家帮助，仅凭图片的鉴定误差可想而知。同时网上拍卖中竞买人的身份很难确定，对是否有委托人参与网上竞拍和操纵拍品价格的情况，也难以断定。在现实中的传统拍卖企业模棱两可的瑕疵免责条款问题还无法得到根本解决的情况下，网络的虚拟特点和更多的不确定性无疑也让某些不负责任的委托人和拍卖公司为自己开脱责任找到了充足的空间。在传统的拍卖行业自身尚存在法律与政策等各种风险的情况下，网络在线拍卖的虚拟特点和众多不确定性，使得艺术品拍卖尤其是中高价位的艺术品在线拍卖难以获得收藏和投资者的信任。

网络交易或拍卖是易于产生和引发机会主义和投机行为的土壤，竞买人之间、竞买人与拍卖人之间恶意串通事件发生的可能性也很大。国外一般通过银行的信用记录对客户进行审核。而国内由于信用体系不够健全，只能通过收保证金来规避风险，其防范作用有限，而且增加了双方的交易成本。

目前国内外艺术品在线拍卖仍以中低端艺术品为主，通常为价值区间大致在几百元至几千元的之间用于消费而非投资层次的艺术品，在网上拍卖成交中高档物品的几率比较小。由于这一类的艺术品多是消费类物品，很少具有再次出售和投资的价值，所以一般来说艺术品在线交易和拍卖的资产专用性较强。相应地，艺术品网络重复交易的几率也很小。

（五）艺术投资基金的交易费用

艺术投资基金将众多投资者的资金集中起来，并且通过不同的艺术品投

---

① 邓君华：《艺术市场迎来扁平化时代》，《画廊》2009 年第 9 期。

资组合，能够相对有效地控制风险和增加收益；与分散的普通投资者不同，投资者通常是高端收入人群或机构，投资门槛相对较高，避免了融资渠道过于分散。而且富裕的投资人往往具备较高的风险承担能力，短期内撤离资金的可能性较小。这些都可以有效降低基金的管理成本。

艺术品投资基金的管理人员一般有三种来源：第一类是金融机构的专业投资顾问，他们没有多少艺术领域的知识背景，但一般曾有过管理信托基金、公共抚恤金或个人资产的经验。第二类是曾经营过商业画廊或在拍卖行担任过高级职位因而有着一定艺术商业背景的人士；他们与艺术学者、策展人、收藏家和艺术家甚至金融界等都有着广泛接触，熟悉和掌握艺术品的营销渠道。第三类是艺术评论和鉴定方面的专家，熟知艺术的真伪鉴定并对艺术投资组合的学术价值进行评估。由这样一批专家组合对艺术品投资基金进行机构化投资与管理，有别于"散户"投资行为，其独立的研究成果和专业的运作模式使艺术基金更多地具有一种"机构"投资的理性，能够在适当的时机以合适的价位进行艺术品的投资，可以大大降低非艺术人士在艺术品投资中因为艺术修养的不足、或艺术界人士因市场和管理经验不足而引起的信息不对称，有利于保障投资的准确度和收益值，一定程度上避免了因选择失误带来的损失和增加的成本。艺术品基金由于其大数额的资金和批量运作的模式，使得基金运作者有着较强的议价能力，通常会比个人藏家更容易拿到较市场低一些的价格，因此能降低运营成本，所以艺术品投资基金也就成为初尝艺术品投资领域投资者的首选。正是上述因素，促使了艺术品市场中的机构力量正逐步赶超个体投资行为，艺术品投资基金如雨后春笋般出现。

投资基金一般分为公募和私募两种形式。与普通的金融理财产品相比，艺术品投资基金有着极大的特殊性。首先，艺术品不是有价证券，其市场价格并没有明确具体的判定标准。其次，艺术品投资的门槛较高，一般以几十万甚至几百万元人民币。除了像民生银行发行的理财产品，市面上的其他艺术投资基金多是私募基金。私募基金一般通过非公开方式募集资金，信息披露要求不高，政府监管也相对宽松，因此私募基金的投资空间比较大，运作机制灵活，也更具隐蔽性，获得高收益回报的机会相对较大。基金的管理者的佣金收入通常包括很低的固定管理费和基金收益的按比（国际市场上通常是在 1.5%—5% 之间）提成，因而这种基金对于管理者有着较好的激励性。同时基金管理人也会以自有的资金进行投资，从而管理人和投资者之间形成利益捆绑、风险共担、收益共享的机制。基金所投资的艺术品本身的升值是艺术品投资基金获利的最重要来源，同时将藏品租借给博物馆展览或自行举办展览也可以获取部分收益。

目前艺术品投资家基金的退出机制主要通过拍卖行或协议退出。其中前者是较好的一种退出和变现机制。拍卖行信息的公开性、艺术品在拍卖市场上的天然流通性、拍卖行本身的信誉和投资、鉴定、保管等方面的鉴定服务等，都可以为艺术品投资基金中标的物的退市提供有力的保障。这样一来，艺术品投资基金的艺术品，由于通过拍卖行变现相对容易，其资产专用性也就不这么强了。

随着关于艺术市场的越来越多的指数和数据的出现，原先不透明的市场现在变得越来越容易进入了。艺术基金为投资者提供了间接投资艺术市场的机会，对艺术市场的间接投资虽然导致持有艺术品特有的美学享受的丧失，但是投资者可以在专家的帮助下汇集资源而获取经济回报并从多元投资组合中受益。目前国内艺术投资基金市场尚处于起步阶段，可供选择的基金较少，而且这些基金只面向那些高收入群体的投资者，因此进入门槛仍然很高。随着市场规模的进一步扩大和基金数量的增加，基金的门槛应该逐渐降低，普通投资者也许就可以参与其中了。

（六）文交所艺术品份额化的交易费用分析

艺术品份额化交易的模式就是把单件艺术品分割成等额股份，由投资人认购，份额可在交易所买卖。其模式类似股票市场，等于把企业的股票买卖模式植入艺术品行业。它对投资者的意义在于，份额化交易降低了投资者的专业门槛，将原本专业、小众化的收藏和投资市场变成金融化、大众化的投资市场。

艺术品份额交易很好地解决了艺术品的流动性低和交易频率低的问题。在交易制度上，天津文化艺术品交易所采用"T+0"交易制度，当天买进当天就可以卖出，艺术品份额交易的竞价方式采用集合竞价和连续竞价。上海、深圳证券交易所采取的"T+1"模式，即买进第二天就可以卖出。然而，由于中国艺术品份额交易的整体盘子很小，门槛低，过多人的参与和频繁交易又引发市场的流动性太大的问题，导致市场频繁起落升跌。"中国证券市场的早期，实际上也曾经存在过同样的问题。当时很多上市公司的会计报表普遍地具有不按照国际会计准则来执行的情况，因此财务数据的披露不够充分，市场上有很多庄家，股价经常大起大落。这实际上也是由于市场容量过小而产生的问题。"①

相比画廊和拍卖行，艺术品份额交易的佣金很低。艺术品交易所也像在股票交易所一样对投资人收取佣金。再以天津文交所为例，天津文交所对买卖双方均收取佣金，实行双向佣金模式。佣金费率采用费率等级制度与累计交易金额相对应的原则。交易佣金共分 20 个等级，每个佣金等级对应着相应的累计交易金额。目前佣金费率在万分之一到千分之二之间，单笔交易佣金费用不够一元的按一元计收。

艺术品份额交易像股票市场一样，完全没有了人格化交易的特征，因此正式制度和规则的设立尤为重要。但由于处于初创时期，政府对于交易的规则制定和监管权属认识模糊，而文交所既是佣金等的收费者又是规则的制定者，交易规则随交易形势也一变再变，造成了市场规则的不透明。

---

① 梅建平：《艺术品资产化的巨大中国空间》，《上海证券报》2011 年 4 月 8 日。

另外由于艺术品定价主观性比较强，不受总体经济形势和行业基本面的约束，因此其份额交易容易被利益群体"做局"。不少文交所借用了国际拍卖制度惯例，并声称拥有自己的鉴定和评估队伍，但艺术品鉴定和估值的难以确定性，加上文交所不公开艺术品持有者和价格评估者的身份，所以极易带来利益输送和洗钱等问题，由此更增加了这一市场信息的不完全性。

由于市场门槛低，这个市场上有很多的参与者，信息可以很自由地获取。在这些市场中，投资者将面临近乎零交易、搜寻和信息成本，而对于新来的信息的含义有着同质化的期待。

信达证券研究开发中心副总经理刘景德表示："不同于股票市场上有市盈率、每股净利润等专业指标作为参照来评定股票价值，艺术品分拆后的价值缺乏衡量的统一标准。投资者凭感觉进场，能挣就挣，其在交易过程中表现出来的升值，很容易泡沫化，'击鼓传花'的结果很可能是多数中小投资者损失惨重。"[1]

正如股票市场一样，艺术品份额交易大大引发了人们的机会主义和投机意识，击鼓传花和博傻游戏在这儿发挥得可谓淋漓尽致。再以天津文交所首批推出的天津山水画家白庚延的《黄河咆哮》和《燕塞秋》两个资产包为例，从 2011 年 1 月 26 日上市到 3 月 16 日涨停，仅仅 30 个工作日，这两个资产包的市值已经由上市之初的 600 万元和 600 万元炒作到 1.1 亿和 9500 万元人民币。而到 4 月 22 日，"黄河咆哮"和"燕塞秋"价格分别为 10.98 元 / 份、10.93 元 / 份，成交量从 2 月 24 日的 65180 手和 58267 手，下跌至只有 13 手和 12 手。交易金额更是从 1.11 亿元和 9822 万元，双双狂跌至仅 1 万元，不到 1 个月的时间，市值蒸发近 2 亿。[2]

由于市场的投机和炒作严重，艺术品份额交易受政策变动的不确定性影

---

① 张玉梅、温源：《艺术品证券化能带来什么？是创新还是陷阱》，《光明日报》2011 年 3 月 30 日。

② 钟正：《炒作艺术品证券化"击鼓传花"到何时》，中国证券报·中证网，2011 年 4 月 22 日。

响最大。如当国务院于 2011 年 11 月 11 日发布《关于清理整顿各类交易场所切实防范金融风险的决定》（国发〔2011〕38 号）后，各大文交所的行情直线下跌：11 月 21 日，北京汉唐文交所停牌；11 月 22 日，天津文交所 16 个份额产品全部下跌，跌幅从 1%—10%不等，另外 4 个份额为零成交量；泰山文交所 3 个份额全部下跌，且均为抛盘，最大跌幅已近 10%的日跌幅极限。

市场规则的不确定、人们的有限理性和机会主义倾向，政策的不稳定等因素，都增加了艺术品份额交易投资者的投资风险和交易成本。

第八章　艺术品交易制度的作用与目标

艺术品市场不是市场各要素的简单叠加，这一市场的艺术家、中介经营结构、评论和鉴定专家、收藏或投资者等各种要素，构成一个彼此联结错综复杂的关系网络。可以说，艺术品市场各要素之间是牵一发而动全身的关系。任何一项单独的政策或制度，都不足以改变艺术品交易的现状和效率。因此，为了全面解决我国艺术品市场存在的问题，有必要制定一套完善的艺术品交易制度体系。

一、制度的作用与目标

在新制度经济学看来，制度是指有约束力的规则体系，这些规则可以是正式的法律法规，也可以是非正式的风俗习惯、道德伦理。新制度经济学家诺斯认为，制度包括正式规则、非正式规则及二者的实施特征。正式规则指的是约束人们行为关系的有意识的契约安排，包括政治规则、经济规则和一般性契约，包括从宪法到成文法和不成文法，到特殊的规则，最后到个别契约等这样一系列的人们有意识创设的行为规则。

非正式约束指人们在长期交往中无意识形成的、从未被人有意识地设计过的规则，包括价值信念、道德观念、风俗习性、意识形态等，它们在正式规则没有"定义"的地方起着约束人们行为关系的作用。

正式规则与非正式规则的实施特征，也是制度的重要组成部分。制度可以由政府、法庭等专门机构作为第三方，通过法律等手段来实施，也可以由交易的对方，通过报复、威胁等手段来实施；另外也可以由经济主体自己，通过自律行为来实施。得不到实施的规则是没有约束力的，也不构成制度；同样的规则因其实施力度不同，也会形成不同的制度。

一般说来，制度在现实经济活动中发挥着激励和约束作用，制度的作用从静态上看体现为维系复杂的经济系统的运转；而从动态上则体现为推动经济增长和加快经济发展。在新制度经济学看来，制度的作用是在信息不完全的条件下，通过限制有限理性和机会主义行为，保证现实经济活动能够有效率地运行。

二、艺术品市场交易制度的作用与目标

随着中国经济的高速发展，艺术品市场日益繁荣，出于投资或鉴赏等目的，人们对艺术品的需求量越来越大。艺术品市场是个复杂、充满变数的市场，不确定性和信息的不对称贯穿市场的各个环节。作为艺术生产者和资源的基本提供者，艺术家的行为本身就存在着机会主义及道德风险的问题；艺术作品的价值判定中，主观成分比其他任何市场都要明显，评价和鉴定结论难于统一；艺术品是一种特殊的商品，其自身价值高，增值空间大，又由于制假容易、鉴别困难、中国的现行法规对制假贩假的惩罚力度低和市场不规范等原因，古玩市场、画廊及拍卖行中假伪艺术品泛滥成灾，鱼目混珠、真假难辨；交易成本高；评价体系中独立学术批评的失语和市场导向，收藏、投资者的盲目入市和机会主义行为等。这种局面，导致中国艺术品市场的销售渠道不畅，交易不透明，严重制约着艺术品市场的发展规模和效率。

针对市场失灵现象，需要政府发挥作用，政府要为市场竞争营造公平、

公正、公开、透明、有序的环境，通过一定的市场准入、限制、规制来保护市场的多样性存在，而不是助长和纵容"丛林规则"的滋生与蔓延。对市场参与各方进行规范和约束，保证激励市场参与各方的分工协作和正当有序竞争，规范艺术品交易行为；逐步杜绝艺术品的制假贩假；减少艺术品交易中的经济摩擦和运行成本；提高艺术品商品的流动性；增加市场各交易环节信息的公开性和透明性；保证艺术品市场交易的效率与公平，促进艺术产业的繁荣。

第九章 构建艺术品市场交易制度体系

　　艺术品交易涉及艺术品、艺术家、评论家、艺术中介、政策法律、市场支撑等诸多方面，因此，要在中国构建一套严密的艺术品市场交易制度体系，需要综合考虑观念、法律法规、机构等各方面的内容。笔者认为，这一体系中应包括更新的观念、健全的法律法规、配套的政策、相应的机构安排、畅通的流通运营体系、市场主体的培育和强化以及艺术知识和素养的全面普及等要素。这一体系的构建，有利于我国艺术品市场形成公平规范的交易机制，杜绝市场参与者的机会主义行为和倾向，减少市场中的经济摩擦和运行成本，壮大和培育市场竞争主体，从而使得我国艺术品市场健康持续的发展，增强我国艺术产业国际竞争力和话语权。

一、观念与意识的更新

　　我国市场经济实践起步晚，尤其在艺术市场经济方面，缺乏必要的理论研究。很有必要吸取和借鉴西方艺术产业化经营的成熟理念，结合中国艺术品收藏与投资和法制的实践，树立起现代商业意识和法制意识的观念。

（一）协作的理念

亚当·斯密曾把分工粗的社会称为"未分化社会"，而把分工细的社会称为"进步社会"。他认为，社会分工的发生将使得生产活动的专业化程度得以提高，专业化程度的提高使企业的生产效率提高，利润增加，从而使企业的规模扩大，产生规模经济，这是现代产业发展的一个基本条件。

目前，国内的艺术品市场仍处在劳动分工不明显、专业化程度不高的低级经济形态中。其中重要的一点就是市场参与主体分工协作的意识不强。画廊代理制不够发达或不被认可，许多画家越过中介环节，直接将私下作品交易给收藏或投资者；画廊定位不明晰、力量薄弱；博览会中参展主体鱼龙混杂；拍卖会中赝品次品盛行，精品意识不强，在角色上与画廊多有重叠，操作不规范；经纪人的角色不被接受，进入门槛低，总体素质不高，队伍不够发达。这与国际市场上代理制画廊为市场基础性主体、拍卖会和博览会作为市场高端、艺术家通过经纪人或画廊等进入市场的规范运作体系相去甚远。

随着我国艺术品经济中资本的介入和专业分工的进一步发展，专业化程度越来越高，艺术品市场的各个环节中市场信息分布越来越不对称，市场体制最终导致艺术生产与艺术消费的分离。这就需要艺术市场体系的各个构成主体必须严格遵循现代产业发展的规则，在艺术品市场中严格推行画廊代理制和经纪人制度，拍卖行保持自己的市场高端和二级市场地位，形成有序分工协作的产业发展链，真正促进艺术品产业的健康发展。

（二）现代市场的运营理念

随着改革开放的深入，市场经济观念逐步深入人心，尤其是普通商品生产和流通领域，现代市场营销理论得到广泛的运用和发展，多数企业都能够娴熟地运用市场营销技巧，主动参与到世界经济的竞争中。然而，我国现有的艺术品经营者，虽然大多有着一定的文化艺术背景和修养，但常常满足于家族式、小作坊式的管理和发展模式，缺乏现代企业经营和管理的素质和视野，认识不到资本运营对自身企业发展的重要性，更不懂得如何运营。市场中介注重短期炒作，缺乏长远的经营眼光和可持续发展策略。艺术品虽然有着独有的特点和属性，但它一旦进入市场，就必须遵循市场经济的运行规则和策略。艺术品经营企业应尽快树立现代市场经营理念，熟练运用现代市场营销技巧和策略，才能在市场经济中立于不败之地。

（三）品牌与信誉意识

品牌是一种典型的市场信号传递机制。高质量产品的销售商通过向消费者提供一系列保证，如防伪标签、信誉、广告等向消费者发送产品质量信号，这是一种投入成本较高但长期回报十分丰厚的信号传递方式。企业要使自己的产品长期保持竞争优势，不被劣质品生产者挤出市场，建立自己的优质品牌是一种有效途径，消费者能够依据品牌很容易地识别自己的产品。例如，格力电器、麦当劳等品牌本身就传递了产品是优质品的信息，将自身与劣质品分离出来。由于市场产品质量的持续离散，且消费者处于信息非对称的不利选择地位，消费者在非名牌产品和商家中搜寻高质量产品的成本通常是极高的。在这种环境下，消费者自然愿意购买高价格的名牌商品。除经济原因外，消费者购买名牌产品还可能有社会心理因素，如社会地位、经济实力的炫耀和显示等。在信息不完全和不对称的艺术品市场，经营者的品牌和信誉同样发挥着重要的作用。在艺术品拍卖领域，国际知名的佳士得和苏富比拍卖行，其品牌不仅代表着企业的信誉和消费者的信任，而其作为一种无形资产，具有巨大的潜在价值和增值效应。

但目前，除了极少数较有信誉的画廊和拍卖行外，我国多数艺术品经营者的品牌和信誉意识不强，多数画廊仍处于寄售店地位和进行低层次运作，拍卖行拍品规模不大，拍品低劣，而且还频频涉嫌拍假假拍等。这些不规范的经营方式，不可能造就这一产业的规模和品牌的更大发展，不可能在国际市场上培育良好的竞争力。同时，这种经营上的特点将可能加剧越来越严重的书画造假和作品低成本的高价位炒作，从而使这个原本就比较混乱的市场更加混乱。

市场机制是一个供需双方、市场各参与方经过长期交往建立起来的信用系统，信用体系的断层和破裂，只会中断市场正常的交换活动并破坏良好的市场秩序。良好信用体系的维系，从根本上还是要依靠经营者提供优良的服务和精致的产品，树立较好的信誉和鲜明的品牌形象，使得各市场参与方建立起良性互动、相互信任、互惠互利的合作关系。对艺术品市场来说，画廊和拍卖行良好的市场信誉和品牌是一种很好的信号显示机制，能够减少市场消费群体的信息搜寻成本，使得自己从众多的企业中脱颖而出，赢得艺术家、收藏与投资者的信任，保持自身长期的竞争优势。而任何制假贩假、以次充好等短期行为，既损坏艺术家、收藏与投资者及有关方的利益和信誉，又破坏艺术市场的正常秩序。经营者的品牌和信誉意识始终是保证艺术市场健康发展必要条件。

（四）法治的观念

传统的艺术品收藏中有着浓厚的人格化交易特征，如艺术品收藏者多是专业圈子的人，大家相互熟识，卖家和收藏者之间经常还是些关系密切的朋友，彼此之间很信任，而加上传统上艺术品把玩的特征以及本身鉴定的模糊性，因而在艺术品交易中形成了一种惯例性隐形契约，即交易者无论在交易中无论是获利或损失多大，只要自己当面认可了产品及其卖价就绝对不容反悔。一旦转手，买家一般不能反悔。甚至有收藏者认为，艺术品收藏不能打假，而收藏者正是在"走眼"和"捡漏"的轮转交替中发现和享受收藏的乐趣。这种人格化特征在传统的艺术品鉴定行业也表现得很明显。如前所述，启功先生就曾经总结出了鉴定中的"人情世故"，如皇威、挟贵、挟长、护短、尊贤、远害等人格化特征。

在传统的艺术品收藏活动中，收藏者多重视艺术品的精神和审美价值而相对漠视其经济价值或者再次转售获取投资收益，加上传统社会对于诚信道德及声誉的尊崇，艺术品行业的隐形契约和市场参与者法律意识的淡薄似乎没有产生什么根本性的影响。但在当下艺术品的经济价值备受追捧的形势下，许多艺术品行业的参与者，滥用本行业的惯例，肆意制假售假，或者在艺术批评和鉴定中人为地操纵结果以影响艺术品的市场价格，在艺术品投资商业活动中法律意识的缺乏与社会整体的法律秩序之间就表现出巨大的张力。一旦艺术品投资和鉴藏活动的一些惯例性做法出现与现行法律通则相冲突的情况，到底是适用艺术品行业的惯例性隐形契约还是依据现行法律来判定相关责任人的责任，政府和市场的参与者都会变得无所适从。艺术品行业中法律观念的淡薄和法律制度的缺失已经成为影响我国艺术品市场健康规模发展的严重羁绊。

同时，艺术品交易相关法律法规等方面也存在一些漏洞，以及有法不依、执法不严等问题，进一步助长了不讲信用、不遵守法律的风气。

为此，笔者认为，应当在政府有关方面的直接参与和主导下，建立艺术品交易的市场规范，完善艺术品交易相关法律法规，从法律上明确交易人以及其他市场参与者的行为以及应当承担的法律责任，同时加强宣传，要增强从业者的法制意识；要让艺术品交易各环节的参与者做到有法可依、有法必依。艺术家要学会依法保护自己的著作权不受侵犯，鉴定专家、评论家依法对艺术品作出中肯的判定，艺术品经营者要学会依法经营并自觉维护消费者的权益。与此同时，还要发挥新闻媒体、会计、审计、工商、税务等部门的监督管理作用，给各种失信行为以强大的舆论压力和经济制裁，让诚实守信的良好社会风尚发扬光大。监管部门要责任明确，避免多头管理。只有这样，中国艺术品市场才能进入一个有序发展通道、市场才会真正繁荣。

（五）树立正确的资本观

许多人对于资本介入艺术品收藏与投资不理解，认为资本介入这个市场意味着非理性炒作与投机。我们从世界经济发展史中可以看到，任何一个产业成长壮大都离不开与金融资本的紧密结合，艺术品也不例外。国外早在20世纪中期就出现了金融资本与艺术品收藏、投资的融合，这种结合体已经成为发达国家艺术品市场的主要推动力，银行界通过提供理财产品、艺术金融顾问、直接收藏艺术品等多种方式深度介入了艺术品投资和收藏领域。例如，德国银行在全球1500家分行中，有250家已公开收藏艺术品，目前该银行收藏品已超过1万件，比德国现代美术馆收藏还要多。无论是以艺术品投资基金的形式，还是银行发行艺术品理财产品或金融服务，资本参与艺术收藏与投资的一个重要特点就是机构收藏。机构收藏有两个特点，一是资金实力雄厚，比个人资本强大得多；二是他们的操盘手都是专业的艺术学者和专家，能够较好地保障投资的准确度和收益值。这两点决定了美国在60年代以后，商业资本推动了艺术产业走向真正的繁荣。

在国内的艺术品市场，正是由于部分实业资本和金融资本的介入，银行理财产品和艺术品投资基金逐步出现。近几年我国艺术品价位才得到逐步提升，行情逐步与国际接轨，并带动了普通民众对艺术品收藏与投资的广泛参与，中国艺术品市场才有了较大规模发展。但总体上说，国内艺术品收藏界对于资本的作用仍存在认识上的不足，认为资本的进入带有过度商业化倾向，会使艺术品市场受其左右，将艺术品的金融化与非理性炒作与投资及等同起来，从认识和观念上就不接受资本在艺术品市场发挥的作用。目前中国的艺术品投资、收藏活动是以个人为主，没有太多大机构、大藏家全面进入；买家以中国人为主，没有很多国外资金的注入。在个人收藏、投资者中，追求短期效应的人又占多数；少数金融机构、银行及外资涉猎艺术领域也主要是为了利用艺术品装饰工作环境。因此，以运营性为目的全方位介入艺术品市场的资本很少。加上我国艺术品市场投资中涉及一系列的问题，如艺术品鉴定和价值评估的难度、投资变现的渠道狭窄以及艺术品市场操作不规范化等一系列问题，更使得资本不敢贸然进入艺术品市场，从而阻碍着艺术品资本作用的发挥。

但无论如何，资本对于经济增长和市场发展的作用不可忽视。国内国外的资本市场发展进程中也曾历经曲折坎坷，资本市场上也一度盛行"庄家炒作"、"内幕交易"等不规范行为，但在人们的投资理念日益成熟、经营机构和投资者群体的素质不断提高的情况下，资本市场最终还是走上了价值发掘、价值投资的良性轨道。我们有理由相信，"资本市场在推动艺术品市场成长的同时也将会杠杆化地创造出规模巨大、生命力活跃的艺术品投资和收藏的创新和变革，从而最终推动艺术品市场的长期理性发展"。[1] 只有秉持这样的理念并从这样的高度去理解资本在艺术品市场发展中的作用，我们才能真正找到发展艺术品市场的正确道路。

二、艺术品市场相关法律

法律、法规是道德之外调整人与人关系的一种行为准绳，法律代表了公众的根本利益，具有制约性、规范性、调节性和强制性等功能和特征。在艺术品交易领域，运用法律手段能够有效保障和规范交易活动中的各种关系、保护交易各方的合法权益、制裁和防范侵害他人的行为。法律在艺术品交易领域的作用体现为：第一，保护艺术品交易者自身的正当与合法权益不容侵

---

① 杜大凯主编：《清华美术》卷8，北京：清华大学出版社2009年版，第79页。

害。任何艺术品交易行为无一例外都必须是在一定的法律法规约束之下的行为，艺术品市场的管理者，应运用法律的手段保护经营者、收藏与投资者、艺术家等各市场参与者的合法权益。第二，法律还保证和保障艺术品交易者和交易管理者在保护自身合法权益的同时，也不会侵害他人的合法权益。任何一方都要为自己恶意侵害别人的合法权益而承担相应的法律责任。第三，法律能规范和约束艺术品交易的运行秩序，能够使艺术品交易、鉴定、流通、收藏投资等各个环节有法可依。第四，在艺术品交易中，法律会保护依法从事交易的人和行为，并对各种违规行为形成强大的约束和威慑力。总之，在艺术品交易管理中，法律法规对于艺术品交易的顺利进行、维护各方的利益关系、建立良好的市场秩序起到强制性、规范性的保证和保障作用。

在当代中国艺术品市场机制尚不健全、信用缺失以及有关法律条款缺位的情况下，市场机制本身和国家的行政调控举措，都难以有效规范和制衡各种不法行为。而具有普遍性、规范性和强制性的法律才是市场规范的根本保障。因此，对中国艺术品交易进行专项立法显得意义重大。

从 20 世纪 90 年代开始，我国政府为了规范市场，加强监管，制定并颁布了一系列有关艺术品市场的管理条例和法律法规，主要有：文化部《关于加强国画展销、收售、出口管理试行办法的通知》（1979），国务院批转《文化部关于整顿国画收售混乱情况的报告》（1980），文化部《文化艺术品出国（境）和来华展览管理办法》（1990），文化部《关于加强引进艺术表演和艺术展览管理的意见》（1992），文化部、建设部《城市雕塑建设管理办法》（1993），文化部《关于加强美术市场管理工作的通知》（1993），文化部《关于加强美术品出厂管理工作的通知》（1993），文化部《文化艺术品出国和来华展览管理细则》（1993），文化部《美术品经营管理办法》（2004），海关总署《中华人民共和国海关对进口展览品监管办法》（1997），《文化部涉外文化艺术表演及展览规定》（1997），国务院《传统工艺美术保护条例》（1997），国务院《关于加强美术展览活动广告管理的通知》（1998），国务院《艺术档案管理办法》（2002），文化部《美术品经营管理办法（修订）》（2004）等。此外，还先后制定和颁发了《中华人民共和国著作权法》（1990）、《中华人民共和国拍卖法》（1996）、《拍卖监督管理暂行办法》（2001，国家工商行政管理局）、《中华人民共和国拍卖法（修订）》（2004）、《著作权集体管理条例》（2005）、商务部《拍卖管理办法》（2005）、国家标准委、商务部牵头中国拍卖行业协会起草、发布的《文物艺术品拍卖规程》（2009）、中国拍卖行业协会的《中国文物艺术品拍卖企业自律公约》（2011）、中拍协的《文物艺术品拍卖从业人员职业守则》以及《文物拍卖标的审定指导规范》（2014）、《中华人民共和国拍卖法》（2015 年版）、文化部《艺术品经营管理办法》（2016）等与艺术品交易相关法律政策。

然而，随着改革开放的不断深入和新形势的发展，面对艺术品交易中出现的日益复杂的新情况和新问题，原有的法律条文日益表现出效力不足和针对性不强等缺陷。许多法律条款粗糙、可操作性不强，已经不能适应新的发展形势，相关法律的自由裁度大和适用条款的不一致性，艺术品问题裁决中无法可依等现象屡见不鲜。不少有识之士也指出，中国艺术品市场出现混乱、无序的状态的根本原因在于法律制度建设的滞后。国家一直没有有关艺术品机构运营的经济政策出台，使中国艺术品市场处于任意发展、自生自灭的状态。近几年，由艺术品交易引发的官司越来越多，而法庭的判决能够让当事双方都满意的则很少，原因之一就是法律规章的可参照性和可操作性不强，导致艺术品交易司法实践的相对混乱。

中国艺术市场制度和法规的建立需要与艺术品市场发展的速度和现状保持一致，同时要兼顾当今整体的社会经济发展水平。建立一套能够符合艺术市场发展规律，能够维护这个特殊市场高效、稳定、健康的运行，保护艺术家、经营者、投资人以及社会公众等的合法利益的完整的法律体系，将是艺术市场繁荣发展的关键所在。为此我们需要在完善和修订现有法律的基础上，制定一套能够促进我国经济尤其是艺术品市场的法律法规。

（一）制定《全民信用法》

诚信机制的缺失是目前中国艺术品市场面临的一个十分突出的矛盾和问题，诚信危机成为制约中国艺术市场发展的瓶颈。艺术市场中出现的艺术家包装炒作、人为造市，画廊的制假贩假、拍卖机构的拍假和假拍，甚至评论和鉴定专家也受利益驱使而对艺术品给出虚假的结论等，这些都可以归因于艺术品市场诚信机制的缺失。目前信用制度的缺失已成为制约中国艺术市场发展的重要因素之一。诚信的市场氛围是成熟的市场机制的基本标志。

国务院的《征信业管理条例》（中华人民共和国国务院令第 631 号）已于 2013 年 1 月 21 日正式发布。该条例对征信机构的定位、权限、不良信息的保存年限等都做了规定。但征信体系似乎只限应用于信贷与信用卡使用等方面，使用范围有待扩展。同时，中共中央办公厅、国务院办公厅于 2016 年 9 月印发了《关于加快推进失信被执行人信用监督、警示和惩戒机制建设的意见》，提出信息共享和联合惩戒的原则，对失信被执行人参与从事特定行业或项目（如设立金融类公司、发行债券）、享受政府支持或补贴、某些职位的任职资格、某些行业的准入资格、某些荣誉和授信、从事特殊市场交易(不动产交易、国有资产交易，使用国有林地，使用草原等）进行了限制。但上述条例和意见仅是行政法规，其效力低于法律。因此建议国家着手起草《全民信用法》，将诚实守信提高到法律的高度，增强人们自己遵守信用的意识，减少社会经济活动中的"噪音"。完善法律法规建设已成为全民信用体系建设需要迫切解决的基础性工作。

美国的信用体系对我们有很好的借鉴价值：在美国，每个公民都有个社会安全号码（SSN），像开车违章等细小违规行为都可能影响到个人的信用记录，可以说信用体系无处不在。

信用是社会经济活动的润滑剂和稳定剂。提高人们的信用意识，大力普及信用文化，营造诚实守信的社会文化环境和舆论氛围，能有效防范风险，减少投机行为，降低社会运行成本，大大提高社会经济活动的运行效率。

艺术品市场征信体系建设涉及社会各方面信用信息数据的收集、公开、使用、披露个人隐私、商业秘密和国家机密的保护，对于违反信用行为的处罚也离不开法律的支持。为此在艺术品市场征信体系建设之初，就应制定相关法律法规对征信活动进行规范，完善有关征信问题的处理细则，制定配套的实施方法。

信用体系是超出艺术品交易、针对全社会的系统性工程。艺术品在全社会的份额很小，而且信用系统涉及社会生活的方方面面，国家不可能单独为艺术品交易建立征信系统。如果人们之间的相互信任在社会中占据主流，则市场运行中合约的达成、实施和监督成本就会非常低，经济交往中的社会摩擦就会减少，从而降低社会的运行成本和管理费用。在当前社会信用缺失、投机行为盛行的情况下，通过一部全民信用法有助于从法律上树立人们的信用观念，规范信用行为。可以考虑在银行信用系统的基础上，参照美国的SSN系统，建立全民性信用体系。从法律上明确征信主体的信用信息的采集、披露、发布和使用的具体法律规范性操作流程，确定行业标准和服务规范；做到所收集信用信息能够跨部门和行业资源共享，同时规定相应的信用奖惩机制，将信用的遵守与否与包含艺术品交易等的社会生活的各个方面关联起来，让守信者得到褒奖和激励，而失信者会由于信用的无所不在而遭遇重重压力。

（二）修订《拍卖法》有关条款

《拍卖法》（2015）只对涉及对拍卖活动的共性进行规范和约束，缺乏针对艺术品拍卖行业自身的特性的条款。《拍卖法》虽然对拍卖当事人的权利义务、法律责任、拍卖程序等方面都作出了比较原则的规定，使拍卖活动做到了有法可依，但《拍卖法》将艺术品和一般商品同样看待，忽略了艺术品拍卖的特殊属性。如第43条规定："拍卖人认为需要对拍卖标的进行鉴定的，可以进行鉴定。鉴定结论与委托拍卖合同载明的拍卖标的状况不相符的，拍卖人有权要求变更或者解除合同。"这里规定了一般商品中委托人和拍卖人之间就标的出现问题时拍卖人撤拍的权限问题，但艺术品是个特殊的商品，即使某件作品上署有艺术家的名字，但未必是艺术家本人的真品，这里就出现了艺术家是否有权撤拍有本人署名的作品的问题，这类问题在实践中就存在不少争议。如著名画家吴冠中曾在1994年就"《毛泽东肖像》假画案"向上海朵云轩、香港永成拍卖行要求撤拍，但屡遭拒绝，最后不得不诉诸法律，但由于法院在裁决上也没有很合适的法律，虽然最终法官判吴冠中胜诉，但此案长达3年的诉讼时间严重打击了画家的诉讼积极性。在随后的天津油画家安明阳等三人状告华辰拍卖公司《伟大的战略决策》假画案中，法院却认定被告无主观过错而驳回了原告的诉讼请求，判定被告不承担侵权责任。法律应对这类问题予以明确，其解决办法要么是要在《拍卖法》中加入关于艺术品拍卖的条款，要么在司法解释中予以明确。

另外，《拍卖法》第六十一条第二款规定："拍卖人、委托人在拍卖声明不能保证拍卖标的真伪或者品质的，不承担瑕疵担保责任"。这一条款的出发点是为了保护和扶持拍卖行业的正常运转和发展，而且鉴于艺术品信息极为不对称和不完全的特点，拍卖行对所拍艺术品无法承担全部的保真责任，此款是合理的，也符合国际惯例。但一些拍卖行滥用这一瑕疵免责条款的做法背离了这一条款的初衷，反而使得许多拍卖公司将免责条款当做其非法行为的保护伞。鉴于中国的国情，应当规范程序设计，将诸如此类的法律条款作出进一步细化规定：如应当明确拍卖行的谨慎鉴定拍品真实性的义务，如果确因拍卖行故意、重大过失或未尽合理职责而导致错将赝品按真品拍卖的行为，拍卖行应允许买主退还赝品，同时还要与买主一起承担拍卖款的连带返还责任，使拍卖法真正起到保护买卖双方正当权益的作用。

在2009年全国人大会议上，人大代表、北京画院王为政教授曾建议全国人大常委会组织有关人士，对现行《拍卖法》进行修改，删除与《著作权法》、《消费者权益保护法》等法律相抵触的内容，增加保护著作权人和消费者权益的条款，明令禁止拍卖活动中制假售假，违反者须承担法律责任；考虑到艺术品真伪鉴定的难度，在委托人和拍卖行事先并不知情的情况下由于判断失误而造成售假事实，证据确凿，则应向受害者赔偿损失，并有责任向司法机关举报制假者。

由商务部牵头起草并于 2010 年 7 月 1 日起开始正式实施的《文物艺术品拍卖规程》（以下简称《规程》）是中国内地文物艺术品拍卖市场的第一部行业标准。《规程》明确界定了对文物艺术品拍卖中的拍卖图录、委托竞投等重要术语并规定了拍卖活动应当遵守的基本原则。同时对于文物艺术品拍卖中拍卖标的的征集、鉴定与审核、保管、拍卖委托及拍卖图录的制作、拍卖会的实施、拍卖结算、争议解决途径、拍卖档案的管理等主要环节，都做出了详细的规定。《规程》为消费者认可拍卖公司的服务质量提供了基本的参照标准和条件，有助于文物艺术品拍卖公司的规范操作和规避法律风险。

但《规程》仅仅是个行业标准，不具备强制执行性。建议将《规程》的主要条款融入《拍卖法》的相关条款或作为附则，从法律的高度规范艺术品拍卖行为和程序，由此也可以达到细化《拍卖法》的相关条款和增强其对艺术品拍卖针对性的目的。

（三）制定《艺术品代理和经纪人法》

国家应该制定专门的艺术品经纪人、代理制方面的法律法规，从法律上确定艺术品经纪人、画廊和拍卖公司在市场上的行业界限、行为准则和法律责任，使交易各方和交易过程真正做到有法可依，违法必究；从法律上肯定画廊代理制和艺术品经纪人的核心对位，并对艺术品经纪人的等级、资质和管理权限等予以详细规定。积极宣传和引导，加强社会各界对艺术品代理制和艺术品经纪人的认识和理解，使得更多的人了解画廊、拍卖行的性质、优势等；从法律上强化画廊、拍卖行等中介机构的市场主体的地位。

（四）制定《艺术品鉴定评估法》

目前我国尚没有一部专门的法律来规范和监管艺术品的鉴定和评估。现行的法律法规，如文物保护法、拍卖法、国家文物鉴定委员会管理规定、职业技能鉴定规定等，也几乎没有专门涉及艺术品鉴定问题，对于鉴定专家的资质、鉴定程序、法律责任，也没有明确的法律责任。有专家认为，当前艺术品鉴定中的种种乱象和违规行为，根源在于法律规范的缺失。

鉴定专家关于艺术品真赝的结论，对于艺术品的价格和行情产生决定性的影响。在买卖双方信息不对称的前提下，收藏者要收藏或投资于某件艺术品，在很大程度上需要参考并决定于鉴定专家对艺术品鉴定的结果。在繁荣的艺术品市场环境下，为追逐高额利润，一些鉴定师有意把真迹说成是伪作、把伪作说成真迹的欺骗鉴定行为时有发生，并且在我国艺术品市场法律法规尚不完善的情况下，这种犯罪呈现上升趋势，严重损害了藏家的利益，直接危害了中国艺术品市场的良好秩序。直至目前，国家依然没有对艺术品鉴定进行专项立法，有关艺术品鉴定的法律法规仍是空白，仅依靠政府主管文化部门制定的规章和行业自律是远远不能满足对艺术品鉴定管理和执法需求的。

为此，建议国家通过《艺术品鉴定评估法》，将鉴定机构和鉴定师的资质等级、工作程序等纳入法制管理中，从法律程序上保证文物艺术品鉴定的公开、公正和透明。增强鉴定专家的法律意识，让鉴定专家、鉴定机构以及鉴定证书都要承担一定的法律责任，设立一定的法律问责机制和条款。

文化部党组成员、原国家文物局局长、现故宫博物院院长单霁翔早在2008 年就曾介绍说，国家将出台《民间收藏文物鉴定管理办法》，保护收藏者的合法权益。他表示，当前社会上大部分收藏者本身并不具有专业的鉴定知识，但目前我国文物鉴定缺乏准入制度，缺乏行业规范管理，国家文物局准备出台《民间收藏文物鉴定管理办法》。笔者认为，《民间收藏文物鉴定管理办法》的制定和实行对于推进文物鉴定准入制度的建立，对于民间文物鉴定的资格资质管理、规范鉴定程序和秩序必将产生重要影响。但令人遗憾的是，截至 2018 年初，这一办法仍没有能够出台。

三、艺术品市场相关政策配套

除了观念更新和法律的制定之外，政策机制的配套对于壮大市场主体、稳定和繁荣国内的艺术品市场将起着重要作用。目前政策问题依然是限制中国艺术品市场健康发展的瓶颈，国家一直没有出台明确的政策扶持艺术运营机构和鼓励艺术品收藏与投资活动，中国艺术品市场面临支持性政策的缺失。

（一）财政税收政策

目前，国家对于艺术品交易方面的支持主要体现在中央财政或地方财政出资的官方收藏。如故宫博物院曾以 1980 万元收购北宋张先《十咏图》、以 880 万元购买的明沈周《仿黄公望富春山居图》手卷和以 2200 万元购买的隋人索靖书《出师颂》手卷等；首都博物馆也曾以 880 万元购买的宋人《梅花诗意图》手卷，以 550 万元购买的郑燮《手书五经》册和 4620 万元购买的元鲜于枢《石鼓歌》手卷；上海博物馆曾以 450 万元美金购得常熟"翁氏藏书"其中包括古籍版本 80 种 542 册和 880 万元从中国嘉德公司购买的宋高宗的《养生论》手卷等。国家文物局凭借"国家优先购买权"以 554.4 万元购买的"陈独秀等致胡适信札"等。"国家优先购买权"是官方收藏的一种最新形式，即官方收藏机构对重要文物启用"国家优先购买"权，这在国家收藏机构如何进入市场、如何确定公允的定价机制等方面，都是一种探索。这类收藏者的行为属于终极收藏，他们购入的作品不可能再在市场上二次交易，同时比起民间的巨额资金来，国家的投入极其有限。

但是，仅仅依靠国家的财政拨款来维持其收藏和保护作为一国物质财富和精神财富的艺术品，既没有效率，也难以实现市场的全面繁荣。艺术品是国家和民族的重要精神产品，保护我们民族的艺术品，尤其是珍稀艺术品，是我们每个公民和机构的责任和义务。目前公立博物馆用于文物艺术品收购和维护的资金主要是国家财政自上而下调拨的。但有些文物艺术品，尤其是回流文物拍卖的价格一般都很高，博物馆难以拿出足够的经费来参拍所有的珍稀艺术品。目前有一批民营企业家有着很强的资金筹措能力，加上民营企业的灵活体制，他们有着参加竞拍文物艺术品浓厚兴趣和实力。但目前国家对于购买珍稀艺术品的优惠政策还不够明了，没有形成民间参与回收和保护珍贵艺术品的财政、金融、税收等激励机制，除了企业家个人喜好和投资等动机之外，国家相关的配套政策还没有调动起他们参与艺术品收藏的积极性。

在这方面，一些世界艺术大国的做法值得我们借鉴。在美国、瑞士等国，国民购买书画艺术品可享受减免税赋的待遇；加拿大鼓励收藏国内艺术家作品，若购买加拿大艺术家的作品，可作为个人财产减税 20%；欧洲许多国家还给予艺术品较低的加值营业税，例如瑞典的加值营业税为 25%，但艺术品则为 2%；英国和荷兰的加值营业税为 19%，艺术交易则为 6%，荷兰甚至利用政府贷款刺激艺术品的消费。法国的加值营业税为 19.6%，艺术品则只为 5.0%。

在艺术捐助免税方面，法国更是走在了前列。法国 2003 年修改通过的《艺术赞助法》中明确规定：企业参与公共艺术品赞助中总投资额的 60% 用于减免税收。企业购买流失海外或者进入法国境内 50 年以上的国家珍宝、珍贵文化财产中总投资额的 90% 可用以计算减免税收。《艺术赞助法》中对于基金会和个人的艺术赞助也有相应的税收减免规定：对基金会的艺术赞助，税收减免幅度在 15000—30000 欧元；对个人艺术赞助，可以减免个人所得税的 50%—60%。

自 2006 年开始，中国政府鼓励的文化企业自盈利之日起免征三年的企业所得税。政府鼓励的文化企业包括：艺术品的销售、文化艺术经济企业、文化艺术展览企业。这对于画廊等艺术品销售经营企业来说是一个重大的利好消息。原来的画廊是按零售业管理的，营业税和增值税都比较高。划入了文化企业，这两项税率相对降低，而且再免征三年的所得税，这既减轻了画廊发展的负担，同时增强了企业自我发展的后劲和抗风险的能力。根据2006 年国务院办公厅转发财政部、中宣部《关于进一步支持文化事业发展的若干经济政策》，今后社会力量通过国家批准成立的非营利性公益组织或国家机关对宣传文化事业进行公益性捐赠，经税务机关审核后，纳税人缴纳企业所得税时，在年度应纳税所得额 10% 以内的部分，可在计算应纳税所得额时予以扣除。纳税人缴纳个人所得税时，捐赠额未超过纳税人申报的应纳税所得额 30% 的部分，可从其应纳税所得额中扣除。这些法规在一定程度上推动了中国艺术品市场的发展，大批民营企业和个人开始进入艺术品收藏与投资领域。

与上述列举的西方发达国家相比，我国对于艺术产业和艺术捐赠税率减免的力度还不够大，恐怕还难以鼓励社会力量捐赠支持艺术产业的热情。为此，为鼓励企业或个人对艺术品市场的参与和对艺术捐助支持艺术的热情，建议修正《企业所得税法实施条例》（2007 年 12 月 6 日发布）第 86 条或第87 条和《个人所得税法实施条例》（2011 年 9 月修订）第 24 条中的相关规定，提高对艺术品捐赠所得税的扣减金额或比例。同时，在现行《中华人民共和国公益事业捐赠法》（2016 年版，第九届全国人民代表大会常务委员会第十次会议上通过）的基础上，制定关于珍稀艺术品捐赠的单行条例。

（二）金融政策

建议国家建立完善的、与艺术品市场发展相适应的艺术金融服务体系。艺术金融服务体系的设计和建立要充分反映艺术金融化的特殊性，有利于国家对艺术品市场的保护、支持、发展。可以考虑与国家经济发展战略及文化产业政策相结合。在建立权威鉴定和评估机构的基础上，将艺术品列入法定资产序列，这样，企业或个人可以凭艺术品获得抵押贷款，银行和其他金融机构应当在艺术品抵押贷款方面提供便利，提供更多的创新性艺术品金融理财产品和专业的艺术金融服务，为艺术品投资提供更正规的金融服务，提高投资者及机构资金营运的能力和需求；鼓励社会力量投资成立艺术金融机构，拓宽艺术品投资和流通渠道，积极发展艺术品保险事业，以增强艺术品的流动性和变现能力。还可以考虑参照证券市场的运行机制，建立艺术品交易的市场规范，即由政府建立全国统一的艺术品登记公司，成立专门的艺术品鉴定和艺术监督管理机构，同时通过参照国际惯例建立退赔制度、加快立法等举措保护收藏者利益，抑制伪作和炒作行为，维护市场秩序。

四、流通与运营体系

（一）中介机构服务的信号传递机制

一般来说，画廊、拍卖行等可以利用退货保证、品牌和信誉机制、信息披露等机制来显示其竞争优势，从而在信息严重不对称的艺术品市场中，减少市场参与者的信息搜寻成本、减少市场行为的不确定性，增加市场透明性，从而有效解决市场信息的不对称问题，提高市场交易效率。

退货保证。一般来说，真正高品质的艺术品和真品是不惧怕提供退货保证的，因为高档或真正有艺术价值的艺术品退换的概率非常小，而赝品和行画等的代理画廊和拍卖行不敢给出这样的保证和承诺，原因是这对他们来说成本太高了。根据现行的《拍卖法》，收藏或投资者在拍卖中购得艺术品，是不能退回的。但是，鉴于当前我国艺术品代理制度的不够完善、拍卖行在瑕疵担保方面的信用缺陷以及鉴定师的水平及职业操守问题，应考虑适时引入"退货机制"，以弥补艺术品市场诚信的缺失。艺术品拍卖的行业自律对于规范和改善拍卖业的形象也很重要。

品牌和信誉机制。品牌可以显示产品的质量，拥有自身品牌的企业为了长期的业务成长，往往会对自己的品牌进行精心规划，对其产品质量有规范的要求，从而给予顾客以心理上的安全感。作为中介机构的画廊和拍卖行，他们是靠信誉来生存的。信誉好的品牌画廊很容易得到知名的或有升值潜力的艺术家以及高档消费群体的信赖，从而能降低交易成本，也比较容易得到知名画家的代理权。所以画廊经营者要有艺术专业眼光，推行代理签约制，吸引知名艺术家加盟，树立品牌战略，让消费者放心。国家要做好艺术市场法规建设和政策引导工作，共同营造一个繁荣、健康的艺术市场生态。品牌级和信誉好的拍卖行能够很容易在世界各地征集到顶级的拍品，提供优质的鉴定和交易服务，与顶级的收藏和投资家建立稳固的收藏与投资的合作关系。目前中国艺术品拍卖市场资本聚合力空前，品牌意识与国际竞争能力迅速提升。中国的拍卖行近年来也逐渐成熟起来，开始走品牌化竞争路线，并越做越强。高价艺术品还将会高调亮相，并且数量会进一步增加。

信息披露机制。在各类艺术品交易平台中，拍卖行和文化艺术品交易所的信息披露相对比较完善，这也正是艺术品拍卖成为比较受欢迎并成为强势市场的原因之一。艺术品在拍卖前一般有至少两天的预展，准备参加竞买的人可以亲自参加预展，了解有关拍品的情况，鉴赏拍品，还可以请有关专家指点和鉴定；另外，举办拍卖会的整个过程也比较透明，人们可以从拍品的征集、预展和到拍卖会现场了解到许多真实透明的情况；竞价方式也是公开透明的；媒体通常会有拍卖会上艺术品及其艺术家的背景知识介绍以及公开的拍卖价格记录等信息的披露。

专业资格认证制度。许可证制度也可以减少质量的不确定性，从而缩小信息不对称的差距，规避逆向选择现象的发生。例如，医师许可证、律师许可证、理发师许可证等。大多数的技术性劳动者都持有某种可以显示其已经达到某一熟练程度的证明。同样，从另一角度来看，高中文凭、学士学位、博士学位甚至诺贝尔奖也承担着这种证明的作用。而在艺术品市场中，鉴定证书本该为收藏和投资者解决艺术品品质真赝优劣等不确定性问题，但由于目前鉴定的不严肃，一些鉴定专家和机构不顾自身的声誉，为了收费，为赝品出具真品鉴定证书，导致目前艺术品鉴定证书已经泛滥成灾、真假难辨，信誉度很低。为此，除了借鉴国外法律机制外，还应通过试点方式逐步建立权威机构，规范鉴定证书操作程序，建立对鉴定者的问责机制，要从法律上让鉴定证书以及出具鉴定证书的机构和专家承担相应的法律责任，重建社会公信。

（二）培育成熟的市场运营体系

画廊作为一种悠久的艺术市场主体形式，具有十分重要的功用意义。画廊是一级市场的主体，处于艺术品市场的主导和基础性地位，对于培育青年艺术画家、培育公共的艺术消费观念，对整个艺术品市场都有着重要的意义。画廊应在艺术品基础数据整理、鉴定和定位中发挥重要作用，并负责向二级市场推荐较高档次的艺术品。艺术品收藏和投资者可以依据画廊与画商提供的基础资料，对艺术作品的真实性及其价值产生信赖。拍卖会是二级市场，是在画廊层次经受考验、具备升值空间的艺术品在初次销售后再次进入市场进行投资的场所，属于艺术品的精品和高端市场。一、二级市场应各归其位，各自发挥应有的作用。但在中国的艺术品市场上，一、二级市场严重错位，拍卖行抢占了画廊的空间，画廊进行低层次运作，难于保全自己的市场主导地位而沦于市场的边缘。一级市场在艺术作品价值和真伪鉴定体系的缺位，也在一定程度上导致拍卖环节屡屡出现的假拍、拍假等纠纷。这就造成市场上无论是一级市场还是二级市场的主体无法以自己的身份地位发展壮大，各自为了短期利益挖对方的墙角，竞争无序的局面在恶性循环中愈演愈烈。

为此，要理顺中国艺术品市场中画廊与拍卖行之间的关系，恢复画廊应有的主体地位，推行代理制和经纪人制度。画廊一方面要对不同的艺术家进行研究、分析与筛选，并对其进行一定层次和力度的市场宣传与推广，另一方面还必须具有一定的文化消费意识，在力所能及的范围内收购或收藏、推广艺术家的作品，使他们有一个相对稳定的状态。画廊不应当满足于充当艺术家与收藏和投资者之间的桥梁，还应该承担一定的社会责任，在规范艺术品市场、鉴别艺术品真伪、提供优秀艺术品等方面发挥应有的作用。画廊既要具备良好的专业和学术眼光，对艺术家及其作品有透彻的了解，同时又要准确地把握市场动态和行情，充分了解收藏和投资者兴趣爱好并在一定程度上充当教育和培育消费者、普及艺术素养的作用。画廊应与艺术家建立起相互信任和长期的合作代理的关系。

比起拍卖行一般每年只举行次数有限的拍卖会，画廊属于常设性机构，能随时随地为艺术家和消费者服务，更有利于艺术品市场的平稳发展。画廊有其自身的优势，它本身拥有丰富的艺术家资源，还有这客户资源的优势。当代中国艺术品市场的发展应进一步将艺术品市场的基础向画廊归位。为此，政府应在培育市场运营主体方面发挥积极作用。首先是制订艺术品市场准入标准，提高市场准入门槛，严格权限审批。同时，对艺术品经营企业实行年检制度，并对相关企业的从业人员实行资质考核和认证制度，监督和鼓励他们提高素质，鼓励他们走专业化和规范化的路子，鼓励和提倡代理制。要引导画廊采取差异化战略，避免作品资源和经营战略雷同和千篇一律；提供财政税收等公共政策支持，鼓励各种社会资本参与画廊的经营和运作，拓宽其融资渠道，提高其资本和商业运营能力。采取有效措施如诚信和等级评比等鼓励画廊注重自身的品牌的信誉建设；鼓励他们提高自己的综合竞争力，扩大社会影响力。

从整体的艺术品拍卖市场结构看，中国的拍卖市场已渐趋成熟。根据2015年的拍卖数据看，我国艺术品拍卖公司成交额的前10名所占市场份额已经超过56%。下一步应进一步扶持和壮大拍卖公司，鼓励通过兼并、重组、注资等方式扩大企业的规模，鼓励他们采用差异化战略和规范化经营，让几家大的拍卖公司形成良性竞争的态势，提高我国拍卖业的整体水平，从而增强我国拍卖业在国际上的竞争能力。

艺术博览会同样属于一级市场的范畴。我国的艺术博览会尚处于发展的起步阶段，参展主体混乱，艺术家个人多于画廊或机构，作品质量不高，博览会成为一定意义上的中低档的艺术品交易市场。为此我们应注意到与国际市场的差距，鼓励团体并限制个人参展，要采取措施引导艺术博览会定位明确，逐渐形成自己的品牌，扩大自身的影响力，国际上取得更大的话语权，从而打破目前我国艺术家争相获得国外展会的价值认可的尴尬局面。

一个成熟的艺术市场，必须在各个层次上培育强大的市场主体。市场经营主体应与评论和鉴定机构、收藏与投资者等良性互动，每个市场参与者都各司其职，做好市场定位。一、二级市场相互配合和协调发展，才能有效促进中国艺术品市场的整体健康发展。

五、市场服务与支撑体系

（一）启动国家重大艺术品典籍和数据库编撰工程

《石渠宝岌》是我国历史上书画类工具书的集大成之作，是难能一见的珍贵书画依据。虽然《石渠宝岌》由于时代所限存在某些不足之处，但不影响其在书画领域极高的权威性。许多专家学者将《石渠宝笈》作为鉴定中国古代书画作品的重要辅助工具，具有重要的历史价值、文物价值、文献价值、版本价值和检索价值。另外，它对民族优秀艺术传承有序，对于市场规范运作，都有着异乎寻常的意义。

因此，建议国家借鉴《石渠宝笈》的做法，吸收国内外权威专家，借助现代手段，启动国家重大艺术品典籍和数据库编撰工程，选取具有重大历史和艺术价值的艺术家及其作品，建立权威的艺术品档案和数据库，为我们的艺术品市场提供重要的文献支撑。要建立艺术品的产权认证体系、保真体系，确保进入交易流程的艺术品产权明晰、能够追本溯源、真实可靠，只有真实可靠的作品是保证市场持续健康发展的基石。

（二）经纪人制度

艺术经纪制度是国际艺术品交易的惯例，国外的艺术家一般不私自参与市场交易，艺术品的交易活动都是通过经纪人或经纪商（画廊、艺术经营公司）完成，经纪人的出现是艺术产业分工细化的结果，经纪制度的建立和经纪人队伍的素质对于建立艺术市场健康的秩序起到重要作用。艺术品经纪人分为自然人资格的经纪人和像画廊、拍卖行等法人资格的经纪人。

目前我国艺术品市场经纪意识薄弱，队伍缺乏、在很大程度上影响着我国艺术市场的正常运行。为此我们要采取各种措施完善艺术市场经纪人制度，首先通过立法，肯定艺术市场经纪人的核心地位，增强艺术家分工协作的意识，推行画廊代理制，密切画廊和艺术家的联系，帮助建立二者的相互信任关系，使得能艺术家节省出时间和精力潜心创作，同时画廊也可以专心地开拓市场，增强自身实力和信誉意识。国家要加强艺术品经纪人资格和从业管理，提高进入门槛。通过组织全国性统一的艺术品代理制的资格考试和考核，全面提高自然人资格的经纪人素质。同时制定艺术品代理制管理的相关准则，以加强对画廊的考核与管理。

（三）艺术品信用体系

目前，我国艺术品征信体系存在的问题主要表现为：首先，我国目前还缺乏征信体系建设主体。征信体系通常由独立公平的第三方专业机构来建设。我国尚没有关于采集、披露、发布和使用艺术市场各环节主体信用的具体法律以及规范性操作流程，尚没有制定统一、具体的行业标准和服务规范，也没有明确建设诚信体系的主体以及统一管理全国艺术品市场的征信业务部门。其次，信用资源不能共享。不同地区、部门和行业的信用系统处于隔离的状态，各自为政，缺乏统一的规范和协调机制，相互之间的信用信息资源分布在各个部门和行业而不能共享和充分运用。再次，信用主体缺位。目前中国艺术品市场的经营者中，既有画廊、画店、艺术品经纪人、媒体，甚至艺术家本人及其亲属，经营主体处于一种无序、自由的发展状态，这就意味着，即使我们要建设诚信体系，但信用的主体不是很明确。最后，失信惩戒机制缺乏。目前艺术品市场诚信缺失的一个重要根源在于，失信者得不到应有的惩戒，失信的成本太低，守信行为得不到鼓励，守信的价值没有得到体现。这些状况导致艺术品市场的交易双方不愿向社会公开交易的实情，征信机构很难得到准确全面的信息。

对待诚信的问题，除了建立诚实守信的市场氛围和行业自律，还必须要有良好的外在约束机制。这一方面有赖于法律、法规的完善，另一方面征信体系的建设也不可缺少。中国艺术品市场中表现出的出售赝品、恶意隐瞒、欺诈等行为，迫切要求建立艺术品经营者的信用信息；艺术品市场中的交易双方都能公平、客观地获取对方的信任，以保证艺术品交易的可靠和顺利运行。为此，必须尽快建立并逐步推进以征信系统为核心的中国艺术品信用体系。

第一，在信用机构的成立机制方面，要积极发挥政府的主导作用，同时也要充分利用市场经济的杠杆作用。政府应该在信用体系建设和发展中充分利用自身优势和发挥核心动力作用，例如，由文化主管部门出资建设针对艺术品交易流转和艺术品身份的数据库，详细登记艺术品的创作者、价格、经营者以及收藏和投资者、交易流转记录以及艺术品本身的相关信息。同时，鼓励和充分运用市场经济的杠杆作用，通过税收减免、引进国外知名征信机构等措施，引导民间投资征信机构，培育和发展具有良好职业资质和道德水准的民营信用征集、评级、咨询等机构，以提升整个征信业的服务水平，并保证征信行业的健康、可持续发展。

第二，构建独立的信用主体，培育信用市场。一是要在政策上予以引导，降低信用中介机构的准入门槛，培育和壮大信用中介力量；二是明确艺术品市场信息的监管部门，制定行业标准。鼓励艺术家将其作品通过经纪、代销、拍卖等正规渠道，在阳光下进入市场，杜绝私人交易。加强对画廊、拍卖行、艺术家、收藏者、投资者等相关的机构或个人信息的备案制度。三是积极培育和扩大信用信息的需求市场，在各种活动中如在行业评选、画廊交易、艺术品拍卖以及抵押贷款等方面，广泛利用艺术品信息中介机构出具的信用报告，充分发挥信用信息的作用。

第三，建立全社会联动的奖惩机制，保障交易的公平和效率。要发挥信用信息网络共享以及银行、教育、就业等各部门的社会联动机制，让失信者处处受到制约和阻碍，提高他们的失信和违约成本。

第四，要大力发展中国艺术品市场信息化建设，实现信用咨讯的透明、开放与共享。主要包括：画廊和拍卖企业的等级资质、信誉等信息公开透明；对艺术品经纪人信息公开透明，推广艺术品经纪人制度，艺术品经纪人实行考核登记制度；艺术评论家和鉴定专家及相关机构信息的公开透明，要公开他们的专业特长信息、水平等级和从业记录情况；对艺术品本身信息的公开透明：建立和推广当代艺术品身份证制度，建立艺术品数据库，并在版权受到保护的前提下将数据库对公众开放；对于收藏投资者和艺术家存有异义的艺术品，文化主管部门可以委托和组织相关专家鉴定，以确保艺术品的真实性、来源的合法性等。

第五，要大力普及和宣传信用意识。通过宣传教育等各种手段和经由媒体、行业协会等机构，在艺术品市场领域大力普及信用文化，让诚实守信成为艺术品市场参与者的自觉行为和行动。

（四）艺术鉴定评估机构及规范

1. 价值价格评估

评估的权威性与真实性是银行、保险及收藏和投资者介入市场活动的前提，也能改变目前艺术品评估无法量化和无法可依的混乱局面。因此，在评估体系的建设和完善方面，要使各种艺术品都有一定的价格判定参照和衡量标准，让艺术品的价值得以量化、艺术品能够资产化。目前艺术品市场交易数量日益庞大、投资渠道的繁多以及与国际市场的接轨的需要等因素，都迫切需要制定一套公开公平公正的数字化指标体系，艺术投资指数体系应运而生。目前国内已有两只公开发布的艺术品市场：雅昌艺术品拍卖指数（AAMI）和中艺指数（AMI）。虽然艺术品同普通商品有着本质的区别，我们尚无法完全用指数化指标衡量它们的价值和价格，市场对于艺术指数编制的科学性尚存有不同程度的疑义，艺术品价格指数能够反映的信息也有限，然而艺术指数的出现毕竟是为艺术品投资者提供了一个可供参考的依据和价格的基准。美国的"梅摩指数"也逐渐成为中国艺术品市场指数的补充和参考。另外国外对艺术品价格的研究方法有重复销售回归分析法、特征回归分析方法、几何均数法和平均法等，值得我们进一步研究。艺术品的价值涉及艺术品的艺术价值、历史价值、研究价值等诸多因素，由此带来价格评估的复杂性。提议成立专门的艺术品价格评价机构，以国内外现有的指数和计算方法为参考，建立科学的符合中国国情的艺术品价格指数，从而为艺术品的市场价格提供坐标性参考。

2. 鉴定体系

艺术品的鉴定向来是困扰艺术市场发展的重要问题，艺术品的鉴定需要长期的积累和沉淀的专业知识和丰富的实践技能，鉴定过程中客观手段缺乏，主观成分很大，大大削弱了艺术品鉴定的科学性。

目前，我国艺术品鉴定方面的问题很多，主要表现在：（1）虚假鉴定证书漫天飞，文物艺术品鉴定证书的权威性和效力缺失。（2）鉴定纠纷不断，鉴定标准缺失。一方面由于艺术品本身的特殊性和复杂性导致不同专家的观点各有不同，另一方面是鉴定程序和规则的缺失。鉴定中出现纠纷和官司，仲裁机构无据可依，不能给出明确的权威仲裁和鉴定意见。（3）缺乏统一而严格的法制和监管机制也是鉴定业混乱的主要原因。（4）缺乏责任追究机制。艺术品鉴定人员给出鉴定结论和出具证书时不需要承担责任，没有责任意识。由于缺乏责任制衡的机制，鉴定造成损失无需追究，许多伪专家由此滥用这种免责的管理。鉴定行为不承担法律责任和缺乏责任追究机制，是鉴定者道德诚信缺失的主要原因。

随着社会的转型，市场经济的快速发展，艺术品逐渐成为收藏投资获利的手段，而鉴定结论又在很大程度上决定着艺术品的价格水平。因此，加强对艺术品鉴定行为的管理，维系艺术品鉴定的权威性和公正性，对于保障我国艺术品市场的健康有序发展至关重要。为此，我们需要从以下几个方面完善艺术品鉴定制度：

（1）制定和建立艺术品鉴定领域的管理条例和规章制度。目前，国家在某些文件中体现一些关于文物艺术品笼统的规定，如国务院 2013 年发布的《中华人民共和国文物保护法实施条例》、国家工商行政管理总局 2004 年发布的《经纪人管理办法》、国家文物局 1977 年发布的《对外国人、华侨、港澳同胞携带、邮寄文物出口鉴定、管理办法》、海关总署 1997 年颁布的《中华人民共和国海关对进口展览品监管办法》、国务院 1989 年颁布的《文物出境鉴定管理办法》、文化部 2016 年发布的《艺术品经营管理办法》。但总体来说，这些规定从内容上尚显笼统，操作性不强，不能解决目前艺术品鉴定界出现的问题。为此，应结合我国国情，制定和通过艺术品鉴定领域的管理条例和规章制度，运用行政手段对我国艺术品鉴定进行治理、整顿，以恢复艺术品鉴定的公平性和权威性。

（2）打造权威鉴定评估机构，整肃专家队伍。我国目前虽然已有各类官方、半官方和民间的艺术品鉴定评估机构，这些机构也基本上囊括了我国艺术品各领域顶尖的鉴定专家和学者，但部分机构还缺乏公信力和权威，各领域专家的代表性不足，专业能力不强。为此，应成立权威的鉴定机构，鉴定评估机构可以聘请国家科研机构、文化艺术机构、高等院校等团体及艺术品领域专家、德高望重的业界泰斗和艺术品市场收藏专家、科学检测的专业人士及评论家，依靠他们的专业智慧，结合先进的科学检测技术，引入司法公正与法律资讯服务，联合组成科学规范的艺术品鉴定机构，打造鉴定机构的专业性和权威性。

（3）实行严格的分门类鉴定制度，严禁跨门类鉴定。当前从业于艺术品鉴定的人员，大部分是随着艺术品市场应运而生的，综合素质参差不齐。受经济利益驱动，各种艺术品鉴定中心、公司、协会如雨后春笋般出现，其中不乏欺骗行为，损害了藏家和投资者的利益。有些鉴定专家明明只擅长某个时期或流派或个别艺术家作品的鉴定，却常常"古今通吃"，来者不拒，仿佛样样精通。而艺术品鉴定中各门类的专业性很强，彼此之间并不相通，为此要严禁某一门类的专家跨门类进行鉴定。

（4）增强艺术品鉴定界人员的法律责任意识，建立问责制。从某种意义上讲，艺术品鉴定专家的结论，决定了某艺术品在价格上的生杀大权，对买家、卖家甚至整个市场秩序都有着重要影响，因此责任重大。为此，因此要严格证书的发放管理，增强鉴定专家的法律意识，让鉴定证书承担法律责任，一旦出现恶意出具假伪鉴定证书或鉴定结论的行为，应当追溯其相关责任人的法律责任。

（5）加强鉴定机构和人员的诚信和素质管理。在当前鱼龙混杂的状态下，可以采取必要的行政整顿、治理手段和措施，通过行政处罚的方法，限制甚至取消一些失去公正、素质低劣的艺术品鉴定师的资格。制定鉴定从业人员考试准入和考试升级制度，通过对从业人员资格进行审批和监督，来提高中国艺术品鉴定从业人员的业务和道德素质，调控和净化中国艺术品鉴定市场。

（6）实行"眼学鉴定"和科技鉴定深度结合的"双轨制鉴定"。"眼学鉴定"即专家鉴定，它是基于标型学的鉴定，既解决艺术品"是什么"的问题，又解决艺术品"怎么样"的问题，能够为收藏、投资提供依据。在"双轨制鉴定"的体系下，眼学鉴定首先是对专家的鉴定。哪些专家是真正的权威，是德艺双馨的、行业公认的，其鉴定结论才有意义。专家分为不同类型，从文博系统的专家、考古系统的专家、艺术品行业的专家以及经验丰富的藏家乃至于造假的高手等。他们有各自的角度，将其鉴定思路、鉴别依据、甄别结果综合考量和相互印证，就能够得到一个可以信赖、具有公信力的鉴定结论。科技鉴定是以科技检测为手段的鉴定方法，从类型上分为年代检测和成分检测，结构检测等。科技鉴定有可靠的数据，其数据能够重复实证，是对艺品的最有力证明。科技鉴定还包括对科学精神的鉴定，严谨的科学精神、严格的科学实验、严肃的科学结论是科技鉴定的内在要求。

（五）评论家体系与制度

著名社会学家豪泽尔指出："在艺术家和他的消费公众之间建立桥梁的中介者中最重要的就是以中介为职业的批评家了。"[1] 艺术评论家在艺术市场中的重要作用就在于以独立的立场为收藏和投资者客观公正地介绍和解释艺术品、宣传和包装艺术品，引导艺术审美和消费，培育收藏和投资家队伍等。因而建立一支高素质的和具备社会良知的批评家队伍对于艺术市场的健康发展是很重要的。

目前，评论家往往按耐不住艺术市场的诱惑，充当策展人，频频"走场"，做"坐台"评论，丧失其作为评论家的独立精神和地位，这也是目前艺术市场体制没有理顺的一种表现。批评首先是一种学术和价值鉴定，就其本身而言应该是非功利的，由批评家本人伸手要钱，显然有悖于批评的初衷，也给学术研究的严肃性和权威性大打折扣，从市场交易的角度看也有着利益相关之嫌疑。在目前的市场经济大环境下，艺术评论家作为艺术市场上的重要一环，向社会公众提供稀缺性的社会产品即艺术评论，为公众解惑释疑，但由于社会公众和评论家没有直接的经济联系，社会也无法为他们提供的产品买单，这就产生评论家在市场中薪酬机制的不合理性。我国至今推行的稿酬标准与当下社会综合消费标准相比过低，这不利于美术批评的良性发展。

为此，应设计合理的机制，改善艺术评论家的经济状况，提高评论家的

---

[1]　［匈］阿诺德·豪泽尔：《艺术社会学》，居延安译编，上海：学林出版社1997年版，第157页。

薪酬。如加大政府对评论家的资助和鼓励企业家赞助，设立艺术家评论基金或奖项、批评家课题、独立批评家的个人赞助制度；成立艺术评论代理和经纪机构等等。使评论家能够摆脱对艺术家的依赖地位，保持其独立性，能够潜心公平地进行艺术评论，提高自己的学术水准和素养，培养出一批具有良好专业素质和社会良知的艺术评论家队伍。

评论家们也要加强自律，力求中立，排除利益相关因素，严禁艺术家的同学、学生、亲戚朋友等为其撰写艺术评论。同时，要通过政府主管部门、媒体监督机制、专业学院和权威人士等各方的共同努力，实现对艺术评论的规范学术监督。

六、行业自律与全民艺术素养

（一）行业自律

西方画商行业发展的时间较长，在艺术市场和艺术品经纪人行业已经有了明确的操作规范。为了保证这个行业的职业道德及从业人员的素质、利于画商间的相互协作、制约和规范他们的行业自律等，各国成立了各种协会，监督此行业的健康发展。如美国艺术品经销商协会、美国全国古董及艺术品经销商协会、加拿大职业艺术品经销商协会、法国艺术画廊委员会、西班牙艺术画廊专业协会、伦敦艺术品经销商协会、意大利艺术品经销商协会、瑞士古董与艺术品经销商联合会等。一般来说，这些协会有着严格的入会资格，对申请入会的成员有严格要求，如声誉、正直性、人品、专业性以及其事业对文化生活和社会的贡献等，同时这些协会也会帮助美术馆、文化机构和政府判别艺术品的真伪、协助走私调查等。

北京大学法学院教授姜明安认为，对文物鉴定行业来说，应该将制定行业自律性的规定作为主要的监管方式。"单一地从国家层面制定相关法律法规进行监管，可能会因为制定者不了解行业内部规则而导致法律被'架空'。如果由行业内部制定规范，或许可以让业内人士自发维护行业声誉。"[1]

其实无论对于艺术品鉴定、艺术批评，还是画廊和拍卖行等艺术品经纪行业，由于普通人面临的专业门槛和信息的严重不对称，行业内的自律和声誉的自我维护是非常重要的。为此应尽快将拍卖行、画廊等法人形式的艺术品代理机构以及自然人形式的经纪人等组织起来，成立相关的行业协会，及时沟通本行业的信息，负责本行业自律管理，提升中介代理机构的整体形象，增强社会各界对它们的认同感。沟通中介代理机构和收藏与投资者之间的信息，帮助协调艺术品交易中出现的各种纠纷和矛盾，建立艺术品代理投诉制度，同时实行艺术品代理登记制度；建立信息档案库，详细记录艺术品经纪人的从业经历、信誉、资质等级等，成立相应的机构接受公众对经纪人的查询和投诉。

同时成立中国艺术品鉴定和批评等行业协会。可以发挥行业协会等行业组织的作用，拟订艺术品交易信息的标准化登记和认证（如标准码）制度，整合地区内市场主体的交易数据信息，在全国率先建成可靠稳定、交易便捷、数据完备的艺术品电子交易平台和数据库。

加强行业自律意识。用行业自律来规范中国艺术品鉴定和批评，维护中国艺术品鉴定和批评的公正性和权威性。自律就是自己约束自己，行业自律包括两个方面，一方面是行业内对国家法律，法规政策的遵守和贯彻，另一方面通过行业内的行规行约规范和约束自己的行为。行规和行约是行业内部自我管理、自我约束的一种措施。行规和行约的制定和执行，在很大程度上解决了艺术品信息不对称的问题，对会员无疑会起到一种自我监督的作用，

---

[1]　赵丽：《专家鉴定伪造"玉衣" 估价24亿鉴定乱象亟待消除》，《法制日报》2011年9月8日。

有利于推动本行业规范健康的发展；行业自律也是维护本行业和企业的利益和声誉，避免恶性竞争，维护本行业持续健康的发展的重要手段；行业协会是行业自律的当然监督机构之一。

（二）普及艺术素养，提倡健康的艺术品收藏与投资文化

西沐认为，"中国艺术品市场由于缺乏系统理论的支撑及运作的规范，参与市场竞争的主体层次不高，资本进入缓慢，且进入市场运作的资本过度分散，投机意识浓重。其中一个重要的问题就是收藏和投资者缺乏艺术文化素养和理性投资意识。而正是这种过度的投机与急功近利，致使中国艺术品市场乱象丛生，不一而足。从许多方面来看，中国艺术品市场好像在不断变迁与沦落，投机者似乎正在将其作为进行投机的一个游戏场。更为可怕的是，不少投身于中国艺术品市场的参与者，将这种游戏化的怪象当成了中国艺术品市场发展的一种特殊性与规律，在更大与更深层面上误导着中国艺术品市场的发展。"[1]

"优秀的收藏文化能够为中国艺术品市场的制度建立与完善提供思想、信念等支持，有助于减少艺术品交易中的冲突、摩擦与不协调，节约正式资本制度的运营成本，弥补正式制度的缺失与不足。"[2] 为此要提倡健康理性的收藏与投资文化，将收藏文化作为制度体系建设的一部分来对待。在信用缺失的背景下，要实现艺术品资本市场的健康发展，收藏与投资者的道德素质和理性意识是一种基本且有效的保证。

为此，要加强艺术培育，普及和提高收藏与投资者的艺术文化素质和风险意识，培育买方市场。艺术品收藏与投资是一项高雅的活动，同时具有很

---

① 西沐：《资本时代中国艺术品市场收藏文化建设的探析》，雅昌艺术网专稿，2010 年 7 月 6 日。

② 西沐：《改革开放以来中国艺术品市场的一些思考》，雅昌艺术网专稿，2010 年 11 月 25 日。

强的专业性和学术性。一个收藏者不仅需要具有关于藏品的专业知识，还应具备综合的艺术文化修养。因此，全面提高收藏与投资者的素质，引导他们科学、理性地进行艺术品收藏与投资活动，有利于艺术市场的健康持续发展。

艺术素质和素养不是一朝一夕能够培养出来的，需要长期的积累和学习。在我国目前艺术教育尚不普及的情形下，我们有必要加大艺术鉴赏知识的普及力度，广泛动用社会各界力量，包括博物馆、美术馆、高等院校、媒体和专业机构等，通过定期举办各种读书会、讲座、论坛和鉴赏等活动，普及文化艺术基础知识，提高全民的艺术素养。

博物馆是公共服务的一种，博物馆收藏多数都是重要的文化遗产，当然要严格对文化精神和人文传统进行保护，不能为了商业价值而丧失严肃的历史文化态度，肆意扭曲文化精神和人文传统。中国美术家协会副主席，著名中国画家、艺术教育家、中国文联副主席冯远先生指出：博物馆的作用在于，观众不仅从中学到应有的知识，还学会培养出懂得发现美和理解美的眼睛。美是发自于内、形之于外的与人的关联，与景物的关联。博物馆是与人近距离的学堂，它带给观众艺术审美眼光和整体人文素质的提升。

大学要加强学术的力量，通过学术研究深入挖掘艺术品的价值，去伪存真、去粗取精，持续不断进行公众的审美教育。学术研究不但要作为市场的基础，还要作为制服"劣马"的缰绳，达到用学术抑制投机的效用。

收藏家要加强艺术史、艺术批评方面的素养，具有独立辨析的能力，不要偏听某些伪专家的忽悠；要遵从艺术史线索，挖掘具有独立思想和创新精神的艺术家。要尊重艺术的规律，要尊重艺术价值本身，不要为了一些艺术以外的理由去买艺术品。同时，通过自己的收藏，争取对当代艺术的发展起到一定的推动作用。

良好的艺术素质和素养不仅有助于人们理性进行艺术品投资，还有助于增强人们的艺术消费意识。艺术消费和需求是艺术品市场发展的原动力，培育广泛而浓厚的艺术爱好氛围，培养出懂艺术、爱好艺术的健康理性的艺术品消费者是艺术品市场规模发展的坚实基础。

在提高收藏和投资者素质的同时，也很有必要提高收藏者的风险防范意识。艺术品收藏与投资中最大的风险就是买到赝品，另外艺术品的流动和变现性低、交易成本高，品相易损。目前国内还没有形成规模的买家市场，现有的参与者大多没有充分意识到这一市场的风险。他们进入艺术品市场的目的是投资和投机，寄望于艺术品保值和升值以获得更多的利润，甚至许多人抱着一夜致富的幻想入市，这对市场的平稳发展很不利。众多消费性购买和将艺术品作为终极消费的广大人群才是艺术品市场持续健康发展的有力支撑。因此，在普及艺术知识的过程中，尤其是媒体的各类鉴宝和寻宝活动中，要避免过分强调艺术品经济价值而忽略其历史价值和文化价值的倾向。各级政府文化管理部门、大众媒体和专业机构要正确利用各种舆论媒介，坚持正确的导向，在全社会营造理性收藏与投资氛围，引导艺术品市场向着健康有序的方向发展。

附录　聚焦案例：艺术品金融化

　　长久以来，艺术品市场靠的是懂艺术、有艺术修养的文人雅士或有经济实力的收藏者来支撑。由于专业和资金门槛高，导致艺术市场的圈子小，交易不够活跃，资本参与市场的深度和广度不够。中国艺术品市场仍处在初始阶段。金融体制的不发达与缺乏创新在一定程度上影响了艺术产业的发展，艺术品投资基金、艺术品证券化、艺术品信托、艺术品保险等艺术品金融长久处于缺席状态。

　　市场经济以来，艺术品的藏品概念逐渐被艺术投资所取代，人们购买艺术品不仅仅从艺术的审美需求角度出发，更看到了艺术品资本运作背后的高利润，艺术商人通过对人们这种心理的操控，将艺术市场继续做大。艺术品从过去比较单纯的喜欢、欣赏型已经转变为财富管理，兼顾了增值保值、资产质押，金融工具、企业宣传等功能，艺术品金融成为资产管理的重要方式。来自国家层面的政策利好，包括《文化产业振兴规划》《关于深化文化体制改革、推动社会主义文化大发展大繁荣若干重大问题的决定》《关于金融支持文化产业振兴和发展繁荣的指导意见》《关于深入推进文化金融合作的意见》等政策的出台适时地引导并且推动了这个大趋势、大方向，使艺术品金融的发展更加如火如荼。

　　艺术品金融是艺术品市场发展到一定阶段，由艺术收藏、艺术投资发展到一定阶段，导致艺术品市场与金融市场全方位对接和深度融合的产物，本质上体现为全社会对艺术品的关注重心正从艺术品的收藏价值转向艺术品的投资价值。

一、艺术品的金融特点

拍卖等交易机制的规范和成熟、市场效率的提高，为艺术品的金融化提供了良好的基础条件。比如，拍卖行的营业额大幅增加，很大比例的艺术品交易都是在这些机构中进行。媒体的关注使得关于艺术投资和收藏的信息更加灵通了，目录的出版和散播以及价格指数等增加了卖家和买家的信息来源。同样，艺术市场越来越全球化，而艺术市场的资产包也日益扩大，包括收藏品、家具、珠宝、葡萄酒，也越来越多地加入大多数艺术市场中来。在这一过程中，艺术品市场呈现出一些类似金融市场的发展趋势，主要表现为：(1) 更大的流动性。像拍卖行这样的组织性市场可以很方便地直接联系到买方和卖方。拍卖行绕开了传统的画商，减少了交易时间和流动性风险溢价，随着拍卖行的成长，营业额大幅增加。(2) 更低的交易成本。拍卖行通常收取买卖双方各 10%的佣金。虽然收费不低，但与画商和画廊的买卖差价相比，还是小得多。另外网络拍卖的总体成本节约以及艺术基金对于供给方的议价优势等，都大大降低艺术品交易成本和费用。(3) 信息披露更透明、市场交易信息更灵通。拍卖价格的及时披露，媒体的广泛传播、艺术品价格指数等都为艺术品投资者提供了获取信息的渠道和机会。(4) 艺术资产池的增容。过去的收藏家主要关注大师们以及印象派画家，但现在的藏家也会关注当代艺术等。(5) 投资者可利用的融资渠道大大增加。财富新贵带着从资本市场获取的所谓"新钱"进入艺术品市场，新兴艺术品市场的形成艺术品的发展提供了重要契机，银行等金融机构对艺术品市场表现出浓厚的兴趣，并为艺术品市场提供理财产品、抵押贷款、艺术投资顾问等服务，拍卖行也为购买艺术品提供相当比例的融资，社会上热钱的富余以及投资艺术品的高门槛使得艺术品投资基金应运而生。（6）全球化。科技的发展，使得艺术品成为新兴全球资产市场的一部分，带来了增量的信息，任何某个市场区隔都有更多的卖方和卖方群体，艺术品的国际流通更为便捷。（7）艺术品拍卖天价效应，媒体的高度关注，吸引越来越多的人参与到艺术品市场交易中来，尤其是财富新贵和白领阶层的加入，使得艺术品市场的代表性更强，市场的深度和广度增加了。①

由于艺术品市场的上述发展趋势，当今的艺术品呈现出一些金融化特点：艺术品尤其是大师作品、古代以及近现代书画、瓷器等的流动性大大增加；市场参与人群的增加，人们对艺术品投资甚至投机意识的增强，使得某些艺术品开始频繁重复交易；金融机构的专业投资顾问和艺术界的学者、策展人、收藏家和艺术家等合作成立艺术基金或成立份额化艺术品产权交易所，使得艺术品的实物形态和价值形态的分离成为可能，艺术品取得了金融投资的独立形态；不同艺术风格的作品、以及不同地区和时代的艺术家的投资回报会有很大的差异，因此可以考虑在投资组合中使用不同艺术风格和不同国别的艺术家来规避投资风险。多样化投资组合的基本原则就是要发现彼此之间关联度低的资产并进行组合，不同资产的多样化组合而非固着于某一种或多种相似资产的结果，就是总体组合风险比任何一种单独的资产都要低，因此，抛去投资回报率和资产升值，可以用来分散组合资产的风险的潜力，使得艺术品成为一种很有吸引力的另类投资。投资者可以在不具备艺术专业知识背景的情况下，从容地进行艺术投资和交易；艺术品本身的异质性多样化也变成了艺术金融资产的标准化和同质化，艺术资产开始具有替代性；作品的异质性并不意味着单一性，有些画家个人或某个流派的画家的作品存在一定程度的替代性。市场上有很多的参与

---

① 参考 Louarg,M.A.& McDanlel, J.R，"Price efficiency in the art auction market"，*Journal of Cultural Economics,* 1991, Volume 15, Number 2:53–65。

者，信息获取自由便捷。在这些市场中，投资者将面临近乎零交易、搜寻和信息成本，而对于新来的信息的含义有着同质化的期待。最后，艺术品与证券或股票在收益预期方面也有相似之处：虽然艺术品的价格包含了买家即时消费的一部分，但不可忽视的是，艺术品是一种耐久的商品，能够基本保持原样几百年；因此也可以认为价格的一部分代表了未来潜在买家将为作品支付价格的贴现值。因此对于潜在的买家，需要考虑两种不确定性：个人自身审美趣味的未来演化的不确定性和社会整体审美趣味的未来演化的不确定性。"艺术品价格取决于不确定的货币价值的未来消费流的预期现值，与股票的价值取决于未来一系列不确定未来红利的预期现值是非常相似的。"[①]

有家很知名的商业期刊报道："几乎一夜之间（没有人注意到），艺术已从一个鲜为人知的、混乱的和神秘的市场变成一个有组织的、高度复杂化的市场，艺术品已经成为一种准金融工具，因为艺术市场本身更像一个金融市场了。"[②]

二、艺术品与金融产品的差异

如此看来，艺术品市场与金融市场有着许多共同之处。然而，在大多数艺术市场，产品高度异质性，流动性差，市场区隔化严重，信息极不对称、市场行为异常，定价近乎垄断。艺术投资回报的一大部分来源于其内在的美学属性而非经济回报。艺术市场与金融市场还是存在着巨大的差异。

---

① Hodgson, Douglas J.&Vorkink, Keith P.."Asset Pricing Theory and the Valuation of Canadian Paintings." *The Canadian Journal of Economics*. Vol.37, No.3（Aug.,2004）.

② Louarg, M.A.& McDanlel, J.R.. "Price efficiency in the art auction market." *Journal of Cultural Economics*, 1991, Volume 15, Number 2:53–65.

其一，金融市场由大量的同质化的产品组成，一种证券、基金的数量成千上万，相互之间有完全的替代关系；而艺术市场的产品高度异质化，就算是同一个艺术家的不同作品，也不可能有完全的相互替代关系。艺术市场结构复杂，存在着一级二级市场和不同的市场形态，不同类别的艺术品市场高度分割和区间化，市场竞争具有不完全性。而且由于市场的专业和资金门槛都很高，市场参与者仍然是小众，交易的小数目问题明显。

其二，证券或股票可以被众多独立的、互不相关的投资人所持有；由于艺术品的实物形态与价值形态的难以分离，一件艺术品一般只能由一个投资人所持有，垄断性很强。

其三，股票和债券的交易频率很高，可以连续不断进行，流动性和市场效率高；而艺术品的交易频率很低，交易的次数也非常有限，短则几月，长则几十年甚至上百年，流动性差，市场是高度非效率的。

其四，股票和债券的交易价格是公开的，信息对公众是充分的、完全的；而艺术品交易的价格，除了在拍卖等交易场所相对透明外，一般公众是不可能完全了解的，信息是不完全透明的，甚至由于艺术品本身的复杂性，艺术品本身的价值也难以认定，更不用说做到信息的透明披露。

其五，股票和债券市场，由于交易成本低，产品同质性强，价格竞争充分，比较接近经济学理论上的有效市场理论概念，因而可以运用有效市场理论来分析，均衡的市场价格是可以确定的；而在艺术品市场，则完全无法适用有效市场的理论。[1]

艺术品和金融产品的这些巨大差异，决定了艺术品金融化存在天然的不足和实现路径的曲折性。

---

[1]　William J. Baumol. "Unnatural Value: Or Art Investment as Floating Crap Game." *American Economic Review*, Vol. 76, No.2, Papers and Proceedings of the Ninety-Eighth Annual Meeting of the American Economic Association（May,1986）, pp.10–14.

三、中国艺术品金融化的额外不足

在中国，艺术品作为金融产品仍旧存在额外的不足之处。

第一，艺术品作为资产的产权问题尚没有很好的解决办法。作为艺术金融化的前提，艺术品需要具备完整的"资产"属性，而资产的基本要求就是明晰的产权和明确的定价。但现实情况是，艺术品的真伪鉴定和作者的归属问题这一基础性问题都无法解决，艺术品的真伪对一幅作品的价值影响重大。同一幅作品，如果被认定是某位名家的真品，可能会价值连城；如果被鉴定为是伪品赝品，这幅作品就可能一钱不值。而鉴定专家的专业水平、职业操守以及艺术品本身的不确定性都增加了艺术品被认定为真伪与否的风险。艺术品的传承有序与否也是艺术品作为金融资产的一种风险。这种传承和收藏的历史有可能是学者参与伪造的，有些艺术品最终可能被认为是赝品、盗窃品或者非法进口或出口的。另外，艺术品的价值评判非常复杂，涉及情感、历史、文化、名气、材质等各种要素，准确地为艺术品定价是非常困难的。当前中国的艺术金融产品或机构对艺术品的定价主要有拍卖定价和专家定价两种定价方式，但这两种定价方会缺乏公信力，也没有足够的公开信息支持，尤其是专家定价，往往使用最粗糙的平行比较法，跟大师名家进行横向比较得出价值结论。产权的不明晰和难以定价，导致艺术品没有完整的合法产权文件，加大了艺术品交易的不确定风险。产权的不明晰和定价的困难，使得艺术品的资产化并进而金融化存在天然的不足。

第二，艺术金融产品的退市和变现机制狭窄，导致作为艺术金融产品标的物的艺术品的变现性弱，艺术金融产品的流动性受到限制。目前中国的艺术品市场还没有发展的大众化的市场，艺术品的圈子很小，涉及某个画家某种形式，圈子就更小了。相当一部分收藏者或投资者购买艺术品是为了保值增值，然而许多收藏者或投资者在手头缺钱时想抛售自己收藏的艺术品一般很难如愿，经常会出现高价进、低价出的情况，有的损失惨不忍睹。艺术品金融化，如艺术基金等的退出渠道和变现机制不够健全，多依赖于拍卖行拍卖和私下协议售出。在今天拍卖市场等整体市场行情处于低潮的状态下，通过拍卖来实现基金的退出，可谓难上加难。虽然我国文交所的艺术品份额化交易较好地解决了退出和变现机制的问题，但是由于监管的缺失和规则的不完善等众多原因，绝大多数的文交所已被国务院叫停交易，等候整顿。因此艺术金融产品的退出和变现不太容易实现，风险加大，从而打击了参与者进入金融产品投资的积极性。

第三，艺术品"增值"不确定性极强。许多艺术品基金购置艺术品之后，缺少详细的资金使用计划和运营计划，缺少对艺术家及其作品的宣传和价值提升计划，也没有相应的担保和劣后机制，单纯在封闭期内等待艺术品增值，这是不符合艺术品增值规律的。艺术品的增值由很多条件促成，与艺术家的成长息息相关。如果仅靠囤货等待，封闭期间没有人和资金为艺术家进行宣传包装，艺术品本身并不能像一般的资产一样创造价值，那么所谓的增值只能停留于理论层面，无法实现现实意义上的增值。

第四，艺术品市场的交易成本也是一个重要因素。因为艺术品的交易成本要比其他的金融市场高得多，这些成本包括佣金、经纪费用、储藏、鉴定、保险、运输等成本、而交易商最终会把所有这些成本都计入最后的成交价格。

第五，除去上述财务风险，艺术品还面临一些物理风险。品相是艺术品的生命，特别是书画等艺术品，如果保管不善容易出现褪色与泛黄等问题，瓷器则易碎。如果艺术品在赏阅、运输和展览过程中受损或遭遇火灾等，都会大大降低艺术品的价值。

金融化的前提首先是资产化。当艺术品尚不具备资产属性的时候，艺术品的金融化便不可能实现。作为艺术品的定价、权属、真伪、增值、流通这些"资产"的普遍属性都没有具备的时候，中国的金融体系比如保险、担保、抵质押实际上并没有认可"艺术品"，这就直接导致了艺术金融产品退出难的后果。

四、如何破解这一难题

因此，在当前的中国，艺术品金融化成为一个令人棘手的难题，那么我们如何才能破解这一难题呢？

首先，艺术品的鉴定评估是前提和基础。艺术品市场本身的进入门槛较高，艺术品金融成为普通民众参与很分享艺术品交易红利的重要渠道。面向一般社会公众、人数众多、投资总量大但投资额分散、缺少艺术品领域的专业知识、关注投资回报和风险控制而不是艺术品本身，是艺术品金融面向的受众群体的最主要特征。只有这一市场的信息具备权威和公信力，让普通民众了解和确信艺术品的真伪、品相、市场行情与预期，让他们感觉这一市场无门槛、无风险，才会吸引他们积极进入到艺术品金融中来。所以，鉴定与评估是艺术品金融的入口关，是赋予艺术品投资属性的第一道保障，是艺术品金融的生死命脉。

其次，在科学权威评估和鉴定的基础上，承认艺术品的合法资产地位。当金融体系比如保险、担保、抵质押等环节认可了"艺术品"的资产地位时，艺术品金融的变现和退市就不成为问题。在艺术品质押融资市场中，一旦借款人不能到期偿还贷款，银行应该能够通过专业化的艺术品拍卖公司或收购公司将艺术品变现，从而收回贷款，这就解决了当前缺乏质押艺术品的交易变现及处置机制的问题。山东青州书画市场的艺术保真和规范发展之路，以及画廊与银行之间良好的互动关系，为国内的艺术品市场提供了很好的案例示范。[1]

---

[1] 逸然：《拍卖牵手青州模式》，《中国拍卖》2014 年第 11 期。

再次，完善的机制设计。目前，人们对艺术品金融的实现路径并不明了，大家都是摸着石头过河。艺术品金融属于大众投资，其行业特点是参与人群巨大。任何一个投资者，哪怕对艺术品一无所知，只要在正规的交易平台上花几分钟时间开个户，就能参与到艺术品金融中来，那么如何让投资者放心地参与进来呢？关键是通过制度的设计，实现艺术品金融的无门槛和零风险，从而实现艺术品金融风险降低。以文化艺术品交易所为例，之前的文交所曾同时扮演过运动员和裁判员的角色，这就从根本上将文交所置于一个非常尴尬的地位，注定了文交所的发展必将面对一系列利益冲突问题。因此文交所应摒弃作为交易主体的角色，扮演把关人的角色，科学设计交易程序，才有可能做到公平、公正、公开。

最后，培育市场基础，拓宽和完善艺术品金融的变现和退市机制。在艺术品金融行业，"退市"被称为关键环节，它通常也是风险控制的最后一环。但是"退市"并不能仅仅是已经转化成金融产品的艺术品最终退出金融市场，不能是投资人选择交割或者挂牌人选择回购，这都不是真正的"退市"。艺术品实物被它的收藏者、爱好者、使用者消费掉，才是艺术品金融中的最终退市，这是把艺术品的金融属性彻底灭失，让艺术品的收藏价值、文化价值、审美价值、实用价值得以实现。当前艺术品金融的主要变现机制是拍卖，而拍卖变现的难度很大，究其原因是目前的市场基础薄弱，艺术品消费仍属于一种小众化形态的高档消费方式。艺术品金融化是艺术品的金融，是在艺术品原有价值的基础上抽象出来投资价值，它最终依托的还是艺术品在最终消费市场上的价值实现，这意味着只有具备庞大的最终消费市场、消费群体，艺术品金融才能够持续进行下去。

参考文献

一、中文专著

1. 阿诺德·豪泽尔：《艺术社会学》，居延安译，上海：学林出版社，1987年版。

2. 奥斯汀·哈灵顿：《艺术与社会理论——美学中的社会学争论》，周计武、周雪娉译，北京：中国人民大学出版社，2007年版。

3. 伯顿·麦基尔：《漫步华尔街》，上海：上海财经大学出版社，2002年版。

4. 常青：《应该读点经济学》，北京：中信出版社，2009年版。

5. 陈杰：《文化产业政策与法规》，青岛：中国海洋大学出版社，2006年版。

6. 陈钊：《信息与激励经济学》，上海三联书店、上海人民出版社，2005年版。

7. 大卫·李嘉图：《政治经济学及赋税原理》，郭大力、王亚南译，北京：商务印书馆，1962年版。

8. 杜大凯主编：《清华美术卷8：中国当代艺术与资本》，北京：清华大学出版社，2008年版。

9. 杜威：《艺术即经验》，北京：商务印书馆，2005年版。

10. 范利民：《涨跌幅限制的市场效应》，北京：经济管理出版社，2009年版。

11. 干春晖编著：《产业经济学》，北京：机械工业出版社2006年版。

12. 顾兆贵：《艺术经济学导论》，北京：文化艺术出版社，2004年版。

13. 河清：《艺术的阴谋》，南宁：广西师范大学出版社，2008年版。

14. 胡乐明等：《新制度经济学》，北京：中国经济出版社，2009年版。

15. 江奔东：《文化产业创意学》，济南：泰山出版社，2009年版。

16. 江奔东：《文化产业经济学》，济南：泰山出版社，2008 年版。

17. 蒋选等主编：《产业经济管理》，北京：中国人民大学出版社，2006 年版。

18. 金鑫：《中国问题报告》，北京：中国社会科学出版社，2000 年版。

19.《马克思恩格斯全集》第 25 卷，中共中央马克思恩格斯列宁斯大林著作编译局译，北京：人民出版社，1975 年版。

20. 柯伦柏：《拍卖理论与实践》，钟鸿钧译，北京：中国人民大学出版社，2006 年版。

21. 李万康编著：《艺术市场学概论》，上海：复旦大学出版社，2005 年版。

22. 李向民：《中国艺术经济史》，南京：江苏教育出版社，1995 年版。

23. 李泽厚：《美的历程》，天津：天津社会科学院出版社，2001 年版。

24. 理查德·E.凯夫斯：《创意产业经济学：艺术的商业之道》，北京：新华出版社，2004 年版。

25. 林日葵：《艺术经济学》，北京：中国商业出版社，2006 年版。

26. 林日葵：《艺术品典当与拍卖》，杭州：浙江工商大学出版社，2009 年版。

27. 卢现祥、卢巧玲主编：《新制度经济学》，北京：北京大学出版社，2007 年版。

28. 路费达总刊，高时显、吴汝霖辑校：《东坡七集》卷九，上海：中华书局，1936 年版。

29. 罗兵编著：《国际艺术品贸易》，北京：中国传媒大学出版社，2009 年版。

30. 马费成、靖继鹏主编：《信息经济分析》，北京：科学技术文献出版社，2005 年版。

31. 马健：《艺术品市场的经济学——艺术品市场的魔鬼与天使》，北京：中国时代经济出版社，2008 年版。

32. 迈克尔·波特：《竞争优势》，陈小悦译，北京：华夏出版社，2005 年版。

33. 迈克尔·波特：《竞争战略》，陈小悦译，北京：华夏出版社，2005 年版。

34. 潘絜兹：《敦煌莫高窟艺术》，上海：上海人民出版社，1957 年版。

35. 潘勇：《网络交易中的逆向选择》，北京：经济管理出版社，2005 年版。

36. 彭吉象等：《艺术概论》，上海音乐出版社、人民音乐出版社，2007 年版。

37. 秦春荣主编：《艺术品投资》，上海：上海大学出版社，2005 年版。

38. R.科斯：《生产的制度结构》，上海：上海三联书店，1994 年版。

39. 沈福伟：《中西文化交流史》，上海：上海人民出版社，1985 年版。

40. 田川流：《艺术学导论》，济南：齐鲁书社，2004 年版。

41. 脱脱：《宋史》，北京：中华书局，1977 年版。

42. 王宝安编著：《体验价值：中国顶级收藏家与经纪人谈艺术品市场》，北京：文物出版社，2007 年版。

43. 乌家培等编著：《信息经济学》，北京：高等教育出版社，2007 年版。

44. 吴明娣主编：《艺术市场研究》，北京：首都师范大学出版社，2010 年版。

45. 西沐：《中国画当代艺术 30 年》，北京：中国书店，2009 年版。

46. 西沐：《中国艺术品份额化交易的理论与实践研究》，北京：中国书店，2011 年版。

47. 西沐：《中国艺术品市场年度研究报告（2008）》，北京：中国书店，2009 年版。

48. 向勇主编：《北大讲坛——文化产业前沿报告》，北京：新世界出版社 2008 年版。

49. 谢康：《信息经济学原理》，长沙：中南工业大学出版社，1998 年版。

50. 谢伦灿：《艺术产业运营学》，北京：人民出版社，2007 年版。

51. 熊建华：《文物艺术品交易与收藏》，武汉：湖北人民出版社，1996 年版。

52. 徐邦达：《历代书画家传记考辨》，上海：上海人民美术出版社，1983 年版。

53. 叶世昌：《中国古代经济管理思想》，上海：复旦大学出版社，1990 年版。

54. 叶子：《中国书画艺术市场》，上海：上海人民美术出版社，2006 年版。

55. 尹伯成主编：《西方经济学简明教程》，上海：格致出版社，2008 年版。

56. 臧旭恒等主编：《产业经济学》，北京：经济科学出版社，2007 年版。

57. 詹姆斯·古德温主编：《国际艺术品市场》，敬中一等译，北京：中国铁道出版社，2010 年版。

58. 张丁：《收藏之道——艺术品投资采访手记》，长沙：岳麓书社，2006 年版。

59. 张冬梅：《艺术产业化的历程反思与理论诠释》，北京：中国社会科学出版社，2008 年版。

60. 张函：《国际艺术品贸易中的法律问题》，武汉：华中科技大学出版社，2010 年版。

61. 张坚：《西方现代美术史》，上海：上海人民美术出版社，2009 年版。

62. 张维迎：《博弈论与信息经济学》，上海：上海人民出版社，1998 年版。

63. 张晓明：2009 年中国文化产业发展报告，北京：社会科学文献出版社，2009 年版。

64. 张志雄：《长线价值——艺术品市场大势》，上海：上海财经出版社，2006 年版。

65. 赵力主编：《2008—2009 中国艺术品市场研究报告》，长沙：湖南美术出版社，2009 年版。

66. 中央美术学院艺术市场分析中心编：《艺术财富》，长沙：湖南美术出版社，2006 年版。

67. 祝君波：《艺术品拍卖与投资实战教程》，上海：上海人民美术出版社，2006 年版。

68. 田川流：《当代文化建设的理论与时间》，北京：中国社会科学出版社，2017 年版。

69. 商勇：《中国美术制度与美术市场》，南京：东南大学出版社，2014 年版。

二、古籍及影印、点校书籍

70.（汉）班固撰，（唐）颜师古注：《汉书·霍光传》，北京：中华书局，1962 年版。

71. 邓椿：《画继五代名画补遗》（二）卷十《杂说论近》，北京：中华书局，1985 年影印版。

72.（宋）范晔著，（唐）李贤等注：《后汉书·百官志三》，北京：中华书局，1997 年版。

73. 方回撰，王云五主持：《桐江续集》（三）卷二四《送赵子昂提调写金经》，上海：商务印书馆影印本，1934—1935 年版。

74. 李秉新、徐俊元、石玉新校勘：《清朝野史大观》卷九《冬心先生》，石家庄：河北人民出版社，1997 年版。

75.（唐）李延寿撰：《南史·毛修之传》，北京：中华书局，1975 年版。

76.（东汉）刘珍等撰：《东观汉记校注（下）》，北京：中华书局，2008 年版。

77. 孟元老：《东京梦华录》卷四，上海：上海古典文学出版社，1956 年版。

78.（宋）欧阳修、宋祁撰：《新唐书》，北京：中华书局 1975 年版。

79.（梁）沈约撰：《宋书》，北京：中华书局 1974 年版。

80.（宋）司马光编著：《资治通鉴》卷 217《唐纪 33》，北京：中华书局，2007 年版。

81.吴自牧：《梦粱录》，北京：中华书局，1985 年版。

82.谢正光、范金民编：《明遗民录会辑》，南京：南京大学出版社，1995 年版。

83.徐松：《宋会要辑稿》，北京：中华书局，1957 年版。

84.（唐）张彦远撰，承载译注：《历代名画记全译》，贵阳：贵州人民出版社，2009 年版。

三、期刊论文

85.[英] 克莱尔·麦克·安德鲁：《中国艺术品拍卖市场形势分析报告》，《艺术市场》2016 年 8 月（上旬刊）。

86.Sylvain Levy 著，细米译：《艺术营销的策略》，《艺术与投资》2010 年第 6 期。

87.巴曙松：《金融衍生品市场监管需遵循三原则》，《现代商业银行》2007 年第 5 期。

88.曹原：《艺术市场打假出新招艺术品可获"身份证"》，《上海证券报》2014 年 6 月 9 日。

89.常华兵：《艺术品价值评估探究》，《评估纵横》2013 年第 5 期。

90.陈建奇：《全球主要艺术品市场价格影响因素分析》，《国际贸易》2014 年第 7 期。

91.陈时：《秦汉时期的绘画艺术特色》，《艺术教育》2009 年第 9 期。

92.陈伟：《中国漆器艺术对 18 世纪法国宫廷艺术的影响——以蓬巴杜夫人的收藏为例》，《江西社会科学》2008 年第 10 期。

93.陈雪峰：《宏观经济沾湿艺术市场"裤角"》，《艺术市场》2007 年第 10 期。

94.陈依依：《我国资产证券化的切入点选择》，《宁波经济丛刊》2003 年第 5 期。

95.成乔明：《欧洲艺术市场发展史考略》，《经济研究导刊》2012 年第 20 期。

96.成乔明、李向民：《中国古代艺术市场探幽》，《探索与争鸣》2007 年第 10 期。

97.成乔明：《中国古代艺术市场考论》，《长江论坛》2007 年第 4 期。

98.戴建兵、刘欣、陈娟：《我国金币市场结构及交易机制研究》，《石家庄经济学院学报》2009 年第 4 期。

99. 戴建兵、张博：《我国投资性艺术品金融化发展及路径选择》，《河北经贸大学学报（综合版）》2013 年第 1 期。

100. 邓君华：《艺术市场迎来扁平化时代》，《画廊》2009 年第 9 期。

101. 丁蕾、雷诺：《"互联网＋"下基于大平台的艺术品经营模式》，《经营与管理》2016 年第 7 期。

102. 丁宁：《论艺术品的真伪鉴赏问题》，《文艺研究》2013 年第 7 期。

103. 丁月华：《西方艺术市场推崇中国当代艺术的动机》，《艺术百家》2013 年第 6 期。

104. 董林：《探议当代艺术品的接受与消费》，《文艺争鸣》2013 年第 4 期。

105. 董凡：《是谁伤害了中国艺术品市场——艺术品市场疲软的背后》，《收藏界》2006 年第 9 期。

106. 董涛：《艺术品产业链机会成本与交易成本》，《西北美术》2017 年第 3 期。

107. 渡悟：《国家经济实力与书画收藏》，《艺术生活》2007 年第 5 期。

108. 范玉刚：《正确理解文艺与市场的关系——对"习近平文艺座谈会讲话"精神的解读》，《湖南社会科学》2015 年第 3 期。

109. 奋鹰、鸿鹄：《艺术品交易所成立有无可能》，《艺术市场》2008 年第 5 期。

110. 郜婕：《一、二级市场，分工明确还是边界模糊?》，《艺术市场》2016 年 5 月号（中旬刊）。

111. 耿鸿飞：《从绘画到陶瓷：当代艺术家的"跨界"之旅》，《艺术市场》2016 年 7 月号（下旬刊）。

112. 耿鸿飞：《高校美术馆"路在何方"》，《艺术市场》2016 年 8 月（中旬刊）。

113. 顾群业：《台湾文创产业的发展路径》，《艺术市场》2016 年 11 月号（下旬刊）。

114. 郭敬：《金融深化背景下我国资产证券化及监管研究——基于艺术品资产证券化的理论探讨》，《时代金融》2016 年 2 月（中旬刊）。

115. 寒光：《谁来解除艺术品拍卖的畸形利益链条》，《艺术市场》2005 年第 10 期。

116. 郝立勋：《三方博弈，谁主沉浮——艺术家跳过画廊作品直通拍卖行现象分析》，《艺术市场》2008 年第 11 期。

117. 何东：《打造一支书画经纪人队伍》，《美术界》2003 年第 9 期。

118.何海峰:《从张彦远〈历代名画记〉看唐代书画艺术市场形成的条件》,《艺术·生活》2009年第5期。

119.何鸿:《从艺术接受心理看当代艺术收藏》,《荣宝斋》2010年第2期。

120.何元东:《中国书画市场发展源流》,《北方美术》2003年第3期。

121.胡静、昝胜锋:《论艺术品价格形成机制与投资策略》,《现代经济探索》2008年第2期。

122.胡柳:《中国当代艺术博览会研究》,《艺术百家》2013年第8期。

123.胡月明:《新时期下的艺术品经营方向》,《艺术市场》2017年3月下半月。

124.华君焱:《艺术品鉴定为市场保驾护航》,《中国拍卖》2017年第9期。

125.黄凡:《关于我国金融衍生品现状及未来发展的可行性分析》,《中国市场》2010年第40期。

126.黄俊辉、王浣尘:《不同交易机制之比较分析》,《财经理论与实践(双月刊)》2001年12月。

127.黄隽:《反思艺术品金融市场》,《金融市场》2016年第6期。

128.黄隽:《科技发展给艺术市场带来什么?》,《金融时报》2017年8月4日。

129.黄隽、唐善才:《艺术品金融市场:文献综述》,《国际金融研究》2014年第2期。

130.黄亮,《艺术品定价及价格实现途径》,《闽江学院学报》2008年第4期。

131.黄亮:《论金融危机对中国艺术品拍卖市场的影响》,《宁德师专学报(哲学社会科学版)》2009年第4期。

132.黄路曦:《艺术品交易的信息不对称研究》,《艺术科技》2015年第11期。

133.贾昊:《中介机构——中国艺术品市场发展之痛》,《艺术市场》2009年第3期。

134.贾廷峰:《艺术品价格体系的破与立》,《北京商报》2017年7月28日。

135.姜赛:《艺术品市场上的做市商模式探究——基于对中国画廊的运营分析》,《人文天下》2016年8月刊。

136.姜长城:《模式重组:金融化趋势下艺术投资之需》,《艺术市场》2008年第12期。

137.蒋芳:《网络渐成文物走私隐形通道》,新华网,2011年1月17日。

138.蒋丰:《日本人对天价艺术品不再感冒》,《中国文化报》2011年5月16日。

139. 蒋勤娅：《中国艺术品市场中介机构法律保障机制研究——以画廊为视角》，《法制与经济》2008 年第 22 期。

140. 蒋述卓、李石：《论艺术与市场的张力关系》，《中国高校社会科学》2016 年第 1 期。

141. 金锡顺：《可持续发展的艺术品市场》，《北京观察》2012 年第 12 期。

142. 金向阳、朱淑清：《艺术品市场诚信法律机制构建若干问题探讨》，《华东经济管理》第 21 卷第 8 期。

143. 金银：《艺术市场金融创新模式：生产——消费需求分析》，《商业研究》2013 年第 10 期。

144. 孔达达：《谁是艺术市场规则的缔造者?》，《21 世纪经济报道》2014 年 11 月 19 日。

145. 雷原：《艺术品证券化刍论：中国文化产业发展的新思路》，《东北财经大学学报》2008 年第 1 期。

146. 李嘉：《对中国艺术消费市场发展的思考》，《中国物价》2017 年第 11 期。

147. 李琴：《知识产权交易机制创新探析》，《经济与社会发展》2008 年第 1 期。

148. 李成等：《金融衍生品：理论解析与金融监管》，《统计与决策》2010 年第 14 期。

149. 李海龙、高元厚：《我国艺术品确权交易机制研究》，《中国物价》2016 年第 1 期。

150. 李虎：《"金融杠杆"成为艺术市场新的不确定因素》，《上海证券报》2016 年 1 月 11 日。

151. 李若晴：《书画在宫廷文化圈中的收藏与流通——明初宫廷绘画研究的新视角》，《美术学报》2007 年第 3 期。

152. 李亚青、西沐：《关于中国艺术品市场征信体系建设的探讨》，《电子政务》2009 年第 6 期。

153. 李玉芳：《金融在艺术品产业链中的功能浅析》，《中国物价》2017 年第 3 期。

154. 梁君、陈广：《艺术品证券化的风险分析与现实反思》，《统计与信息论坛》2013 年 6 月。

155. 林日葵：《从艺术中寻求经济从经济中寻求艺术——论艺术产品的价值发现》，《湖南社会科学》2006 年第 5 期。

156. 林水:《昔时宫廷珍器、今朝君子雅藏——漆器收藏的历史与现实》,《东方艺术》2009 年第 17 期。

157. 刘恩华、于洪涛、武秋丽:《国内外二手车交易机制影响因素差异研究》,《上海汽车》2011 年第 2 期。

158. 刘开云:《中国书画的艺术价值与市场价值透视——再论书画艺术品的市场法则与规范运作》,《学术研究》2015 年第 6 期。

159. 刘礼福:《中国不需要遍地开花的文交所》,《艺术市场》2017 年 9 月上半月。

160. 刘人岛:《美术市场传统的运行机制》(上),《中国花鸟画》2005 年第 6 期。

161. 刘人岛:《美术市场传统的运行机制》(下),《中国花鸟画》2006 年第 1 期。

162. 刘蔚、黄金洪:《我国艺术品市场存在问题的原因与对策》,《怀化学院学报》2010 年第 6 期。

163. 刘亚谏:《古玩艺术品鉴定行业问题分析和管理对策》(上),《收藏界》2011 年第 1 期。

164. 刘亚谏:《古玩艺术品鉴定行业问题分析和管理对策》(下),《收藏界》2011 年第 2 期。

165. 刘岩:《鉴定解局,能够指望拍卖行》,《收藏》2010 年第 2 期。

166. 刘燕、周小华:《制约我国艺术金融发展的政策因素分析》,《新西部》2013 年第 36 期。

167. 刘永涛:《当代中国画艺术市场定价机制探究》,《文艺争鸣》2010 年第 18 期。

168. 刘玉娟:《卡塞尔文献展当代启示录》,《艺术市场》2017 年 8 月下半月。

169. 卢天玉:《画廊市场运作模式与艺术生产机制变革》,《广西民族大学学报(哲学社会科学版)》2014 年第 6 期。

170. 卢展:《地产如何爱上艺术》,《艺术市场》2016 年 8 月 (中旬刊)。

171. 卢展:《艺术品指数真的靠谱吗》,《艺术市场》2018 年 1 月。

172. 卢展:《艺术品租赁前景可期?》,《艺术市场》2017 年 5 月下半月。

173. 陆静、布朗·华莱士:《泡沫之后,画廊要坚守品质这条底线》,《艺术市场》2017 年 12 月上下合刊。

174. 陆静、甘学军:《文物艺术品拍卖市场需要新一轮改革》,《艺术市场》2017 年 5 月上半月。

175. 陆静：《拍卖市场将在常态期中优胜劣汰》，《艺术市场》2017 年 11 月上下合刊。

176. 陆霄虹：《论艺术品的市场价值和非市场价值》，《新美术》2007 年第 6 期。

177. 罗伯健：《民间收藏是国有收藏的辅助和补充》，《艺术市场》2017 年 11 月上下合刊。

178. 骆阿雪：《经典艺术蛋糕越做越大》，《艺术市场》2009 年第 10 期。

179. 吕立新：《中国近现代书画为何能"抗衰"》，《中国经济周刊》2010 年第 30 期。

180. 马健：《我国艺术品质押典当模式研究》，《政策研究》2015 年第 5 期。

181. 马继东：《文创产品升级还贷迫在眉睫》，《艺术市场》2016 年 11 月号（下旬刊）。

182. 马健：《美术评论的时代需求与有效供给》，《中国文艺评论》2017 年第 6 期。

183. 马健：《成立艺术品交易所需待市场成熟》，《艺术市场》2008 年第 5 期。

184. 马健：《谁给中国艺术品上保险》，《艺术市场》2008 年第 1 期。

185. 马健：《艺术品消费的"凡勃伦"效应》，《中外文化交流》2007 年第 12 期。

186. 马健：《艺术投资基金：艺术与金融的真正对接》，《艺术与投资》2010 年第 5 期。

187. 马健：《艺术品网上交易市场剖析》，《艺术与投资》2008 年第 11 期。

188. 马琳：《我国艺术市场目前面临的问题从上海当代艺术市场的格局谈起》，《湖北美术学院学报》2007 年第 2 期。

189. 梅建平、姜国麟：《借鉴股市经验规范艺术品市场》，《新财富》2007 年第 8 期。

190. 倪进：《我国艺术品市场发展研究》，《山东社会科学》2011 年第 1 期。

191. 倪进：《艺术市场及经纪人制度探究》，《文艺争鸣》2010 年第 12 期。

192. 倪进：《中国书画艺术市场史考》，《南京理工大学学报（社会科学版）》2007 年第 5 期。

193. 倪进：《中国艺术品鉴定的管理途径与方法》，《艺术百家》2009 年第 3 期。

194. 倪蔚睦、张足春：《书法艺术品市场机制初探》，《中国书画》2003 年第 7 期。

195. 潘欣信、吕来昌、王琼：《杭州画廊业现状（三）专家看画廊业》，《大美术》2006 年第 7 期。

196. 彭永清：《论时代精神和民族审美特质对绘画造型的影响》，《作家》2010 年第 7 期。

197. 祁东：《完善我国场外金融衍生品市场监管的对策研究》，金融发展研究，2009 年第 11 期。

198. 屈婷：《传统经典书画大展热的冷思考》，《艺术市场》2018 年 1 月号。

199. 屈婷：《艺术衍生品告别"试水非盈利"》，《艺术市场》2016 年 11 月号（下旬刊）。

200. 若楠：《试论艺术品鉴定评估的现状和发展》，《市场》2013 年第 1 期。

201. 邵笔柳：《艺术金融化影响下的艺术银行》，《贵阳学院学报（社会科学版）》2015 年第 1 期。

202. 邵庆祥：《发展和振兴中国艺术品市场的战略思考》，《浙江工艺美术》2003 年第 4 期。

203. 宋力：《〈爱痕湖〉"破亿"神话绝非偶然》，《艺术市场》2010 年第 7 期。

204. 宋永进：《从学术的视角看当代艺术市场的危机》，《文艺争鸣》2009 年第 10 期。

205. 孙冰：《天天涨停的艺术品股票怎么玩》，《中国经济周刊》2011 年第 12 期。

206. 唐鸣：《艺术品股票跌停谁来买单?》，《艺术市场》2011 年第 4 期。

207. 田国强：《经济机制理论：信息效率与激励机制设计》，《经济学（季刊）》2003 年第 2 期。

208. 田军：《艺术类博物馆所面临的当代艺术之收藏问题》，《中国博物馆》2014 年第 4 期。

209. 万继峰：《略谈金融衍生品监管的几个基础性问题》，《武汉金融》2007 年第 9 期。

210. 王端廷：《中国当代艺术尚未真正进入国际市场》，《艺术市场》2017 年 4 月上半月。

211. 王海、刘虎：《宋明宫廷画院职官待遇对画院水平的影响》，《天津大学学报》2011 年第 5 期。

212. 王宏星：《明代宫廷〈仕女图〉收藏印章考证》，《东方博物》2006 年第 3 期。

213. 王健华：《从"官民竞市"看宫廷收藏康熙五彩瓷器经典》，《紫禁城》2007 年第 1 期。

214. 王金：《中国拍卖行的国际化探索之路》，《艺术市场》2016 年 10 月号（中旬刊）。

215. 王荣：《国际金融衍生品市场的发展分析》，《中国商界（下半月）》2010 年第 7 期。

216. 王瑞芸：《美国艺术市场是怎样形成的?》，《美术观察》2009 年 12 月刊

217. 王若愚、邱丹：《我国场外衍生品监管的制度构建和对策研究》，《东方企业文化》2010 年第 2 期。

218. 王晓梅：《论中国艺术品市场阶段性发展及其价值价格形成机制》，《现代财经》2007 年第 9 期。

219. 王鑫：《中国场外金融衍生品市场监管完善战略》，《辽宁工程技术大学学报（社会科学版）》2007 年第 1 期。

220. 王颖：《旅游市场运行机制分析》，《合作经济与科技》2008 年 5 月号上（总第 344 期）。

221. 王远：《海外艺术基金试水中国市场的背后》，《中国改革报》2012 年 9 月 21 日。

222. 王岳川：《"妖魔化中国"与当代艺术身份危机》，《美术观察》2008 年第 4 期。

223. 韦祎、刘欣玲：《艺术品资产证券化的法律思考——以天津文交所份额化交易模式为素材》，见《私法研究》第 14 卷，法律出版社 2013 年版。

224. 魏道培：《资本化与商业化并行：外国藏家看中国当代艺术》，《艺术市场》2007 年第 5 期。

225. 武洪斌：《当代艺术市场与文化主体价值的彰显与传达》，《文艺争鸣》2010 年第 18 期。

226. 武文龙、卢展：《艺术品市场与法规的距离》，《艺术市场》2016 年 9 月号（中旬刊）。

227. 武文龙、卢展：《中国艺术市场"全税"论》，《艺术市场》2016 年 6 月（中旬刊）。

228. 西沐：《改革开放以来中国艺术品市场的一些思考》，雅昌艺术网专稿，2010 年 11 月 25 日。

229. 西沐：《金融化：中国艺术品投资的突破口》，《艺术市场》2009 年第 7 期。

230. 西沐：《拍卖是否已进入江湖时代?》，《艺术市场》2009 年第 8 期。

231. 西沐：《世界经济衰退下的中国艺术品市场》，《艺术市场》2008 年第 12 期。

232.西沐：《文化艺术资产证券化对中国艺术品市场的影响》，雅昌艺术网专稿，2011 年 4 月 30 日。

233.西沐：《艺术品投资的基本问题》，《美术之友》2009 年第 5 期。

234.西沐：《中国画拍卖市场逐渐进入价值投资时代》，《艺术市场》2009 年第 1 期。

235.西沐：《中国艺术品市场标准化体系如何建成》，《艺术市场》2009 年第 11 期。

236.西沐：《中国艺术品市场进程障碍分析》，《艺术市场》2008 年第 10 期。

237.西沐：《中国艺术品市场资本化、大众化时代正向我们走来——中国艺术品资本市场运作进入实操阶段》，雅昌艺术网专稿，2011 年 2 月 17 日。

238.西沐：《资本时代中国艺术品市场收藏文化建设的探析》，雅昌艺术网专稿，2010 年 7 月 6 日。

239.西沐：《资本以外，请关注交易标的物的特性》雅昌艺术网专稿，2011 年 6 月 30 日。

240.谢恬、赵鲲鹏：《艺术品交易中物联网的解决方案探讨》，《商业时代》2011 年第 12 期。

241.辛宇、唇齿相依：《画廊与艺术家如何相生》，《艺术市场》2016 年 12 月号（中旬刊）。

242.许兴权：《艺术品电子商务交易系统研究》，《湖南城市学院学报》2016 年第 11 期。

243.严方圆：《艺术品保险的"皮"与"骨"之争》，《艺术市场》2016 年 3 月号（上旬刊）。

244.严小稚：《博物馆发展直岛：一手传统一手当代》，《艺术市场》2016 年 11 月号（上旬刊）。

245.严小稚：《大咖收藏西方艺术品，不只是"任性"》，《艺术市场》2016 年 9 月号（中旬刊）。

246.严小稚：《当艺术品经营管理有了新"办法"》，《艺术市场》2016 年 4 月号（中旬刊）。

247.严小稚：《故宫牵手互联网，博物馆文创新契机?》，《艺术市场》2016 年 9 月号（中旬刊）。

248.严小稚：《审美引导下，艺术消费是大势所趋?》，《艺术市场》2016 年 3 月号（中旬刊）。

249.杨海防、李颖林:《美国拍卖业规范与管理借鉴思考》,《工商行政管理》2001 年第 3 期。

250.杨列:《艺术品典当应引入商品的相关功能和职能》,《艺术市场》2010 年第 1 期。

251.杨生平:《复杂关系下的个人实践——布尔迪厄实践理论探析》,《首都师范大学学报（社会科学版）》2008 年增刊。

252.杨勇:《"供给侧改革"下，私立美术馆何去何从?》,《艺术市场》2016 年 8 月（中旬刊）。

253.杨勇:《被娱乐化的中国当代艺术》,《艺术市场》2016 年 5 月号（中旬刊）。

254.叶强:《如何通过购买"份额"投资艺术品》,《艺术市场》2010 年第 7 期。

255.伊沛霞:《宫廷收藏对宫廷绘画的影响:宋徽宗的个案研究》,《故宫博物院院刊》2004 年第 3 期。

256.于冬冬:《迷茫中的市场期待艺术基金来掌舵》,《中国证券报》2008 年 9 月 4 日。

257.于洋:《从润格看当代书画市场的价值误区》,《荣宝斋》2010 年第 5 期。

258.余丁:《再论中国当代艺术的标准》,《中国文化报》2007 年 11 月 4 日。

259.袁玥:《艺术品投资基金研究文献综述》,《广西经济管理干部学院学报》2017 年第 2 期。

260.岳岩:《国际化? 中国拍卖业行吗》,《收藏》2010 年第 2 期。

261.詹皓:《收藏真品率 5% 仍过于乐观金融危机对收藏是好事》,《新闻晚报》2008 年 10 月 9 日。

262.张崇檀:《艺术品金融瓶颈期生存法则》,《艺术市场》2016 年 9 月号（上旬刊）。

263.张国荣:《浅议艺术品网上交易》,《商业经济》2010 年第 7 期。

264.张昊昱:《解读:"艺术品鉴证质量溯源规程（书画类）"》,《质量与认证》2015 年第 12 期。

265.张巨平:《中国艺术品市场问题与对策研究》,《湖北经济学院学报（人文社会科学版）》2013 年 10 月。

266.张巨平:《艺术品营销管理研究》,《湖北经济学院学报》2008 年第 1 期。

267.张利语:《中国当代艺术中精神性的缺席》,《天津美术学院学报》2010 年第 1 期。

268. 张梦：《艺术品网上拍卖春天来临》，《上海经济》2008 年第 6 期。

269. 张锐：《"热钱"撞击中国》，《决策与信息》2005 年第 8 期。

270. 张小平：《解析艺术画廊的生存条件》，《娘子关》2009 年第 1 期。

271. 张晓凌：《学术性在市场价格中的意义》，《艺术市场》2004 年第 3 期。

272. 张新建：《城头变大王旗——剖析艺术品证券化与文化产权交易所现象》，《中外文化交流》2011 年第 11 期。

273. 张新建：《艺术品价格论》，《中外文化交流》2007 年第 9 期。

274. 张延华：《建设规范繁荣的文物艺术品拍卖市场》，《中国拍卖》2005 年第 8 期。

275. 张在波、孙堃：《当代艺术的价值取向与社会责任研讨会综述》，《美术观察》2008 年第 2 期。

276. 张志华：《新制度经济学视角下市场机制市场体系再认识》，《江苏商论》2006 年第 12 期。

277. 张志强：《秦汉雕刻与绘画的述评》，《新东方》2005 年第 8 期。

278. 章金萍：《艺术品投资的国际比较与借鉴》，《浙江金融》2008 年第 8 期。

279. 章利国：《中国古代的书画市场》，《艺术市场》2003 年第 4 期。

280. 赵榆：《文博系统对文物艺术品市场的推动与支撑》，《收藏家》2010 年第 11 期。

281. 赵宇、黄治斌：《收藏市场与股票市场的相关性研究及艺术品投资问题》，《科技创新导报》2008 年第 21 期。

282. 赵子龙：《艺术品基金的难点在哪里》，《艺术市场》2017 年 3 月下半月。

283. 赵子龙：《没有交易所就没有产业市场》，《艺术市场》2019 年 9 月上半月。

284. 赵子龙：《艺术品电商的瓶颈与转向》，《艺术市场》2017 年 4 月下半月。

285. 郑健：《论艺术品拍卖市场的可持续发展》，《经济论坛》2007 年第 23 期。

286. 郑磊：《艺术品金融的下一步如何走》，《艺术市场》2017 年 8 月下半月。

287. 周灵颖：《完善我国金融衍生品市场监管制度》，《企业导报》2009 年第 10 期。

288. 周思中：《论中国艺术品拍卖强势市场的形成》，《收藏家》2004 年第 8 期。

289. 朱澄：《艺术品市场的金融属性研究：一个文献述评》，《金融评论》2014 年第 3 期。

290. 朱红亮：《浙江艺术品市场从繁荣走向成熟的对策研究》，《决策咨询通讯》2007 年第 3 期。

291. 朱立国：《从膜拜价值到价格膜拜——谈市场经济调控下的艺术市场》，《美术界》2010 年第 12 期。

292. 朱倪：《中国艺术品市场中的法律思考》，《艺术市场》2007 年第 2 期。

293. 朱其：《艺术和资本的辩论以及后极权主义的文化意识》，《书画艺术》2008 年第 5 期。

294. 朱其：《艺术资本主义在中国》，《读书》2008 年第 2 期。

295. 朱绍良：《中国艺术品市场缺乏契约精神》，《艺术市场》2017 年 3 月下半月。

296. 祝君波：《决定艺术品价格的偶然因素》，《大美术》2007 年第 12 期。

297. 邹跃进：《中国当代艺术市场是天使还是恶魔?》，《商业文化》2017 年第 6 期。

四、外文专著与期刊

298. Akerlof, George A.. "The Market For 'Lemons': Qualitative Uncertainty And The Market Mechanism." *Quarterly Journal Of Economics*, 1970, 84（3）:488–500.

299. Baumol, William J. . "Unnatural Value: Or Art Investment as Floating Crap Game." *American Economic Review*, Vol. 76, No. 2, Papers and Proceedings of the Ninety-Eighth Annual Meeting of the American Economic Association（May, 1986）:10–14.

300. Bonus, Holger & Donte, Dieter. "Creditability And Economic Value In Visual Arts." *Journal Of Cultural Economics*, 1997, 21:103–118.

301. Burton, Benjamin J. & Jacobsen, Joyce P. . "Measuring Returns on Investments in Collectibles. " *The Journal of Economic Perspectives*, Vol. 13, No. 4（Autumn, 1999）:193–212.

302. Campbell, R.Aj.. "Art As A Financial Investment." *The Journal of Alternative Investments*, Spring, 2008.

303. Fase, M.M.G.. "Purchase of Art: Consumption and Investment." *De Economist 144*, No. 4, 1996.

304. Frey, Bruno S. & Eichenberger, Reiner. "On The Return Of Art Investment Return Analyses." *Journal Of Cultural Economics*, 1995, 19:207–220.

305. Gee, M.. *Dealers, Critics, and Collectors of Modern Painting: Aspects of the*

Parisian Art Market between 1910 and 1930.New York:Garland, 1981.

306. Goetzmann, W.. "Accounting for Taste: Art and the Financial Markets over Three Centuries." *American Economic Review*, 1993, 83 (5):1370–1376.

307. Graddy, Kathryn.& Thompson, Don . "The $12 Million Stuffed Shark: The Curious Economics Of Contemporary Art," J Cult Econ (2009) 33:233–237.

308. Highfill, Jannett & O' Brien, Kevin. "Bidding And Prices For Online Art Auctions: Sofa Art Or Investment." *J Cult Econ* (2007) 31:279–292.

309. Hodgson, Douglas J. & Vorkink, Keith P.. "Asset Pricing Theory and the Valuation of Canadian Paintings." *The Canadian Journal of Economics*. Vol. 37, No. 3 (Aug., 2004).

310. Koenigsberg, Lisa."Art As A Commodity? Aspects Of A Current Issue." *Archives of American Art Journal*. Vol. 29. No.3/4 (1989):23–35.

311. Louarg, M.A. & McDanlel, J.R. . "Price efficiency in the art auction market." *Journal of Cultural Economics*, 1991, Volume 15, Number 2:53–65.

312. McAndrew, Clare. *The Art Economy: An Investor's Guide to the Art World*. The Liffey Press.2007.

313. Mei, J. & Moses, M. "Art as an Investment and the Underperformance of Masterpieces." *American Economic Review*, 2002, 92 (5) :1656–1668.

314. Mok, K.Woo,V. & Katherina, K.. "Modern Chinese Paintings:An Investment Alternative." *Southern Economic Journal*, 1993, 59, (April) :808–816.

315. Naylor, N.T. ."The Underworld Of Art.Crime," *Law Soc Change* (2008) 50: 263–291.

316. Norton, Thomas E.. "Art Collection: Avocation or Aberration?" *American Bar Association Journal*, November 1980, Volume 66.

317. Peterson, Karin. "The Distribution And Dynamics of Uncertainty In Art Galleries:A Case Study Of New Dealerships In The Parisian Art Market, 1985–1990." *Poetics* 25 (1997) :241–263.

318. Plattner, Stuart. "A Most Ingenious Paradox: The Market for Contemporary Fine Art." *American Anthropologist, New Series*, Vol. 100, No. 2 (Jun., 1998):482–493.

319. Price, Margaret. "Art Market: Masterful Returns." *Christian Science Monitor*,

08827729, 4/14/2011.

320. Reitlinger, Gerald. *The Economics of Taste:The Rise and Fall of the Picture Market（1760–1960）*.Holt:Rinehart and Winston, 1964.

321. Rengers, Merijn & Velthuis, Olav. "Determinants Of Price For Contemporary Art In Dutch Galleries, 1992–1998." *Journal of Cultural Economics*. Volume 1 / 1977 - Volume 35 / 2011.

322. Robertson, Iain（Ed）. *Understanding International Art Markets*, Routledge, 2005.

323. Santagata, Walter. "Institutional Anomalies In The Contemporary Art Market." *Journal Of Cultural Economics*, 1995, 19: 187–197.

324. Schonfeld, Susanne & Reinstaller, Andreas. "The Effects Of Gallery And Artist Reputation On Prices In The Primary Market For Art : A Note." *J Cult Econ*（2007）31:143–153.

325. Stigliiz, J.& Weiss E. A.. "Credit Rationing In Markets With Imperfect Information." *American Economic Review*, 1981, 71（3）:393–410

326. Wilson, C.. "Euilibrium And Adverse Selection." *American Economic Review*, 1979, 69（2）:313–317.

327. Worthington, Andrew & Higgs,C.. Helen. "Art as an investment: short and long-term comovements in major painting markets." *Empirical Economics*（2003）28:649–668.

五、学位论文

328. 梁江:《从美术鉴藏类电视节目解析我国当代鉴藏》，中国艺术研究院博士论文，美术学，2007 年。

329. 吴明娣:《汉藏工艺美术交流研究》，首都师范大学博士论文，美术学，2002 年。

330. 陆霄虹:《中国当代绘画艺术作品特征价格研究》，南京航空航天大学博士论文，管理科学与工程，2009 年。

331. 王艺:《绘画艺术品市场定价机制研究》，中国艺术研究院博士论文，美术学，2010 年。

    332. 郭峰：《当代中国艺术市场及其互联网经营模式研究》，南京艺术学院博士论文，美术学，2008 年。

    333. 姜通：《马克思理论视域下的艺术品价值研究》，吉林大学博士论文，马克思主义发展史，2010 年。

    334. 刘翔宇：《中国当代艺术品交易机制研究》，山东大学博士论文，历史学，2012 年。

六、政策法规

    335. 文化部关于加强艺术品市场管理工作的通知（文市发〔2011〕55 号）。

    336. 美术品经营管理办法（2004 年文化部令第 29 号）。

    337. 国务院发布文物保护管理暂行条例的通知（直密曾字第 34 号，1961 年 3 月 4 日）。

    338. 国务院关于清理整顿各类交易场所切实防范金融风险的决定（国发〔2011〕38 号）。

    339. 中华人民共和国个人所得税法实施条例（2008 年 2 月 18 日修订）。

    340. 中华人民共和国公益事业捐赠法 [中华人民共和国主席令（九届第 19 号）]。

    341. 《文化产业振兴规划》（2009 年 7 月 22 日通过）。

    342. 中华人民共和国企业所得税法实施条例（2007 年 11 月 28 日通过）。

    343. 《文物艺术品拍卖规程》（2010 年 7 月 1 日实施）。

    344. 《中华人民共和国拍卖法》（2004 年）。

    345. 中华人民共和国文物保护法（1982 年）。

    346. 中华人民共和国文物保护法（2002 年）。

    347. 《征信业管理条例》（2013 年）。

    348. 《中华人民共和国拍卖法》（2015 年）。

    349. 《艺术品经营管理办法》（2016 年）。

    350. 《中华人民共和国文物保护法》（2017 年）。

    351. 《中华人民共和国文物保护法实施条例》（2013 年）。

七、报告数据

352. 中国互联网信息中心：《第 28 次中国互联网络发展状况统计报告》。

353. 国家统计局：《2003 年国民经济和社会发展统计公报》。

354. 国家统计局：《2010 年国民经济和社会发展统计公报》。

355. 文化部文化市场司：《2010 年中国艺术品市场年度报告》。

356. 2007 年中国民生银行：《艺术品银行业务发展研究报告》。

357. 2006 年文化市场发展报告：《欧洲艺术品市场调研报告》。

358. 雅昌艺术市场监测中心：《2011 年春中国艺术品拍卖市场调查报告》。

359. 美国互联网欺诈投诉中心：（the Internet Fraud Complaint Center）2004 年度报告。

360. 美国互联网欺诈投诉中心：（the Internet Fraud Complaint Center）2010 年度报告。

361. 雅昌艺术市场监测中心：《2010 年春中国艺术品拍卖市场调查报告》。

362. 雅昌艺术市场监测中心：《2010 年秋中国艺术品拍卖市场调查报告》。

363. 雅昌艺术市场监测中心：《2009 年春中国艺术品拍卖市场调查报告》。

364. 雅昌艺术市场监测中心：《2009 年秋中国艺术品拍卖市场调查报告》。

365. 雅昌艺术市场监测中心：《2008 年春中国艺术品拍卖市场调查报告》。

366. 雅昌艺术市场监测中心：《2008 年秋中国艺术品拍卖市场调查报告》。

367. 雅昌艺术市场监测中心：《2015 年春中国艺术品拍卖市场调查报告》。

368. 雅昌艺术市场监测中心：《2015 年秋中国艺术品拍卖市场调查报告》。

369. 雅昌艺术市场监测中心：《2016 年春中国艺术品拍卖市场调查报告》。

370. 雅昌艺术市场监测中心：《2016 年秋中国艺术品拍卖市场调查报告》。

371. 雅昌艺术市场监测中心：《2017 年春中国艺术品拍卖市场调查报告》。

372. 雅昌艺术市场监测中心：《2017 年秋中国艺术品拍卖市场调查报告》。

373. 商务部流通业发展司 & 中国拍卖行业协会：《2015 年 10 家文物艺术品拍卖公司综述》。

374. 中国拍卖行业协会艺委会：《2016 年中国拍卖行业经营状况分析及 2017 年展望》。

责任编辑：洪　琼

图书在版编目（CIP）数据

中国艺术品交易机制研究 / 刘翔宇　著 . — 北京：人民出版社，2018.10

ISBN 978 - 7 - 01 - 019825 - 5

I.①中…　II.①刘…　III.①艺术品 – 投资机制 – 研究 – 中国　IV.① F832.48

中国版本图书馆 CIP 数据核字（2018）第 217779 号

中国艺术品交易机制研究

ZHONGGUO YISHUPIN JIAOYI JIZHI YANJIU

刘翔宇　著

人民出版社 出版发行

（100706　北京市东城区隆福寺街 99 号）

北京中科印刷有限公司印刷　新华书店经销

2018 年 10 月第 1 版　2018 年 10 月北京第 1 次印刷

开本：710 毫米 × 1000 毫米 1/16　印张：15

字数：210 千字

ISBN 978 - 7 - 01 - 019825 - 5　定价：59.00 元

邮购地址 100706　北京市东城区隆福寺街 99 号

人民东方图书销售中心　电话（010）65250042　65289539

版权所有·侵权必究

凡购买本社图书，如有印制质量问题，我社负责调换。

服务电话：（010）65250042